■ 上海市示范马克思主义学院建设成果丛书

主体间性视域的
思想政治教育主客体关系研究

○ 苏令银◎著

天津出版传媒集团

天津人民出版社

图书在版编目(ＣＩＰ)数据

主体间性视域的思想政治教育主客体关系研究 / 苏
令银著. -- 天津 : 天津人民出版社, 2022.8
(上海市示范马克思主义学院建设成果丛书)
ISBN 978-7-201-18651-1

Ⅰ.①主… Ⅱ.①苏… Ⅲ.①思想政治教育—研究—
中国 Ⅳ.①D64

中国版本图书馆 CIP 数据核字(2022)第 133163 号

主体间性视域的思想政治教育主客体关系研究
ZHUTIJIANXING SHIYU DE SIXIANGZHENGZHIJIAOYU ZHUKETI GUANXI YANJIU

出　　版	天津人民出版社
出 版 人	刘　庆
地　　址	天津市和平区西康路35号康岳大厦
邮政编码	300051
邮购电话	(022)23332469
电子信箱	reader@tjrmcbs.com
责任编辑	武建臣
装帧设计	明轩文化·李晶晶
印　　刷	天津新华印务有限公司
经　　销	新华书店
开　　本	710毫米×1000毫米 1/16
印　　张	19.5
插　　页	2
字　　数	240千字
版次印次	2022年8月第1版　2022年8月第1次印刷
定　　价	86.00元

目　录

第一章
导 论

马克思曾指出:"一个时代的迫切问题,有着和任何在内容上有根据的因而也是合理的问题共同的命运:主要的困难不是答案,而是问题。因此,真正的批判要分析的不是答案,而是问题。正如一道代数方程式只要题目出得非常精确周密就能解出来一样,每个问题只要已成为现实的问题,就能得到答案。"①

雅斯贝尔斯指出,文化之所以可以形成,与人类具备的沟通能力分不开,作为这种主体之间的灵与肉沟通活动的升华,教育产生并成为人类思想统一的手段。在教育过程中,信息授予者的状态至关重要,忽视了信息接受者的感受,过于凌驾于其上的教育活动必定是以我为中心的。②

---

① 《马克思恩格斯全集》(第1卷),人民出版社,1995年,第203页。
② 参见[德]雅斯贝尔斯:《什么是教育》,邹进译,生活·读书·新知三联书店,1991年,第2~3页。

一、选题依据

　　党的十一届三中全会以来,我国坚持高举社会主义伟大旗帜,不断加速社会主义现代化建设并获得世界瞩目的成就。这些成绩的取得,离不开我们党的思想政治教育工作的有效开展和有力支撑。尽管思想政治教育工作在我国革命和现代化建设过程中都曾经取得过不可磨灭的成绩,但伴随社会经济的飞速发展,传统的思想政治教育很难适应时代提出的新要求。如何重新焕发思想政治教育的活力亟待探讨,学者们对此或做反思批判式探究,或做前瞻性的研究。尽管他们的诠释视角和采用的理论方法各不相同,但有两点是一致的:一是思想政治教育是一个真问题,而不是一个假问题,对此我们应该对其做智性的探究,而非仅仅做知性的研究;二是在思想政治教育及其研究中,学者们日渐认同思想政治教育显现出其人文缺失的弊端,其根源是没有充分考虑教育者和教育对象之间的沟通因素及在开展教育活动过程中价值理性的日渐式微与工具理性的滥觞。然而面向未来,思想政治教育真正的出路究竟在哪里?思想政治教育的真谛究竟何在?我们认为,解决这些问题的一种可能性思路是,从主体间性和主体间交往理性出发观照思想政治教育活动,观照思想政治教育活动中的主客体关系,真正在思想政治教育的主客体间形成以主体间性视域为基础的新的关系认知。可以说,在主体间性理论支撑下形成的思想政治教育主客体关系,是一种主体间性的教育关系,是一种师生的存在论和关系性生存状态,其真谛是通过师生间相互真诚的一系列交往实践活动,指向一种对"真善美"的生活意义和价值精神的共同追求。

（一）当代思想政治教育的境遇：思想政治教育"应然性"与"实然性"的矛盾

人不能仅仅满足于"活着"，需要进一步追问"人应该怎样活着才更有意义和价值"这一永远的苏格拉底问题。从人类历史上看，探索自然界的奥秘和寻求人生的意义与价值是人类永恒的主题之一。德国著名思想家和哲学家康德就曾经感慨：世间有两样东西我们愈加思考就愈加感到敬仰和敬畏，一是我们头顶灿烂的宇宙星空，二是我们内心崇高的道德法则。随着现代社会的迅速发展，人类的物质生活世界呈现出前所未有的繁荣和富足，与此相反，人的精神价值领域却出现了深刻的危机。伴随着现代化的深入发展，人类在享受物质生活带来的快乐和满足的同时，也更加感受到生命自身的生存意义和价值信仰的极度空虚与迷茫。在计划经济时代，由于受传统的"重义轻利"思想的影响，人们正常的物质利益和合理性需要受到了严重压制，甚至被剥夺；随着社会主义市场经济的深入发展，人们的物质生活需要和主体性意识得到了空前释放，个人权利意识和利益观念被极大地激发和唤醒。然而随之而来的却是工具理性的过度张扬，以及价值理性的严重缺失。在物质主义盛行的现实生活世界中，人们无法确定自我的生存根基，个体价值观念及人类所共有的精神家园日趋荒芜和衰落。为此，整个人类社会迫切需要重构人与人、人与社会、人与自然，以及人与自我之间和谐相处的生态关系，而这种和谐关系能否最终确立，一定程度上取决于社会核心价值观的转向和思想道德教育（特别是学校思想政治教育）的有效展开。因为思想政治教育的终极目标就在于使人们面对物欲横流的现实生活世界，能够实现主体灵魂价值超越，升华主体的精神世界，建构人生的意义领域，重新构建人类共同生活的精神家园。

　　思想政治教育的根本目的是让受教育者把握人们思想和行为发展的"应然性",而不仅仅在于让受教育者认识现实生活中人们思想和行为的"实然性"。"当人们在市场经济中将满足自我物质利益的最大化作为最高目标追求时,思想政治教育要引导人们追求真、善、美的境界;当人们仅仅关注个体眼前的、现实的利益时,思想政治教育则向人们呈现人类的长远利益和共同利益;当人们把全部精力都投入到激烈竞争之中时,思想政治教育要致力于人的自由全面发展;当市场经济导致人生意义世界的迷失时,思想政治教育则引导人们去构筑其精神家园,缓解精神危机。"①雅斯贝尔斯说:"哲学只能是唤醒,而绝对不是给予。"②普朗格曾经这样解释教育,他认为简单的文化信息交换称不上是教育,教育的实质在于对人的启迪和内心的呼唤。教育教学的最终目的是要引发教育者的创造力,唤醒他们的价值感和生命感,而不是传授那些历史课堂上固有的书面知识。③雅斯贝尔斯认为教育教学的目的是要从人的灵魂深处唤起他的自我意识和生命意识,促使主体生命感的高度觉醒,以实现个体生命意义世界的精神自觉和自主建构。由此可见,教育教学的本质在本体论上属于唤醒人类的意义世界和个人灵魂的过程。思想政治教育的根本使命就是激发和唤醒人们的使命感和责任感,确立人们的价值理性意识,提升和净化人们的意义世界,领悟人生的终极价值,从而于极度膨胀的物欲世界之中拯救人类,这正是当代思想政治教育的重要使命所在。正如爱因斯坦所言,倘若没有道德教育,人类就不可能获得拯救。事实告诉我们,真正使人们获得幸福感和尊重感的并非是知识与技能,相对真理的推进者来

---

① 王东莉:《德育人文关怀论》,中国社会科学出版社,2005 年,第 60~61 页。

② [德]雅斯贝尔斯:《智慧之路》,中国国际广播出版社,1988 年,第 34 页。

③ 参见邹进:《普朗格文化教育学思想概览》,《外国教育》,1988 年第 3 期。

讲,那些从道德和价值观层面的传道解惑之人才是真正的造福者。①

联合国教科文组织发表的《重新考虑未来教育的重点》一文也指出:人类的问题不能仅仅依赖科学技术本身来解决,还必须从社会伦理的视角来加以观照。在当代中国,人们何以安身立命?这绝不是一个单纯依赖科技进步和经济增长就能完全解决的问题。对于当代中国人来说,现代性所带来的最大的问题是人们共有精神家园的重构和核心价值信仰的重塑,绝不仅仅是福利增益、科技进步和经济增长等问题。虽然精神拯救本身具有很大的局限性,但是我们认为思想政治教育作为整个社会教化的重要组成部分,有其独特的功能和作用。思想政治教育活动通过一系列有计划、有目的的社会教化活动,培养和塑造人的德性品质,给人以生命意义体悟和终极价值追求;使人们按照社会的目标要求实现规范指引和价值引导,在正确认识生活世界"实然性"的同时,合理把握现实生活世界的"应然性";使人们既按照"物"的客体性尺度认识现实世界,又按照"人"的主体性尺度改造现实世界。这样,人类社会所致力于发展的经济生活与科技进步才能更符合人自由全面发展的客观需要。尤其是在整个社会呈现制度性的价值理性缺失的阶段,制度安排则恰恰需要理性智慧的有力支撑,而具有实践理性能力、现代民主意识和自由价值观念的人正是人类社会的真正未来和希望之所在。

然而当我们观照思想政治教育,期待它能对我们的人生意义世界和精神家园给予科学范导,能够对我们的灵魂给予妥善安顿之时,却发现我们的思想政治教育,特别是学校思想政治教育,发生了严重异化,异化成为人对外部世界的占有和征服,从而背离了主体自身发展和完善的根本目的,人的德性提升正在被边缘化。不仅如此,这也使得人们在一定程度上误读了思想政治

---

① 参见[美]海伦·杜卡斯等编:《爱因斯坦谈人生》,高志凯译,世界知识出版社,1984年,第61页。

教育主客体关系。现实的思想政治教育主客体关系与思想政治教育主客体关系的理想之间还有相当的距离。长期以来是以客体化、对象化方式看待受教育者本身,忽视了他们个人权益的正当性诉求,一定程度上背离了人的目的性和合理需求。存在的并不总是合理的,当前的思想政治教育已难以真正担负起启迪和引导人类精神家园与人生意义世界这一重任。[①]戚万学等曾指出:"道德教育在其本体意义上不仅是一种客观固有表现,同时兼具思想与精神范畴。但从目前来看,传统道德教育已经逐步被自由化和现实压力造成的问题侵蚀得失去实效。特别应该从挖掘深层次精神和改善教育形式的角度入手考虑重新构建道德教育新模式。"[②]虽然戚万学是针对当前的道德教育而言的,但是对思想政治教育来说也同样适用。我们认为,现代思想政治教育只有在教育哲学的科学指导下不断地进行改革、创新与发展,才会呈现出勃勃生机。

为此,教育界应该与时俱进地剖析新形势下思想政治教育发展的定位,将符合时宜与精神家园精髓的哲学思想作为其价值智慧的有力支撑,实现思想政治教育的理论转向和范式转换。而主体间性视域的思想政治教育主客体关系,就是在对现实思想政治教育主体客体关系进行批判反思的基础上提出全新的教育价值理念,并以此来建构思想政治教育主客体关系。[③]因此我们认为,运用主体间性理论来统摄思想政治教育主客体关系,是当前思想政治教育创新发展的必然选择,它能够有效规整主客体在思想政治教育中的相

[①] 参见鲁洁:《道德教育的当代论域》,人民出版社,2005年,第1页。

[②] 戚万学、唐汉卫编著:《现代道德教育专题研究》,教育科学出版社,2005年,第158页。

[③] 一般认为,当前得到国内外思想政治教育界普遍认可的理念主要有:思想政治教育人本化、思想政治教育主体性、思想政治教育社会化、思想政治教育生活化、思想政治教育终身化,等等。(参见戚万学、唐汉卫编著:《现代道德教育专题研究》,教育科学出版社,2005年,第158页;鲁洁:《道德教育的当代论域》,人民出版社,2005年)

互位置,最大限度使主客体双方作用的发挥能够相得益彰、协同共进。唯其如此,思想政治教育才能真正实现其"有效性",也才能使得思想政治教育活动真正满足当今社会与时代发展的迫切要求,从而真正实现思想政治教育的科学化和现代化。

(二)思想政治教育现实困境反思:人文缺失的表征与根源

思想政治教育的根本出发点是人,它所面对的是有血有肉、活生生的、现实的个人,所彰显的是人们对未来美好生活的向往和追求。"相对于规范伦理的现实主义性质而言,德性伦理是实质主义的,它在本质上是要成就人的,它是一种道德情感,也是一种道德理性,体现了伦理道德的本真意义。"①因此,思想政治教育的教育内容和教育方式要真正体现对人的关怀,从而为个体的德性养成和理想人格的建构提供有力支撑,赋予有限的生命个体以无限的意义和价值。

在传统的思想政治教育②中,客观上存在着各种比较突出的人文缺失现象,具体表现为:

1. 思想政治教育功能的工具化

在现代社会生活中,工具理性在很大程度上支配着现代人的生产方式、生活方式和价值追求。工具理性是由德国著名社会学家马克斯·韦伯最早提出的,他认为,借助实践作为评价工具或手段形成使用价值标准就是对工具理性的最好界定。③查尔斯·泰勒曾提出:"简单地讲,工具理性通常是指人类

---

① 寇东亮:《"德性伦理"研究评述》,《哲学动态》,2003 年第 6 期。
② 本书所论及的"传统的思想政治教育"是指单一主体性思想政治教育(有学者也称单子式思想政治教育),这种思想政治教育主要是指传统社会即自然经济和计划经济体制下的思想政治教育。它突出强调的是教育者的单一主体性,而忽视受教育者的主体性发挥。
③ 参见苗春凤:《论工具理性与价值理性》,《成都教育学院学报》,2005 年第 12 期。

将要获取利益的手段用于所要达成目的时依据的合理性。在这个领域当中,存在着只有工具、物体和事实,像现实生活的意义以及价值这种问题被视为是无意义的形而上学问题。"①可见,工具理性所关注的主要是人们行动的实际效果,实现行动目的之手段的有效性,以及对于行动手段和后果的算计。

从一定意义上来看,人类社会的发展和进步离不开工具理性的进步与完善,而且工具理性成为现代社会文明程度的重要标志之一。在现代性框架内,工具理性本身无须合理的道德约束或道德合理性。尽管思想政治教育所具有的工具性属性不可完全否定,但是我们不能以外在的实然存在作出判断和结论,就认为工具性是思想政治教育的唯一本质,"如果事物的表现形式和事物的本质会直接合而为一,一切科学就成为多余的了"②。所谓思想政治教育工具化,就是在思想政治教育过程中,把人当作工具来看待,不是以"人"的方式来对待和发展,而是把思想政治教育片面理解为社会稳定与国家利益服务的工具,这在我国表现得非常明显。我国古代的德治传统自然不必说,单从新中国成立到"文化大革命"之前,思想政治教育主要就是为社会主义建设扫清思想障碍,在 1966 年至 1976 年的十年间,思想政治教育在"文化大革命"环境下基本成为统治阶层传递其意志与思想的工具。

党的十一届三中全会后,经济建设逐步成为党和政府的关注焦点,人们也日趋注重思想政治教育的经济功能。随着社会发展,生态文明建设的提出,思想政治教育的作用覆盖面扩大,传播文化与环保理念的功能逐步建立。然而当思想政治教育的对外作用备受关注时,其内在的、根本性的功能,即发展

---

① 张夫伟:《工具理性视域中的道德教育》,《教育导刊》,2007 年第 11 期。
② 檀传宝:《信仰教育与道德教育》,教育科学出版社,1999 年,第 4 页。

人的潜能的价值却被忽视;在强调思想政治教育的工具性属性的同时,却淡漠了思想政治教育的目的性本质,即思想政治教育的终极目的是为了人的潜能的发挥和人的自由而全面的发展。所以,"德育的工具性和目的性是德育不可或缺的双重本质"①,片面地强调任何一方面,都是对思想政治教育实质及作用的某种误读。上面提到的工具理性无论是对人类生活还是教育活动的开展,都极大地扼杀了思想政治教育应有的功能与价值。思想政治教育政治化或意识形态化是工具化的主要形式之一。思想政治教育为政治服务的功能被无限地放大,变成了以政治纲领来统帅思想政治教育,思想道德教育课完全变成了政治课。这就导致思想政治教育严重脱离了学生的现实生活世界,其结果就是使学生的日常生活世界缺乏真实有效的思想道德价值的引领和范导。思想政治教育的工具化一方面把人当作工具看待,另一方面又在不断生产着工具化的人,把人培养成了一味适应与附和社会工具理性、技术化发展所需要的工具化的人。马尔库塞所指的"单向度的人"与弗洛姆所描绘的"物品的奴婢",在当今的思想政治教育实践中仍然被批量生产着。在教育过程中,受教育者掌握了越来越多的知识、信息与技术,看似可以主宰和掌控一切事物,拥有无比巨大的创造力,实际上却无法正确掌控自己的人生价值方向和把握自己的命运,从而使得生活脱离了现实根基,远离了精神价值意义,充满了人生焦虑和人生困惑。工具理性所宰制的思想政治教育造就的是一种僵化的、冷冰冰的、缺乏人文关怀的生活世界和道德世界。这既不利于个体人性的充分张扬和深度显现,也不利于个体德性的生成与完善。它所唤醒的仅仅是人们对权力、财富、名利、金钱等的欲望,所培养的是单纯适应现代社

---

① 张澍军:《德育哲学引论》,人民出版社,2002年,第117页。

会专业化分工需要的角色,这种角色普遍具有"解脱式的自我理想"。①

在现代社会中,工具理性已经动摇了思想政治教育的现实根基,使得思想政治教育已经变得技术化、工具化和非人格化,精神层面的灵动性已经逐渐远离目前状态的思想政治教育。换句话说,当下的思想政治教育早已沦为社会发展和个人竞争的简单工具,丧失了其本应具有的价值负载和历史人文意义。工具理性对现代现实生活的宰制和滥觞,直接影响了我国现代思想政治教育领域。思想政治教育本身已经被技术所控制,道德教育本身也被技术化、功利化和效益化了,从而失去了其应有的精神维度和内在价值。正如金生鈜先生所说,我们今天的教育已经完全被工具理性所宰制,教育已不再是针对精神与灵魂而进行的一种教化活动,变成了在社会竞争和市场经济领域中赢得更多的资历或学历。在工具理性霸权下,人文教育关注的往往是人类的价值、信仰及灵魂,这种传统型的人文教育逐渐被岁月侵蚀,教育变得越来越关注现实的物质利益,一味地附和与适应工具理性社会发展的节奏和需要。而思想政治教育的视野中充斥的也是千篇一律的政治话语与行为道德规范知识的灌输,逐渐瓦解了理想信念与道德情感在人类的道德生活中所具有的价值和作用。主体多样性显示出的精神需要渐渐地在工具理性主宰下的思想政治教育中失去安身之所,思想政治教育远离了人的精神意义世界的建构,放逐了对于人生价值、意义和命运的追问与反思。思想政治教育无法关注人的精神生活和意义世界,既没有办法向人类呈现出更美好且更有价值的生活实际,更没有办法给人类提供人之为人的尊严和价值。

---

① 泰勒认为,工具理性导致了一个特殊的现代变种,即解脱式的自我理想,不仅能够把周围世界客体化,而且能够把自己的情绪、个性、恐惧和压抑客体化,从而获得某种自制,使其能够"合理地"行动。参见[加]查尔斯·泰勒:《自我的根源:现代认同的形成》,韩震等译,译林出版社,2001年,第30页。

2. 遮蔽了思想政治教育的本质

长期以来,我国思想政治教育强调的是其所具有的规范制约功能,以受教育者服从某种既定社会道德规范和做个"好孩子"为根本目标。思想政治教育往往会运用一些条条框框来严格限制和约束受教育者。思想政治教育也被简化为意识形态控制和绝对服从的代名词,而难以给受教育者以生命的理想信念和价值信仰力量支撑。因此我们的思想政治教育缺少对个体生命的尊重和关怀。一方面表现为片面强调人的社会价值,而忽视人的生命本体的内在价值。马克思非常重视人的生命本体价值,认为人的生命具有至高无上的价值。马克思教导我们,人类历史的存在是建立在可以没有意识但必须有个体生命存在基础上的。①可见,思想政治教育作为一种完善人性的教育实践活动,理应以尊重个体生命、珍惜生命的内在价值和自由个性为根本,但是思想政治教育中的案例常见的却是忘我工作、无私奉献的道德榜样。不可否认,为了社会奉献自己,这是实现人的生命从有限到无限的超越,是人生价值的根本体现。但是片面强调无私奉献而唯独没有个人则走向了另一个极端。现实生活中忽视个体生命的教育理念还在相当范围内存在,有些人甚至认为人的社会价值和生命本体价值是相互对立的,与道义相比,个人的生命价值是微不足道的,这充分反映了现实生活中对生命本体价值的严重忽视。另一方面表现在严重忽视了人的精神生命。人应该是双重生命的存在者,人的生命不仅是生物学意义上的,其本质还在于其情感、思维等的精神生命活动。人类追求个体生命自由,探寻生命价值意义,向往精神生命超越,体现了人的超越本性。

思想政治教育者人本理念的严重缺失,思想政治教育管理的技术化倾

---

① 参见《马克思恩格斯选集》(第一卷),人民出版社,1995年,第67页。

向,也就必然造成了我国思想政治教育的实效性低下。劳凯声就曾指出:"我们的教育似乎更多关注的是儿童对文化知识的掌握情况以及其对规章制度的服从态度,而他们本该养成的作为'人'的基本素质则被掩盖在教育的社会职能之后,被有意无意地忽略了甚至否定了。"①因此,知识与技能的传递和灌输并不是教育的根本目的,真善美的传授才是教育的根本使命,如果人类不懂得真善美的意义,即使具备丰富的知识和技能也无法实现人类共同进步,更无法推动社会发展。檀传宝认为:"人生的意义、人生的终极关怀始终是每个人都要面对的一大难题。在道德教育实践中人们对这些难题采取避而远之的做法。像终极关怀这一类的问题,让过多的人生课题又遇到无法逆转的境地,就目前来说,还没有自觉的德育和完整专业的系统去关注它,慢慢地,它的存在,会让任意一个个体变得盲目、自发甚至失败地解决它。"②诚然,思想政治教育具有规范的功能,但思想政治教育绝不能以规范人、束缚人为目的,思想政治教育缺乏以人为本的基本价值,直接造成了思想政治教育在人文方面的短板。所以在开展思想政治教育过程中应对人的价值、尊严、自由和个体主体性等给予应有的尊重,这种尊重本身就体现了对受教育者的人文关怀。

3. 理想化意识严重

所谓理想化是指对思想政治教育怀揣一种理性态度,即将一个预设的、独立于现实生活世界之外的至善至美的世界作为思想政治教育的属性。并以此作为思想政治教育培养的目标,把理想的道德目标作为普遍的行为要求。这样,思想政治教育过程本质上就成了理想主义的具体实践,从而使得我们

① 肖川:《教育的理想与信念》,岳麓书社,2002年,序言第2页。
② 檀传宝:《信仰教育与道德教育》,教育科学出版社,1999年,第6页。

的思想政治教育缺乏感召力和吸引力,使受教育者在面对思想政治教育困境时感到难以适应、无所适从。思想政治教育理想化的主要特征:一是教育具有高度导向性,甚至超越实际水平可以达到的目标,导致被教育者只能获得较为空泛的教育灌输而无法与自身可以承受的心理与身体发展同步。二是教育内容标准化、说教性强,注重传达信息接受者什么是应当做的,但忽视实际因素的障碍和影响,形成的大道理脱离了现实生活和受教育者的生活经验的情况。这样的思想政治教育内容往往是人不可企及的。所以思想政治教育一度流于形式,导致理论与实际相脱离。虽然思想政治教育使人们明确了生活的标准,但对于如何生活仍较为茫然。弗洛姆在《为自己的人》一书中谈到,人们对于生活追求的本源应该是一种如何安排生活的状态,而不是简单地满足于改造自然获得新知。对于只追求传达给人生活标准是什么的教育方式,只能是把人们引导到越发远离实际生活和丧失生活创造能力的层面上来。三是在教育方法上,过于推崇社会"榜样"的作用,这样的榜样,普通人往往可望而不可即。总之,理想化的思想政治教育没有完全立足受教育者的角度开展教育活动,实践也告诉我们,在这种教育方式下只能造就个体的虚伪和多变的人格异化。

对思想政治教育人文缺失的批判,我们需要深入挖掘其背后的理论根源。哲学作为思想政治教育的一般理论,影响和决定着思想政治教育的价值理念和方法。综观教育学界对于主客体关系探索的历史,从最开始的二元论,到后来洛克、贝克莱的一系列研究,都不断推进了主客体关系的研究,并使人的主体性观念不断加深,康德提出的"哥白尼革命"也为这方面研究开辟了新纪元。[①]传统的思想政治教育主客体关系就是建立在近代主客二分的认识论

---

① 参见卢风:《人类的精神家园》,湖南大学出版社,1996年,第227页。

基础上的。这一哲学观所确定的主体性原则促使个人主体性的萌发,也使得人类不知不觉迈入了一个伟大的"主体性的时代"。但是随着社会发展和时代的不断进步,这一理论也开始出现了一些不适应的地方:

一方面,哲学中认识论阐述的主客二分是一种单一的主体观。主客二分的认识论哲学认为主体与客体是一种改造与被改造、征服与被征服的单向度关系。它将主体视为"类"的简单相加,对个体作了单一的、抽象的界定,从而忽视了主体间客观存在的交往实践关系,这就造成了社会实践活动主体的单一性、唯一性和同质性。

另一方面,主客二分的认识论哲学特别强调占有性的个人主体性。在主客二分的哲学视域中,主体仅仅把"我"作为目的,而把其他人看作是手段和客体,这在一定程度上造就了以占有为全部的个人主体性。也就是说,在自己与其他事物或他者的关系中,唯一存在的就是主体与客体的俘虏关系,即战胜与被战胜,改造、利用与被改造、被利用的关系。完全将主客体关系等同于主体之间的关系,将主体间的交往实践关系视为人与物的关系,这就完全背离了人的本质。这种占有性的个人主体性以科技为手段,进一步发展了工具理性,从而引起了主客体之间的彻底决裂,"主客、心物、灵肉的分裂使人要么沦落为一架没有血肉、更没有灵魂的机器(正像马克思说的,在一切机械唯物主义者那里,唯物主义变得'敌视人');要么成为形而上学体系中的一个环节"[①]。在主客二分哲学观的影响下,实践被人们看成是一种"对象性"的活动。人们用"对象性"活动来研究人的本质和主体性,而忽视了主体间的交往实践关系。"实践是人们对客观世界的改造活动;实践是人的本质力量现实对象化的过程……"[②]萨特针对这种情况曾经指出,我与他人的关系是一种

---

① 刘放桐等编著:《新编现代西方哲学》,人民出版社,2000年,第9页。

② 王永昌:《实践活动论》,中国人民大学出版社,1992年,第86~89页。

危险的关系,他人的主体存在对自我主体的存在构成了威胁。他人作为主体就意味着把我贬为客体和物,面对他人"我就是在危险中"①。同时由于每个人都力图保持自己的主体性,而把他人当作物,这就必然会造成人与人之间的紧张和敌对。弗洛姆对于人类存在的基本方式主要有两种观点:一种是占有,另一种是存在。对于占有关系,他认为人把世界仅作为俘虏物,即占有者与占有物的关系,占有性的本质"就是获得并固守其获得物的无限权利"②。在这里,萨特和弗洛姆的这种思想实质就是一种建立在传统的"主体—客体"关系基础上的个体占有性的主体性。

多年来,在我国的思想政治教育活动中,教育者与受教育者之间更多地是被解读为纯粹的"主体—客体"关系,从而使思想政治教育偏离了对人生价值和意义世界的引领。这种思想政治教育重理智知识而轻生活体验的做法,严重扭曲了思想政治教育本应具有的"育人"功能,在一定程度上消解了个体的独立性、尊严与自由。随着人类社会的发展,在传统"主—客"二分认识论哲学引导下的传统思想政治教育范式陷入了困境。而要走出这个困境,就需要我们去寻求和创造一种新的理论范式,借此来合理修正和超越传统的简单、生硬的思想政治教育方式。

主体间性视域下的思想政治教育主客体关系体现了对传统的思想政治教育的扬弃与超越。可以说,主体间性视域下的思想政治教育主客体关系对教育的现实性起到了纽带作用,真正让思想政治教育主客体关系具有了日常生活世界与交往实践的本体论意义;主体间性视域下的思想政治教育主客体关系使参与教育的双方地位站在了同一水平线上,并且进一步强化了彼此平

---

① [法]萨特:《存在与虚无》,陈宣良等译,生活·读书·新知三联书店,2007年,第529页。

② [美]弗洛姆:《占有或存在》,杨慧译,国际文化出版公司,1989年,第67页。

等沟通的思想，实现了受教育者在主导性引导基础上的个体理想道德人格的自主建构，使思想政治教育具备了方法论上的意义；主体间性视域的思想政治教育主客体关系超越了"主客二分"的对象性思维模式，所彰显的是一种关系性思维模式下的思想政治教育主客体关系，倡导主体性与"主体间性"的内在统一性，从而使主体间性视域的思想政治教育主客体关系具备了完整性的意义。

我们坚信思想政治教育应该是最具有魅力和生命力的。因为思想政治教育所面对的是活生生的人而不是冷冰冰的物，即便是物，我们也要显示它背后和人的关系；它的交流者有思维、有能动性，并非是只有定义和概念的人；受教育者的真善美是它所朝向的，教育的目的是引导人们享受更加美好的生活并追求更加精彩美丽的人生。

合理的并不总是现实的，现实的也并非一定是合理的。当前，在这样一个革故鼎新的伟大时代，反观思想政治教育，我们有强烈的紧迫感：怎样使我们的思想政治教育获得其应该拥有的魅力和生命力，无愧于我们所生活的伟大时代？思想政治教育的创新和发展之路究竟在何方？这是我们时代的重大课题，不会轻而易举地就得到正确的答案。在思想政治教育亟须改革和发展之际，我们首先应该有勇气去对我们的思想政治教育所走过的道路进行反思和批判，并在反思批判中探寻全新的思想政治教育创新和发展路径。人本质上是一种关系性的存在，在各种社会关系、人与人之间的关系中寻求着归属和眷恋，在这个过程中，人类逐渐成长起来，找到了属于自己的灵魂花园，获得了人生的意义和价值。因为人类本身处在各种复杂的关系网中，所以会时常出现焦虑等情绪，产生这种负面情绪是因为缺少必要的秩序感、归属感及安全感。为了排解掉这种焦虑情绪，让自己身处的关系网更加有秩序，生活得更加有意义，在人类共同生活的空间建立了道德行为规范。所以，我们可以理解为道德是证明人类彼此之间关系的依据。从本质出发，我们可以看出，道德是一个拥有高度自为、自主和自觉的人所存在的领域，是一个以人类主体性为基石、为支撑的领域。在这一领域中，人的主体性可以无所顾忌地展示出来。①而思想政治教育，也是人类关系的活动过程。

因为思想政治教育所具有的知识理性相悖于道德领域，而且脱离了我们日常生活的世界，所以思想道德教育在现实社会中仅是以传授道德知识为核心，而人本身却被边缘化了。思想政治教育过程也就仅仅表现为教育者向受教育者灌输教育教学规范的一系列过程。在思想政治教育领域中，受教育者和教育者两者之间处于一种灌输和被灌输、控制与被控制的微妙关系，使思想政治教育原本拥有的主体间性逐渐消失。为此，思想政治教育要想从现实困境中解脱出来，必须要向着主体间性的方向不断努力，打破对象性思维而走向关系思维的模式。也就是说，主体间性理论可以帮助思想政治教育从当前状态回归人的日常生活世界，回到以"人"为本的正确轨道上来，这样才能保证个体主体性的最终实现。

当然，我们提出和研究主体间性视域的思想政治教育主客体关系，并非是对传统的思想政治教育主客体关系的简单否定，而是在对传统的思想政治教育进行反思的基础上实现对其合理性修正和超越。从客观上来说，我们不得不承认传统的教育方式下思想政治教育取得的成果。哲学对主体性在思想政治教育中的论断与传统方式相得益彰，回顾过去，在相关发展中不乏其深刻性，其存在和发展有自身的合理性和历史必然性，它曾经对于社会和谐、文化传承、社会文明进步和个体社会化都起到过重要作用。而且在主体性思想政治教育中，通过将受教育者一方看作特殊"主体"，给予其发挥主观能动

---

① 参见戚万学：《活动道德教育论》，南开大学出版社，1995 年，第 83 页。

性的平台。教育者控制了思想政治教育的实施与组织,促进了教育教学的发展,无论从学科建立还是突破方面都有举足轻重的作用。此外,主体性思想政治教育对于主体性的研究有两大贡献:一是有利于夯实主体认识论的成果,二是取用其本体论的精髓。一方面,通过肯定人在教育实践活动中的地位和作用,表明教育活动过程中的主体性既是当代教育活动发展的重要趋势,也是培养和提升受教育者主体性的客观要求。毕竟人的发展是社会发展的最终决定力量,在人与社会的关系中,人是最基本的,因此教育应以人为出发点。另一方面,教育的主体性是教育的最本质之处,理解了教育的主体性也就把握了教育活动的基本线索。所以,鉴于教育活动中主体性理论的重要作用,我们应该在不断推进教育体制改革中,紧紧抓住这个切入点,并加以深入研究。

二、研究意义

从一定意义上看,传统的思想政治教育主客体关系把受教育者单纯当作客体来对待,把思想政治教育过程单纯看作是一种主体改造客体的行为。但当今社会要求思想政治教育给予被教育对象以主体地位,在教育过程中,被教育者也应发挥能动性和创造性,强调思想政治教育给予受教育者应有的尊严和价值,从而把思想政治教育主客体关系看作主体间的交往实践活动关系。

当然,主体间性视域的思想政治教育主客体关系的研究和论述,不但对改进传统教育旧有模式认知具有积极意义,而且有利于人们科学认识和把握思想政治教育活动中的主客体关系,即教育者与受教育者之间的关系。主体间性视域的思想政治教育主客体关系不是对传统的思想政治教育主客体关系中主体性(特别是教育者主体性)的简单否定,而是凭借更为全面、现实的主体界定,从科学性角度重新看待和处理思想政治教育的主客体关系,对主客体关系中主体性的阐述进行修正和超越。

主体间性视域下的思想政治教育主客体关系对当代教育理论的丰富和完善具有划时代意义,与其说这是又一次"哥白尼式的革命",不如说它是思想政治教育活动在新形势下巩固加强的必由之路。主体间性视域下的思想政治教育主客体关系对重新搭建其理论体系,进一步提升其实际效用,推进其整体朝着科学化、规范化方向发展颇为有益。因此,主体间性视域的思想政治教育主客体关系研究具有重要的理论意义和现实意义,具体来说,有以下五个方面:

(一)主体间性视域下的思想政治教育主客体关系对培养和发展人的主体性方面有很大帮助

随着时代的发展,人们的主体意识和精神不断增强,这种主体意识贯穿于思想政治教育实施的整体过程中。现代思想政治教育的个体价值表现为促进人的全面发展,不断增强个体的主体性。人是社会的主体,社会的全面协调可持续发展离不开人的自由而全面发展,思想政治教育正是通过培养自由全面发展的个体来推动社会和人类的前行。可以说,少了思想政治教育,人的主体性就很难完善,相应地提升人的主体性研究又是当代思想政治教育的题中应有之义。众所周知,我们开展思想政治教育是为了促成人类大发展、社会大繁荣,而思想政治教育的根基就在于焕发个体的主体性。作为激发和培养个体主体性的重要途径,思想政治教育作用不容忽视。思想政治教育说到底是做人的工作,要充分认识"人"的因素在思想政治教育中的主体性意义,坚持关心人、尊重人和理解人。在思想政治教育活动中,教育者只有充分发挥受教育者的主体性，才能建立起真正依赖主体发挥作用的思想政治教育平台，也只有以此为基础，才能构建起主体间性视域的思想政治教育主客体关系。

长期以来，思想政治教育被认为是教育者向教育对象"单向"灌输社会既定的思想理论观点和道德价值规范，使其服从社会生活与发展需要的活动。在这样的思想政治教育主客体关系状态中，受教育者往往被视为简单的对象而进行强化训练。而主体间性视域的思想政治教育主客体关系不仅提升受教育者的主体性，也发展和增强教育者的主体性。教育者在从事教育活动中发挥主导性的同时，也把自身作为认识与改造的对象，进行自我改造、自我修养和自我提升，使自身不断适应社会进步和时代发展的需要。不仅如此，通过思想政治教育主客体间的相互沟通、对话和交流，受教育者在教育教学过程中受益匪浅，不仅提升了本我的主体性，同时也培养了他们的主体精神及主体能力，塑造了个体的理想性道德人格，从而形成了全面发展的主体个性。因此，应该对传统的思想政治教育主客体关系进行深刻批判和深度反思，完成思想政治教育从传统的以主客体关系理论为支持转变为以主体间性视域理论作为支撑。这既是人的主体性发展对当代思想政治教育主客体关系理论的有效补充，更是思想政治教育继续为社会和人的主体性发挥推动作用的必经之路。

（二）主体间性视域下的思想政治教育主客体关系有助于教育者与受教育者统一教育和自我教育，合理把握和充分利用思想政治教育的交互沟通规律

思想政治教育强调在教育过程中，受教育者在接受教育主体的信息传递和灌输过程中具有信息反馈机制，有助于教育主体不断改善主体信息传

递的有效性。这也体现了作为客体的信息接收者是在主动、积极地实施自我教育和理解，形成了教育个体内循环。因此，对主体间性视域的思想政治教育主客体关系进行界定和建构，可以进一步摆正教育者和受教育者的位置关系，有助于调动二者的积极性，重视受教育者的德性结构和教育信息。最终，思想政治教育将教育者与受教育者的教育与自我教育有机统一起来，既重视教育者所进行的主动的传授操作，同时强调教育双方自我学习与自主教育环节的重要性。所以思想政治教育实效性的实现，是教育者与受教育者共同努力、相互作用的结果，无论是忽视教育者的主体作用，还是忽视甚至否定受教育者的主动性，都不能达到教育的预期效果。简单地说，主客体在思想政治教育活动中的重要性应该是相当的，通过增强客体重要性，有利于教育过程更加顺畅，提高沟通互动的通畅，对于教育效果的实现具有积极意义。从教育实践角度看，思想政治教育归根结底是依托主客体交互作用开展的交往实践活动。思想政治教育的交互作用大致有三组：一是教育双方的交互作用，二是教育者一方的交互作用，三是受教育者一方的交互作用。可以说前者的互动是最基本的互动形式。在思想政治教育过程中，互动构筑了新型的思想政治教育主客体关系，互动使教育者与受教育者中的每一方都把对方看作与自己"交往互动"的主体，而非仅仅作为"对象客体"来看待。

（三）主体间性视域下的思想政治教育主客体关系研究有助于实现思想政治教育的现代化

随着经济全球化、价值多元化、信息网络社会化的深入发展，主体间性视域的思想政治教育主客体关系研究与经济全球化、价值多元化、信息社会化的大背景相适应，反映了市场经济发展的客观要求，体现了信息网络技术发展的现实需要。党的历次重要会议对思想政治工作都有重要论述。党的十七大报告要求各级党组织要不断改进思想政治工作作风,加强心理疏导,实施人文关怀。党的十八大报告中再次对以上内容加以强调,并提出培育自尊自信、理性平和、积极向上的社会心态。这充分体现了思想政治教育活动中以人为本的价值理念,也是科学发展观的本质要求和核心内容。而坚持以人为本,注重人文关怀,就是在思想政治教育中要充分尊重人的价值和尊严,肯定个体的现实需求和本体价值。在主体间性理念指导下的思想政治教育主客体关系中,教育者与受教育者处于平等地位,彼此相互尊重、相互交流、共同提高,真正彰显了以人为本的价值理念,是对传统的思想政治教育主客体关系的修正和超越。因此, 主体间性视域的思想政治教育主客体关系研究,也是深入贯彻落实科学发展观、构建社会主义和谐社会和培育社会主义核心价值观的时代诉求。思想政治教育主客体关系研究只有实现主体间性转向,才能跟上社会进步与时代发展的步伐,反映当前思想政治教育活动的新变化和新特征,最终使思想政治教育活动与时代同频共振。

（四）主体间性视域下的思想政治教育主客体关系建立有利于其科学化水平的提高和实际效用的增强

思想政治教育是一项富有主体性、目的性与价值性的教育实践活动,尤其强调教育主体与客体间的互动性。为此,我们应该坚持科学教育观,遵循以人为本,在教育中更加尊重和关注被教育一方的主体性。对主体间性视域的思想政治教育主客体关系进行研究, 能够深化对思想政治教育本质属性的科学认识。建立在主体间性价值理念基础上的主体与客体关系,相对于传统的主体客体关系而言更加科学。从某种意义上来说,思想政治教育的实效性取决于教育者与受教育者之间的平等交往和相互沟通理解的程度。传统的思想政治教育主客体关系由于过分强调受教育者是单纯客体, 使被教育一方丧失主体性质,教育者在教育过程中处于独大和控制地位,直接导致被教育方刻板接收信息,大大削弱了思想政治教育的效果。然而主体间性理论的主客体关系在思想政治教育中却表现为,认可教育者一方的主体地位,同时为受教育者一方赋予了主体权利,使二者具有对等的地位,畅通了教育互动的渠道,有效提升了思想政治教育效果。因此,在主体间性视域下形成的思想政治教育主客体关系,是激发教育双方主观能动性的动力,它的出现推动教育者与受教育者两方面的主体性和主体意识产生,并最终提升了思想政治教育的有效性。

(五)主体间性视域下的思想政治教育主客体关系建立有利于思想政治教育整个理论体系的突破

主体间性视域的思想政治教育主客体关系研究,将主体间性的价值理念拓展到思想政治教育领域,为思想政治教育在当代条件下界定了更为适当的主客体关系。这也使思想政治教育的关键部位有了理论统领,它关注教育者与受教育者的主体性及他们之间的相互关系,涉及思想政治教育理念、教育目的、教育本质、教育手段和方法,等等。因此,主体间性视域下的思想政治教育主客体关系的建立很大程度上对解释其内在规律和提升理论延展的自觉性具有重要作用。与此同时,它还有助于理清思想政治教育实施中的非静态内在属性,更加准确地描述思想政治教育参与者互为影响的深层次内涵,使思想政治教育理论框架内部更加和谐,更加自洽。主体间性视域的思想政治教育主客体关系,把受教育者作为思想政治教育过程中的特殊"主体"来看待,强调受教育者在思想政治教育过程中的主体性地位,这是时代精神及其现实发展要求在思想政治教育发展中的客观表现,是在充分关注和重视思想政治教育过程中的受教育者思想价值观念变化及其主体性意识觉醒基础上的系统建构。这一研究是对思想政治教育价值观念和理论范式从传统到现代的发展历程的生动描述，以及对受教育者在思想政治教育过程中由被动到主动、由被动接受教育者的单向灌输到与教育者平等对话等教育哲学思想和价值观念变革的系统诠释。它所蕴含的对思想政治教育活动过程中受教育者主体地位的充分肯定和尊重，以及对受教育者主体性价值的认同，都彰显了主体性意识的觉醒、思想价值观念的发展和时代精神的进步。主体间性视域下的思想政治教育主客体关系的建立，为思想政治教育主客体关系界定打开了一扇门，更加丰富了其理论体系，在提升本学科科学化水平的同时，引起了学界对其主客体关系新的关注和探讨，进一步激发学者对这一课题的研究与创新，对思想政治教育理论与实践的拓展具有重要价值。

三、研究现状述评

就目前国内研究现状来看，研究思想政治教育主客体关系的成果不多，从主体间性视域来研究思想政治教育主客体关系的研究成果则更少。尤其是比较有深度地、系统性地研究主体间性视域的思想政治教育主客体关系的成果还没有。通过中国期刊网检索，输入"思想政治教育主客体关系"关键词，共检索到硕士学位论文 2 篇，一般学术论文 19 篇，而输入"主体间性视域的思想政治教育主客体关系"关键词，未检索到相关论文。当然，尽管还未见有专门探讨"主体间性视域的思想政治教育主客体关系"的专著和博士学位论文，但是在一些相关研究成果（比如关于主体间性思想政治教育研究）中这一问题已经有所涉及，主要集中在以下六个方面：

（一）对思想政治教育主体和客体的探讨

根据文献记载,思想政治教育主客体相关研究开始于 1987 年前后,金鉴康主编的《思想政治教育学》中用三章的篇幅论述了思想政治教育主客体问题。学界关于思想政治教育主体和客体的探讨,是建立在对哲学意义上的主体与客体研究基础上的。从教育学意义上对教育主体与客体的探讨则构成了对思想政治教育主体与客体研究的直接基础。教育实践活动作为人类一种特殊的实践活动形式,其之所以特殊就在于教育实践活动所指向的教育对象的特殊性。一般的人类实践活动所指向的对象往往是自然界或者物,而教育实践活动的对象是活生生的人。从这个意义上来说,教育实践活动的主客体可以合理地解释为"主体—主体",借助交往互动关系,教育主客体之间形成了"主体间关系"。由于教育实践活动的复杂性,教育主体和客体的区分并非是预设的和一成不变的,而是伴随着教育活动过程的展开而确定的。以往在教育主体的确定上,一直存在着"单一主体""双主体""多主体"等观点,实际上,教育主体的内涵不是取决于数量的多少,主体在实施教育过程中占据的位置和作用才是关键。参与教育活动的发起者、执行者都是所谓的教育主体;而在教育活动过程中,作为教育活动的对象,作为整个教育活动的受动者和接受者,就应是教育客体。因此在教育实践活动过程中,教育主体和客体是相对而言的,在一定条件下是相互转化的,并非传统意义上所讲的教育者就是主体,受教育者就是客体。[①]利用哲学意义上的主客体范畴来研究思想政治教育研究,并建基于对教育学意义上的主体与客体的认识,学者们对思想政治教育的主体和客体内涵进行了严谨细致的分析与研究。

---

① 思想政治教育主客体区分既是绝对的,也是相对的。

在当前的学术领域中，学术界对思想政治教育主体的定义尚持有不同看法，还很难形成比较一致的观点，主要有单一主体论、双主体论和多主体论等观点。

所谓单一主体论，是指位于思想政治教育活动顶端，具有教育方向和内容控制权的个人或群体组织者。这种观点也是学术界比较普遍的一种看法。例如张耀灿在论述思想政治教育主客体时认为，教育的发起者和实施者是主体，其教育施加对象成为思想政治教育客体。①另外，有学者认为，思想政治教育活动属于教育学范畴，其本质符合教育学的相关论述，所以思想政治教育主体只有一个，那就是实际教育活动的发起实施者。②童颖颖认为，虽然目前学界关于思想政治教育主体的看法存在着单一主体说、双主体说、多主体说和相对主体说四种观点，可是就思想政治教育关系的特点来看，教育施加者、实施者的确就是思想政治教育的主体。③祖嘉合认为，在某些观点中单一主体论的特点还是比较突出的，细分来说，这一观点还有教育者主体论和被教育者主体论两种基本观点。基于思想政治教育活动，前者比较合理。可见在判断思想政治教育主体时，视角非常重要，如果以对象在整体教育活动中的影响相比较，显然教育者占据上风，可以判断为教育主体。但是基于主客体理论时，观点不尽相同，究其原因是研究手段的差异造成的。所以，我们在界定思想政治教育主客体时，有必要对研究方法加以规定：既要从表面现象分析，又要从思想政治教育实施过程入手判定主体和客体。其实，思想政治教育的主

---

① 参见张耀灿等：《现代思想政治教育学》，人民出版社，2006年，第236页。

② 参见赖雄麟：《论作为教育活动的思想政治教育主体的基本属性》，《安庆师范学院学报》，2009年第3期。

③ 参见童颖颖：《论思想政治教育主体的客体意识》，《思想教育研究》，2003年第6期。

体,具有主客体双重性。①当做出教育者是主体则被教育者不是、被教育者是主体则教育者非主体的论断时,把一元论作为单一主体论的支撑又显得不够全面。这种观点已经受到了严峻挑战,它是一种传统的思想政治教育的主体说,不仅违背了现代思想政治教育的概念,而且也不能对受教育者的能动性和思想政治教育实效性的差异做出合理、全面的解释。

所谓双主体论,是指参与思想政治教育活动的对象均为过程主体。有学者认为,能够发挥自发教育功能的个人或组织都可以称为思想政治教育主体。参与思想政治教育活动的对象均是有思想意识、有目的地从事认识和实践活动的现实的人,都符合上述作为教育主体的条件,所以都是主体。②具体解释双主体论,就是参与思想政治教育活动的对象互为主体,即在教授过程中,教育者是主体则被教育者是客体;在接受信息过程中,被教育者是主体则教育者是客体。可以说,这一理论在承认教育一方的主观能动的同时,同样承认了被教育一方在教育过程中的促进作用, 从观点上支持被教育一方在教育过程中发挥主体作用。然而该理论混淆了教育实践活动客观上存在着主客体之分的基本理念,忽视了教育者与受教育者的差异性和特殊性,存在着主体论上的相对主义和泛主体论的倾向, 同时也模糊了教育者的责任意识和主导性价值,一定程度上使教育者在思想政治教育中的主导性大大降低。

所谓多主体论,是指以现实生活整体为背景,思想政治教育所呈现出的多主体内涵。目前持这一观点的学者还只是少数。有学者在此基础上详细分析了思想政治教育主体的形态及其特征。比如王颖就将思想政治教育的主

---

① 参见祖嘉合:《对思想政治教育主体及其特性的思考》,《教学与研究》,2007 年第 3 期。

② 参见陈秉公:《思想政治教育学原理》,辽宁人民出版社,2001 年,第 111~115 页。

体划分成三类：一是具有天然性和约束性的可以揭示思想政治教育本身性质的一类主体，即国家；二是具有获得性、传递性和规范性等实践特征的主体，即思想政治教育工作人员；三是思想政治教育的自我教育主体，即教育对象，它有着前理解性和建构性特征。[①]还有学者将个人主体、组织主体和政府主体的统一体称为主体，作为思想政治教育的主体就呈现了多极化。[②]这种多主体论是一种泛主体的思想，实质上就是一种无主体论。

除此之外，还有学者提出了主导性主体论、主动性主体论，以及相对主体论等。需要说明的是，确定思想政治教育主体的关键并不在于数目的多寡，更重要的是看其是否对思想政治教育活动开展起到至关重要的作用。可以说，高能动性才是思想政治教育主体应该具备的重要条件。[③]

作为思想政治教育活动的另一要素是思想政治教育客体，不少学者也对其做了定义。一种说法是，所谓思想政治教育客体是相对于主体而言，他受主体制约，是思想政治教育的接受者。[④]另一种说法是，思想政治教育客体首先是具有一定社会关系的人，他与教育主体之间形成工作关系，直接受主体教育，接收其传达的信息。[⑤]从以上两种说法不难看到，思想政治教育客体具有以下特征：第一，是被动受控的，客体被主体改造；第二，他是人，具备区别于物的思维与主观能动性，在主体传达信息时，客体具有自发行动力，具体表现

① 参见王颖：《试析思想政治教育主体的三重形态及其特征》，《学校党建与思想教育》，2002 年第 19 期。

② 参见邱杰、何海兵：《思想政治教育主体的三重形态及其主体性》，《湖北社会科学》，2003 年第 12 期。

③ 参见骆郁廷：《论思想政治教育主体、客体及其相互关系》，《思想理论教育导刊》，2002 年第 4 期。

④ 参见张耀灿等：《现代思想政治教育学》，人民出版社，2006 年，第 237 页。

⑤ 参见祖嘉合：《思想政治教育方法教程》，北京大学出版社，2004 年，第 33 页。

为"能动性、自主性和创造性"①。但这种主动性却不能改变思想政治教育客体的地位。

近年来,关于思想政治教育客体的内涵,学界展开了多视角的研究和探讨,概括起来主要有以下观点:

第一,以人为客体。②这是目前思想政治教育客体研究领域大多数学者所持的观点,也是一种主流观点,这一观点认为思想政治教育是一种特殊的实践活动,其主体和客体都是人。在此基础上这一观点又分为三种形态:以受教育者为客体、以教育者为客体、以教育者与受教育者同为客体。这种观点继承了哲学意义上的主客体内涵,但它简单模糊地把人作为思想政治教育的客体,不利于对思想政治教育客体的具体描述、分析和表达,对思想政治教育客体的概念界定模糊不清。其中受教育者客体过于突出教育者的地位和作用,忽视了受教育者的主动性和积极性,使教育者与受教育者产生了一定程度上的对立,从而受到了严峻挑战。教育者客体论在思想政治教育活动的具体阶段有其合理性,结合思想政治教育的各个环节,教育者客体论断还不够全面。但教育双方均是客体的理论,却显而易见地指出了思想政治教育中受教育者一方的地位和作用,其理论建构中仍存在尚未解决的问题,比如教育者与受教育者互为阶段性的主客体,而非整个过程的主客体。

第二,以受教育者的思想道德状况和精神状态为客体。③这一观点认为

---

① 张耀灿、郑永廷等:《现代思想政治教育学》,人民出版社,2001年,第198页。涂刚鹏:《思想政治教育客体的主体性特征探析》,《理论月刊》,2004年第10期。刘新跃、周亚东:《论思想政治教育客体的主体性》,《思想理论教育导刊》,2009年第8期。倪新兵、刘争先:《对思想政治教育客体及其主体性的思考》,《思想理论教育导刊》,2010年第6期。

② 参见仓道来:《思想政治教育学》,北京大学出版社,2004年,第179页。

③ 参见张建桥:《论思想政治教育客体含义的科学化》,《郑州航空工业管理学院学报》,2004年第4期。

思想政治教育客体的含义要具体分析,不能太过笼统。因此在思想政治教育活动中,主体要认识到改造的对象(即客体)是受教育者的思想道德状况和精神状态。这一观点使得具体的对象更加抽象化了。

第三,将教育过程中涉及的内容、机构等客观因素定为客体,即在思想政治教育过程中,教育环境、教学内容、方法形式是教育主体的受控方。①显然以上论断完全无视思想政治教育是旨在对人进行思想引导和德性建构的教育实践活动的判断,在这一活动中除了人之外的都只能是对人进行教育的工具和手段,而非客体。

也有学者把学界对思想政治教育客体含义的理解概括为"单一客体论""双客体论""教育者与受教育者及思想政治教育其他要素均为客体论""教育内容客体论"等看法。②

从目前针对思想政治教育主客体的定义讨论来看,很多观点并存。例如在哲学界,客体是指客观事物,如果套用到思想政治教育领域,很显然对受教育一方的主体性和与教育者的对等性没有认可。但也有学者对此观点进行分析和反驳,认为使用主客体概念没有否定客体的主观能动性和主客体的平等性,无论从实践方面还是理论层面上来看,思想政治教育的主客体的讲法还是具有一定逻辑性的。③思想政治教育相关理论框架与科学化水平也在哲学思想下的主客体理论指导中得到进一步完善,也为解析思想政治教育过程中其他各组关系夯实了理论基础。

---

① 参见王希:《改革开放以来思想政治教育主客体及关系发展研究》,《湖北第二师范学院学报》,2009年第11期。

② 参见张建桥:《论思想政治教育客体含义的科学化》,《郑州航空工业管理学院学报》,2004年第5期。

③ 参见罗洪铁:《研究思想政治教育主客体的必要性及二者的关系》,《思想政治教育研究》,2012年第2期。

(二)关于思想政治教育中主客体的关系研究

对于思想政治教育中主体与客体的关系研究，学界首先从教育学意义上对主客体关系进行了富有成效的研究，这种研究构成了思想政治教育主客体关系探讨的重要基础。毕竟思想政治教育是一种特殊的教育实践活动。哲学意义上的主客体关系主要体现为主体对客体的一种认识关系，而教育学意义上的主客体关系则包含了认识关系和实践关系，因为教育活动本身就是一种实践活动。教育学意义上的主客体关系是教育者与受教育者之间相互作用、相互影响的功能关系。而且教育主客体关系并非是一成不变的，而是依据一定的条件生成、发展和演变的，教育主客体之间既是一种静态关系，更是一种动态关系。对于传授与受教双方，主客体的确定和区分来源于对二者在教育活动过程中构建起的教育主客体关系的把握。所谓教育主客体关系，究其本源是传授与受教双方产生的一种交互性关系。而教育者与受教育者之间能否发生交互，即相互作用和相互影响，还要通过二者主客体关系是否成立来判断。具体依据既可以是传授一方的水平和态度，也可以是受教一方的知识渴望和水平。实践证明，教育双方良好的交互作用有利于教育主客体关系的融合，一定程度促成了双方的变化。主要有如下体现：一方面，传授一方在对受教者加深认识的同时，更好地为其提供教学内容和理解帮助，提升了教育教学质量；另一方面，双方在相互作用和影响的过程中，把自己的认识、态度和能力表现出来，并形成对自己的客观评价，发展了他们各自的自我意识。

从已有的研究成果来看，主要有以下六个观点：

(1)主客二分说。该观点是一种传统的主客体关系论在思想政治教育中的体现，认为思想政治教育的过程，是传授主体与教育客体的单一对应关系,主体与客体是确定的和相互区分的。主体处于绝对支配地位,客体处于从属地位。该观点主要从教育者与受教育者之间的关系定位来确定教育主体和教育客体。从目前学术界的相关理论来讲,教育者与被教育者,谁主谁客仍有分歧,但你主他客的原则相对统一。

(2)主客体相对说。所谓主客体相对,是指当确定思想政治教育活动中的主客体时,要首先明确界定条件,因为二者谁主谁客具有现实约束性,必须从教育过程中的具体情况来定位。如陈秉公根据教育活动的不同角度,认为施教与受教双方的主客体地位会随之变动。即从施教视角看教育者是主体,受教育者为客体,从信息接收角度看两者主客体地位则相反。也就是说,作为教育行为者的施教与受教双方兼具主客体性质。也有一些学者从作用对象的角度出发,认为教育界中教育者和受教育者呈相互作用的状态,在这个时候,教育者作为主体,那么受教育者即为客体;在整个学习活动的过程中,受教育者的作用对象是学习内容,这时受教育者就变成了主体,学习内容就成了客体。

(3)主导主动说。该观点在主张教育者为主体、受教育者为客体的基础上,尊重和肯定了受教育者具有作为主体的资质。有学者将思想政治教育活动的主体和客体的作用分别定义为主导性和主动性。[①]而骆郁廷将思想政治教育活动的主体和客体的作用分别定义为主导性作用和具有能动性的主动作用。主客体之间相互依存,一方面,主体通过客体的主动性接收顺利实施教授活动;另一方面,客体只有在主体的主导下才能施展其主动性。[②]

(4)主客体关系阶段说。如黎明艳等把教育者与受教育者的关系具体分

---

① 参见张耀灿:《思想政治教育学》,人民出版社,2006年。

② 参见骆郁廷:《论思想政治教育主体、客体及其相互关系》,《思想理论教育导刊》,2002年第4期。

为思想政治教育过程的教育阶段、内化阶段、外化阶段和评估阶段,对于主客体的判断,以上不同阶段的情况有所差异,应具体情况具体判断。①

（5）主客体关系多维说。该观点认为要辩证地、多维地看待思想政治教育主客体关系。如南纪稳从教育学的角度认为,教育活动中主要有三种对象性关系:实践关系、认识关系、价值关系。在实践关系中教师为主体,学生为客体;在认识关系中,教师与学生同为主体,教育内容为客体;在价值关系中,学生为主体,教师为客体。②另外,还有"主客体互动说""超越主客体关系说"等观点,是从上述观点演化而来的。

（6）主体间性关系说。所谓主体间性关系学说,是指对于施教与受教双方在思想政治教育过程中的根本表现并非主客体关系,而是两个主体层面上的关系,即双主体和客体关系。在教育者与受教育者的双主体关系上,雷奕超认为是复数主体的关系,③陆秋林认为是主动主体与被动主体的一种特殊双主体间关系,④林华生认为是"主导性主体—客体性主体"的关系。⑤在思想政治教育客体的定位上,认为教育资料是双主体的共同客体。该观点虽然对双主体间关系的解释是初步的,对教育客体的理解还值得商榷,但把教育本质理解为"主体间性关系",无疑是一种新的教育价值理念,对深化思想政治教育中主客体关系的认识起到了积极的推动作用。

思想政治教育主客体关系究竟是一种什么样的关系? 对此,学者们也进行了探讨。比如张耀灿从四个方面界定了思想政治教育主体客体关系的内涵:

---

① 参见黎明艳、王斌:《思想政治教育过程中的主客体关系研究》,《思想教育研究》,2011 年第 2 期。

② 参见南纪稳:《教学系统要素与教学系统结构探析》,《教育研究》,2001 年第 8 期。

③ 参见雷奕超:《论思想政治教育的主体间性转向》,华中师范大学硕士学位论文,2006 年。

④ 参见陆秋林:《论思想政治教育中主客体关系》,《南京农专学报》,2001 年第 2 期。

⑤ 参见林华生:《思想政治工作过程中教育者与受教育者主客体性新探》,《南京政治学院学报》,1991 年第 1 期。

一是公平关系,二是交互关系,三是引导和参与关系。①在此基础上,他更是把新时期的思想政治教育活动中的施教与受教双方看作地位对等且相互沟通的关系。在众多学者中,骆郁廷先生认为思想政治教育主体与客体之间存在三对关系:一是双向互动,二是主导、主动关系,三是相互转化。②邵献平则将双主体互动作为思想政治教育主客体的基本关系,这一关系体现为"教育者的价值引导和教育对象的自主建构关系"③。罗洪铁则认为,思想政治教育主客体关系是"对立统一关系"④。王丽娜、邓露则认为对于主客体把握,可以从思想政治教育活动出发探讨教育者与教育对象两种相互通融的主体性关系。⑤林晓认为思想政治教育主客体关系体现为共存关系、双向交互关系、平等关系与合作理解关系。⑥严恒江虽然没有界定思想政治教育主客体关系,但指出了思想政治教育主客体关系的一系列特征。⑦

从目前研究现状来看,思想政治教育主客体关系无疑是学者们关注较多、争议较多的前沿课题。存在的主要问题有:①从主流观点来看,还没有根本突破把"人"(主要是受教育者)作为教育客体的思维范式。②虽然提出了双主体的理念,但对思想政治教育者与受教育者之间关系的探讨还是初步

---

① 参见张耀灿等:《现代思想政治教育学》,人民出版社,2006 年,第 244~245 页。

② 参见骆郁廷:《论思想政治教育主体、客体及其相互关系》,《思想理论教育导刊》,2002 年第 4 期。

③ 转引自褚凤英:《思想政治教育活动研究》,人民出版社,2011 年。

④ 罗洪铁:《研究思想政治教育主客体的必要性及二者的关系》,《思想政治教育研究》,2012 年第 2 期。

⑤ 参见王丽娜、邓露:《哲学视角下思想政治教育者与受教育者的关系》,《改革与开放》,2009 年第 10 期。

⑥ 参见林晓:《主体间性哲学视角下的思想政治教育者与教育对象的关系》,《今日南国》,2008 年第 5 期。

⑦ 参见严恒江:《思想政治教育主客体关系及其时空特征研究》,西南师范大学硕士学位论文,2002 年。

的,需要深化研究。③对于主客体关系的判断,哲学思想开始提供更多依据,但目前对于主客体及教育与被教育双方关系还要植根于思想政治教育活动过程中进一步研究,绝非仅限于把哲学中的主客体关系简单移植过来应用。

(三)关于处理思想政治教育以及主客体关系现实困境的思考

研究者对主体间性视域的思想政治教育主客体关系的研究,从某种程度上来看,是在对当前思想政治教育面临的困境深刻反思和批判的基础上展开的。在对主体间性视域的思想政治教育主客体关系研究过程中,大多数学者总结和分析了当前思想政治教育所面临的现实困境或局限。比如萧红梅认为思想政治教育的弊端包括:受教育者主体地位不被重视,在交往活动中失去平等沟通权利从而导致主体间不协调;[①]于爽认为思想政治教育的局限性包括:单纯强调主体而缺乏对主体关系维护的关注,对于个体实行一刀切,没有像重视宏观社会一样着眼于个人发展,使教育成了不切实际的填鸭式教学;[②]赵智认为思想政治教育的弊端主要是教育者的单一中心和师生之间关系的隔离;[③]雷奕超认为教育者高高在上,受教育者被动受控,教育内容空泛、手段单一、教育目标一刀切都是思想政治教育发展受限之处。[④]另外还有学者提出对于受教育者主观能动性及创新价值无法在传统的思想政治教育单一主体论下得以充分发挥;[⑤]周先进认为之所以思想政治教育发展受限,主要因为教育者与受教育者地位失衡、教育内容和手段匮乏空泛,培养目标单一。[⑥]

---

① 参见萧红梅:《浅析思想政治教育中的主体间性》,《当代教育论坛》,2007 年第 2 期。
② 参见于爽:《主体间性思想政治教育研究》,哈尔滨工程大学硕士学位论文,2008 年。
③ 参见赵智:《论主体间性思想政治教育的意蕴和实现路径》,大连理工大学硕士学位论文,2007 年。
④ 参见雷奕超:《论思想政治教育的主体间性转向》,华中师范大学硕士学位论文,2006 年。
⑤ 参见缪志红:《论思想政治教育中的"交互主体论"》,《学海》,2002 年第 2 期。
⑥ 参见周先进:《主体间性思想政治教育何以成为必然》,《前沿》,2010 年第 4 期。

客观上来讲，上述对思想政治教育的局限性和弊端概括有一定的合理性,但也应该承认,我国思想政治教育曾经在经济社会发展和青少年成长过程中做出了应有的贡献，提出新的价值理念来推进思想政治教育的改革创新,但不能矫枉过正从而全盘否定传统的思想政治教育的历史功绩。而且对思想政治教育弊端的概括有些偏激性和片面性,比如有的学者认为传统的思想政治教育是"无人"的教育,造成了"人的空场"等就有失偏颇。有的学者在概括传统的思想政治教育的弊端和局限性时离开了当时社会历史条件来谈,放弃了历史唯物主义观点,用今天的价值观去片面观照传统的思想政治教育,这是不尽合理的。而当前思想政治教育主客体关系也存在着一些误区,对此学者们进行了探索。比如王桂菊认为目前思想政治教育主客体关系存在着非科学性、非人性化等严重倾向。①丁斌则概括了当前思想政治教育主客体关系存在的四大误区②:①过于强调教育者与受教育者的水平差异,仍存在"单向灌输"的思想政治教育模式;②忽视了受教育者的能动性,认为教育者拥有绝对的权威;③过于强调受教育者的主体性,忽略了教育者的引导,对思想政治教育放任;④否认教育者与受教育者之间的矛盾,忽略思想政治教育的过程性。

(四)对主体间性视域的思想政治教育主客体关系内涵的研究

尽管目前尚未有对主体间性视域的思想政治教育主体客体关系内涵方面的相关结论,然而就其研究基础应该是主体间性思想政治教育。为此,学者们进行了一系列基于以上研究基础的概念定义与探讨。目前,有两种视角的定义具有一定说服力:一种从主体间关系角度,另一种从主体间交往角

① 参见王桂菊:《现代思想政治教育主客体关系论》,《山东青年政治学院学报》,2012年第1期。
② 参见丁斌:《当前思想政治教育主体与客体关系新探》,《福建教育学院学报》,2009年第4期。

度。前者比较有代表性的是张耀灿提出的思想政治教育本身具有主体间性的特质,受教育者和教育者这两者之间在实践基础上的互相影响、有机联系以及对于思想政治教育主体性的主动抛弃。①雷奕超认为主体间性思想政治教育就是对思想政治教育过程中存在的主体与主体关系和主客体关系的融合;②缪志红觉得主体间性思想政治教育过程中,在教育者和受教育者之间存在的主客体关系之中存在互相影响的反作用。③尹艳秋认为主体间性思想政治教育的中心思想是既超越了主体性教育,又尊重并承认受教育者的主体地位,引导受教育者向主体间性的人格方向增强;④闫艳则将主体间性思想政治教育看作存在于思想政治教育实践中的一种由主体合力施加于教育客体而构建的主体间的关系属性;⑤齐超等认为主体间性思想政治教育表现为教育者与受教育者之间的相互关系,表现为一种范式,可以概括为:对思想政治教育主体性的超越关系、教育者与教育对象的平等关系、教育者和教育对象的双向交互关系。⑥而后者比较有代表性,比如萧红梅认为主体间性思想政治教育是指教育主体在交往过程中相互尊重、相互理解;⑦学者于爽认为教育者和受教育者之间的一些互动,比如说两者之间的对话,对于一些问题的研究和理解还有日常交往,等等。⑧虽然大部分学者在主体间性思想政治教育的内涵上取得了比较一致的认识,但也有学者对此提出质疑。如关

---

① 参见张耀灿、刘伟:《思想政治教育主体间性涵义初探》,《学校党建与思想教育》,2006 年第 12 期。

② 参见雷奕超:《论思想政治教育的主体间性转向》,华中师范大学硕士学位论文,2006 年。

③ 参见缪志红:《论思想政治教育中的"交互主体论"》,《学海》,2002 年第 2 期。

④ 参见尹艳秋:《主体间性教育对个人主体性教育的超越》,《教育研究》,2003 年第 2 期。

⑤ 参见闫艳:《交往视域中的思想政治教育研究》,天津师范大学博士学位论文,2008 年。

⑥ 参见齐超、叶鸿蔚:《论思想政治教育主体间性的转向》,《淮北煤炭师范学院学报》,2009 年第 2 期。

⑦ 参见萧红梅:《浅析思想政治教育中的主体间性》,《当代教育论坛》,2007 年第 2 期。

⑧ 参见于爽:《主体间性思想政治教育研究》,哈尔滨工程大学硕士学位论文,2008 年。

于思想政治教育中的主体、客体、主体间关系等的具体内涵和外延的界定还存在分歧,值得进一步研究。

(五)对主体间性视域的思想政治教育主客体关系的理论基础和现实需要的研究

任何教育价值理念的提出和建构都不是凭空产生的,它既离不开一定的理论基础,也离不开经济社会发展的现实境遇。目前,学界关于主体间性视域的思想政治教育主客体关系的理论基础和现实需要尚未有直接的研究和讨论,但是学界对这一问题的研究也是有的。这些研究主要集中在对主体间性思想政治教育的理论基础和现实需要研究,这些研究对我们思考和讨论主体间性视域的思想政治教育主客体关系提供了有益的借鉴作用。学者们主要从两个层面展开了探索:从学术界关于主体间性思想政治教育已经拥有的理论研究基础来看,绝大多数学者都认同这样一种说法,即主体间性思想政治教育就是对于思想政治教育实践活动,注重运用主体间性的理论框架,从主体间性视角来进行现实的观照,而主体间性是现代西方哲学的一个基本概念范畴。因此现代西方哲学的主体间性理论是主体间性思想政治教育的重要哲学基础,进而对主体间性的词源含义、历史发展和理论形态等进行探讨。很多学者认可主体间性思想政治教育是从其理论基础入手,运用主体间性理论来观照思想政治教育活动。比如王冬云探讨了交往思想政治教育的马克思主义哲学基础,具体包含马克思关于人的本质理论和交往实践理论。[1]闫艳则从交往理论出发探讨了主体间性思想政治教育的交往理论基础,具体分析现代西方交往理论的起源与历史演变。[2]此外,还有学者提及

---

① 参见王冬云:《交往德育研究》,吉林大学博士学位论文,2009年。
② 参见闫艳:《交往视域中的思想政治教育研究》,天津师范大学博士学位论文,2008年。

主体间性思想政治教育的社会学、心理学、教育学、文学、美学等理论借鉴。杨欣则从中国古代和西方古代教育思想中挖掘主体间性思想政治教育的理论渊源,尽管有些观点值得商榷。①

　　思想政治教育的主体间性转向是时代发展的现实要求和社会发展的必然选择。从主体间性思想政治教育的现实需要来看,大多数学者都立足当前思想政治教育的大背景去考察这一问题,提出了一些有代表性的观点。比如齐超认为主体间性思想政治教育转向有其必然性:时代发展的客观要求、克服传统的思想政治教育实践弊端的必然要求;②单任认为主体间性思想政治教育转向的必要性包含:经济全球化背景下的客观需要、构建社会主义和谐社会的要求、网络时代的现实呼唤、各国教育改革的发展趋势;③雷奕超认为随着社会的不断进步,思想政治教育开始朝着主体间性思想政治教育迈进是理所应当,主要原因有:科学的发展观和人本观念实现的客观要求,和谐在整体社会构筑中的新要求,全球经济一体化格局及社会主义市场经济的形成,互联网社交发展等。④赵智认为对于主体间性思想政治教育来说,其主客体关系发生转向有着某种外在必然性,具体包括:以人为本时代理念的必然趋势、信息社会赛博生存的迫切需要、建设社会主义和谐社会的现实呼唤、思想政治教育与时俱进的现实需要;⑤于爽认为主体间性思想政治教育之所以转变是因为,社会开始不断树立以人为本的理念、对主体性思想政治教育的扬弃、现代化教育教学的迫切要求、全球化时代的呼唤、人与人之间积极和谐的

① 参见杨欣:《主体间性思想政治教育研究》,河北科技大学硕士学位论文,2009年。
② 参见齐超、叶鸿蔚:《论思想政治教育主体间性的转向》,《淮北煤炭师范学院学报》,2009年第2期。
③ 参见单任:《思想政治教育主体间性转向研究》,西南政法大学硕士学位论文,2010年。
④ 参见雷奕超:《论思想政治教育的主体间性转向》,华中师范大学硕士学位论文,2006年。
⑤ 参见赵智:《论主体间性思想政治教育的意蕴和实现路径》,大连理工大学硕士学位论文,2007年。

沟通;①学者萧红梅则认为之所以主体间性思想政治教育能够如此受追捧,是因为适应时代的需求,是学生和教师之间良好关系构建的和谐保障,同时也是主体间性教育的显露、互联网思想政治教育的基础以及增强受教育者的认可程度。②这些学术研究成果对主体间性视域的思想政治教育主客体关系的现实要求有着重要的借鉴作用,给人们带来了启迪与非凡的意义。

(六)对于建构主体间性视域的思想政治教育主客体关系的途径和基本原则

主体间性视域的思想政治教育主客体关系建构必须遵循一定的原则,这些原则既体现了主体间性视域的思想政治教育主客体关系的本质属性,也保证了主体间性视域的思想政治教育主客体关系的最终建构。虽然学界尚没有对主体间性视域的思想政治教育主客体关系建构的基本原则和路径进行深刻探讨,但是学者们对主体间性视域思想政治教育原则的研究和探索为我们的研究提供了重要思路和启示。在主体间性视域思想政治教育的基本原则和实现路径上,比较有代表性的观点有:三原则说,比如于爽认为主体间性视域思想政治教育的原则包含情境性原则、互动互惠原则与合而不同原则。③四原则说,比如杨欣认为主体间性思想政治教育的基本原则主要由平等互动、交流理解、结合实际和共享双赢四方面组成。④五原则说,即主体间性思想政治教育主要包括地位平等、生活世界、交流理解、双向交互和巩固体验在内的五项原则;⑤另一种观点是,以人为本、生活世界、主体间性、

① 参见于爽:《主体间性思想政治教育研究》,哈尔滨工程大学硕士学位论文,2008年。
② 参见萧红梅:《浅析思想政治教育中的主体间性》,《当代教育论坛》,2007年第2期。
③ 参见于爽:《主体间性思想政治教育研究》,哈尔滨工程大学硕士学位论文,2008年。
④ 参见杨欣:《主体间性思想政治教育研究》,河北科技大学硕士学位论文,2009年。
⑤ 参见李炳辉:《主体间性与思想政治教育创新》,长安大学硕士学位论文,2008年。

交往理性和共享双赢原则构成主体间性思想政治教育的五原则说。①还有一种六原则说,以张耀灿为代表的学者认为组成主体间性的思想政治教育原则是平等、现实、沟通理解、双向互动、体验巩固、互惠共赢等。②

思想政治教育在主体间性视域下的主客体关系作为一种全新的思想政治教育主客体关系价值理念,如果仅仅停留在价值层面,那么实践活动的时效性与指导性都会大大降低。主体间性视域的思想政治教育的主客体关系如果脱离实践过程是无法得到体现的,自然也难以实现其教育理论的价值。遗憾的是,到目前为止,主体间性视域的思想政治教育主客体关系研究基本上还停留在理论预设和价值理论层面。研究者只是从不同角度对主体间性思想政治教育的实现路径进行了探索,提出了一些可能性的假设。比如周先进认为实现主体间性思想政治教育需要树立双主体教育理念、建构交往式教育模式、立足现实生活世界、注重一定的教育艺术;③杨欣认为主体间性理论指导下的思想政治教育应树立从"管理"转向"服务"的平等教育理念,运用从"独白"转向"对话"的科学教育方式,构建从"单向灌输"到"交往实践"的合理教育方法。④邵庆祥认为要想真正完成主体间性思想政治教育模式的建立必须做到:一是在结构模式上促进主客体向主体间性方向过渡;二是具体方法上促进单向施教朝交互沟通方向过渡;三是对于价值追求方面,更多关注人的全面发展,而非工具理性的单一维度;四是真正从主观和心理角度考虑提升思想政治教育的内外效果。还有部分学者认为回归生活世界是实现主体间性思想政治教育的根本路径选择,个别学者具体分析了实现主体间性思想

---

① 参见闫艳:《交往视域中的思想政治教育研究》,天津师范大学博士学位论文,2008年。

② 参见张耀灿:《思想政治教育学前沿》,人民出版社,2006年。

③ 参见周先进:《主体间性思想政治教育何以成为必然》,《前沿》,2010年第4期。

④ 参见杨欣:《主体间性思想政治教育研究》,河北科技大学硕士学位论文,2009年。

政治教育的具体实践路径,包括建构主体间的师生关系、创新思想政治教育方法、界定教师的角色和提升教师的素养;杨欣等则认为交往实践是实现主体间性思想政治教育的根本路径,具体来说,要求思想政治教育回归"生活世界"、建立在理解的基础上、需要以对话为平台;①黄明娣则主要从思想政治教育教学的角度做了探索,认为主体间性思想政治教育的新路径包括:在开展思想政治教育活动过程中,纳入诸如相互沟通、相互理解等具有动态交往性的教学要素,从人本观点实施教学。②有学者认为实现主体间性思想政治教育应该注意以下问题:一是根本上扭转传统的不重视受教育者地位的思想政治教育;二是要找准思想政治教育的最终目标,要把提升受教育者的处事能力和综合素质作为根本目的,在教育过程中促进其个性释放;三是利用科技和网络,采取丰富多彩且有针对性的教育手段,倡导教育上的潜意识引导;四是坚持教育活动参与者之间的对等原则,形成和谐共赢的师生关系。萧红梅认为要想真正实现主体间性思想政治教育,做好当前思想政治教育理念转变至关重要,即实现从"占有式"教育向"交互式"教育的转变、从对象化活动向交往活动的转变、从个人主体性向主体间性的转变。③还有学者认为主体间性思想政治教育需要做到:尊重被教育者、回归生活、知行统一、加强学科研究。闫艳认为要实现主体间性思想政治教育,思想政治教育本身需要进行变革和创新:一是思想政治教育思维方式变革,包括从对象性思维到关系性思维,从线性思维到非线性思维,从封闭性思维到开放性思维;二是思想政治教育主体交往关系改善,即形成主体间以相互平等、相互理解的交往关

---

① 参见杨欣:《主体间性思想政治教育研究》,河北科技大学硕士学位论文,2009年。

② 参见黄明娣:《试论"主体间性"理论视域下的高校思想政治教育》,《宿州教育学院学报》,2010年第2期。

③ 参见萧红梅:《浅析思想政治教育中的主体间性》,《当代教育论坛》,2007年第2期。

系;三是思想政治教育方法改进创新,包括对话交流法、角色体验法、生命叙事法和团体学习法等;四是营造思想政治教育的语言环境、现实环境和虚拟环境;五是实现思想政治教育管理模式从刚性管理到柔性管理的转化。①

当然,也有部分学者不太赞成主体间性视域的思想政治教育主客体关系的提法。例如祖嘉合指出,以上观点在一定程度上"混淆了受教育者接受教育时的主动作用,降低了思想政治教育主体的责任意识"②。蓝江也曾提出,思想政治教育在主体间性领域当中主客体关系虽然彼此之间相互作用,却不是万能的,它的存在并不能解决所有问题,有时甚至会对思想政治教育活动本身产生负面效应。③

国外直接研究主体间性视域的思想政治教育主客体关系的成果也不多,简单归纳后不难发现,主体间性及其相关概念解析、交往实践等问题是目前学者们研究的主攻方向。主体间性视域的思想政治教育主客体关系中的主体间性概念,源于现代哲学上的主体间性概念,一般认为是由胡塞尔最早提出的。胡塞尔针对笛卡尔孤独的"我思"所导致的"自我论"危机,提出要想回到物质本身,必须经历以下过程,即完成"自我"到"他者"的转化,"我"到"我们"的单复数转化,"先验现象学"到"交互主体性现象学"的单复数主体转换等,他所关心的是自我与他者之间在认识上的关联性。海德格尔则试图以存在论的思维认识方式取代主客二分的思维方式,更加关心自我与他者之间生存意义上的联系。雅斯贝尔斯从交往的基本理论观点出发,认为人类交往的发展从低到高有四种具体形态:共体主体性、交互客体性、外在交互主体性、内在交互主体性。维特根斯坦通过分析语言的性质与特性,坚持

---

① 参见闫艳:《交往视域中的思想政治教育研究》,天津师范大学博士学位论文,2008 年。

② 祖嘉合:《对受教育者在思想政治教育中作用性质的再认识》,《北京教育》,2007 年第 1 期。

③ 参见蓝江:《对主体性思想政治教育的质疑》,《思想教育研究》,2005 年第 6 期。

语言的社会性,反对私人语言,集中反映了他对个人主体的反对,积极倡导多元主体的存在;伽达默尔所说的主体间性是基于"理解"所实现的理解者与被理解者之间的意义沟通。马丁·布伯则用对话论之下的你我关系描述主体间性。哈贝马斯认为,一切社会存在都有其合理性,包括形形色色的问题,人与人的和谐社交是解决这些社会问题的唯一方法,主体间和谐交往的宗旨是为了良好的沟通并解决问题。马克思尝试着以交往实践为基础,让主体间性建立在这一基础上,以便更好地理解和沟通,把人与自然的"主—客"关系和人与人的"主—主"关系有机结合起来,构成"主—客—主"的关系,这种主体间性是改造共同客体之后才形成主体间的联系行为。以上的论述结果对未来研究分析主体间性视域的思想政治教育主客体关系提供了重要参考。

另外,西方学者关于道德教育、公民教育、政治教育等方面的理论,也涉及思想政治教育的主客体关系特别是尊重受教育者主体性的思想。如杜威的"儿童中心论"、科尔伯格的"道德认知发展论"、拉恩斯的"价值澄明理论"、罗杰斯的"人本主义德育观"等。虽然这些理论都有一定的缺陷,但对我们研究主体间性视域的思想政治教育主客体关系都有一定的借鉴和启发意义。

总体而言,目前学界对主体间性视域的思想政治教育主客体关系的研究还处于起步阶段,研究还主要是在理论的外围来展开,尚未涉及理论的核心问题。而且研究本身也存在许多问题和不足,有必要系统深入地开展下去。

一方面,传统的主客二分法在现代思想政治教育的进行中仍具有根深蒂固的负面影响。不可否认,作为一种思维方式,主客二分在思想政治教育的发展过程中曾经起过重要作用。但是随着这种思维方式的极端发展给思想政治教育带来了许多困境。过分地夸大主体性的作用,已经造成很多违背时代脉搏的结果。在整个学术界,这一危害并没有得到广泛重视。换句话说,只有彻底改变这种思维方式才是搭建主体间性视域的思想政治教育主客体关系的重要前提。

另一方面,包括主体间性、马克思人学、交往和实践等理论在内的关系体系建立尚不完善,而这一关系体系对于思想政治教育及其主客体关系的建立和发展,马克思人学、交往和实践等理论具有指导意义。主体间性转向作为现代西方哲学发展的重大转向和重要趋势,要借助它们实现主体间性视域的思想政治教育主客体关系建构,还需对此理论进行重新审视,并展开马克思主义的批判。从实际研究成果来看,国内学者在这方面还没有过多涉足。

此外,在对主体间性视域的思想政治教育主客体关系展开研究时,我们发现其中许多理论问题尚未阐释清楚,某些问题甚至需要做原创性研究。一是来自哲学、教育学、文学、美学等主体间性思想需要进一步梳理和深入研究, 比如目前主体间性视域的思想政治教育主体客体关系的概念内涵尚未达成共识,甚至在某种程度上还存在较大争议,仍需要展开研究。二是主体间性视域的思想政治教育主客体关系理论尚未得到深入而全面的探讨:一方面,虽然学界以主体间性视角来观照思想政治教育的研究倾向已初现端倪,思想政治教育理论正在发生理论范式转换,即从主体性转向主体间性研究, 但是关于主体间性视域的思想政治教育主客体关系的具体深入研究还远远不够,尤其是有分量的研究成果还比较欠缺;另一方面,对主体间性视域的思想政治教育主客体关系开展的整体性、系统性的研究还远远不够。现有研究大多还停留在一般性探讨主体间性思想政治教育的内涵、意义、原则等初级阶段,对主体间性视域的思想政治教育主客体关系的内涵、意义、基本原则、本质属性和建构路径等问题的集成性、系统性研究成果尚无,而且与此相关联的交往实践理论、日常生活世界理论、理解与对话理论等深层次的问题更是有待于学界做出进一步深入探讨。三是对建构主体间性视域的思想政治教育主客体关系所要采取的方法和手段的重要性还没有被摆在突出位置，尤其是针对高校现状的主体间性视域的思想政治教育主客体关系实践的指导性研究成果较少，仍需进一步展开研究。本书将在借鉴以往研究成果的基础上，针对上述待解问题，展开进一步的探讨。

四、基本框架和主要创新之处

（一）基本框架

本书将思想政治教育主客体关系纳入哲学视域中去观照，以主体间性理论与思想政治教育主客体关系的有机结合为切入点，深入研究了它们之间的逻辑关联和深度互动，探索两者在创新、发展和建构方面的可能性路径，建构主体间性视域的思想政治教育主体客体关系的理论体系，试图为我国思想政治教育主客体关系理论研究提供一种全新的视角和思路。

本书共包括五章内容和一个结语。

第一章导论部分重点对本书的主旨选取依据及实际意义做了详细的阐述，认为选择主体间性视域的思想政治教育主客体关系进行研究，主要是基于对思想政治教育实践过程中所出现的现实困境，即思想政治教育当中存在"实然性"与"应然性"矛盾，这种困境在现实思想政治教育活动过程中突出表现为人文缺失的现象。从某种程度上来说，这种困境的根源就在于对思想政治教育主客体关系的误读，在于思想政治教育过程中教育者与受教育者之间交往实践的缺乏，在于思想政治教育中工具理性的滥觞与价值理性的日渐式微。本书的研究有助于思想政治教育学科理论的范式建构，有助于增强思想政治教育的实效性，也有助于实现思想政治教育的现代化与科学化。随后对本书的相关的研究现状进行了述评,概要性地介绍了本书采用的主要研究方法,并对本书的基本框架和主要创新之处进行了概括性介绍。

第二章主要辨析了思想政治教育主客体关系的基本概念及其内涵。分别辨析了主体、客体、思想政治教育主客体、主体性、主体间性和主体间性视域的思想政治教育主客体关系等相关概念。对这些基本概念内涵的辨析构成了我们研究这一问题的基础性要求。

第三章主要阐述了建构主体间性视域的思想政治教育主客体两者之间关系的依据,换言之,就是主客体彼此之间关系能够被确立的可能性和必要性。对主体间性视域的思想政治教育主客体关系建构,是我们基于对思想政治教育主客体关系的现实困境反思和批判,以及对思想政治教育主客体及其相互关系在思想政治教育活动过程中所发挥的重要地位和作用深刻认识的结果。当然,主体间性视域的思想政治教育主客体关系建构,也体现了全球化、信息化和网络化的发展所提出的现实要求和客观必要性。主体间性视域的思想政治教育主客体关系建构,同样体现了我们对当前提高思想政治教育实效性的期待。而主体间性视域的思想政治教育主客体关系之所以能够建构,根本在于思想政治教育实践活动其本身所内蕴的主体间性属性,以及思想政治教育与交往实践之间的内在契合性。特别是马克思主义的交往实践理论和现代西方交往理论为思想政治教育与交往之间的内在契合性提供了充分的理论支撑,使主体间性视域的思想政治教育主客体关系建构有了理论上的可能性。

第四章主要阐述了主体间性视域的思想政治教育主客体关系建构的基本原则。主体间性视域的思想政治教育主客体关系体现了一种新的理论范式,而体现和彰显这一理论范式的是一系列基本原则。主要包括以人为本原则、日常生活世界原则、自主建构原则和互利共赢原则。主体间性视域的思想政治教育主客体关系把"以人为本"作为其根本价值指向,旨在全面地尊重人、关心人、发展人和完善人,强调对于受教育者生存方式的积极引导、对于个体生命主体性、完整性的高度关注。这充分体现了马克思人学理论的精神实质。主体间性视域的思想政治教育主客体关系建构强调必须要回归个体生活于其中的现实生活世界,强调个体德性的生成来自个体的生活世界和交往实践。生活世界是个体生命彰显其意义和价值的活动,也是主体间性视域的思想政治教育主客体关系存在的现实场景和内在依据。主体间性视域的思想政治教育主客体关系的本质在于外在价值规范引导基础上的自主建构,强调德性最终是个体自主建构的结果,主体间性视域的思想政治教育主客体关系的本质就是在教育者积极引导下的受教育者自主建构的交往实践活动。尤其是建构主义理论为我们深入探讨思想政治教育中教育者与受教育者之间的关系提供了重要的理论借鉴。思想政治教育在主体间性视域下把受教育者个体定位为自主的建构者和主动的实践者,但不同层次、不同性质的教育实践活动对于个体德性的生成与发展所产生的价值,以及所发挥的作用存在差异性。因此主体间性视域的思想政治教育主客体关系体现了受教育者自主建构与教育者借助外在价值规范积极引导的内在统一。与传统的思想政治教育主客体关系要么强调社会本位、要么强调个体本位、要么强调教育者的主导作用、要么强调受教育者的自主作用的目的观不同,主体间性视域的思想政治教育主客体关系坚持社会与个体共赢、教育者与受教育者共赢的目的观,试图在社会本位和个体本位、教育者与受教育者之间求得动态平衡。在对传统的思想政治教育的目标规定及其面临的现实境遇进行批判反思的基础上,强调在主体间性理论观照之下,思想政治教育主客体关系的目标设定是注重培养受教育者的主体性理想道德人格,而主体性理想道德人格内蕴着个体的自主选择意识、选择能力和行动实践的基本规定。

　　第五章主要阐述了主体间性视域的思想政治教育主客体关系建构的路径选择。要真正建构起主体间性视域的思想政治教育主客体关系,离不开一定的路径依赖,从当前思想政治教育主客体关系的发展现状来看,转变思维方式无疑是最重要、最紧迫和最根本的环节。也就是说,主体间性视域的思想政治教育主客体关系建构过程的根本环节是人们在思想政治教育活动中开展各个方面思维角度和方法的解放。而对于思想政治教育主客体间的相互理解与对话则是以上关系构建的关键一环,它承认思想政治教育主客体间的相互理解是主体间性视域的思想政治教育主客体关系成立的基本条件,而主客体的相互理解与对话就是主体间性视域的思想政治教育主客体关系建构的基本方法。主体间性视域的思想政治教育主客体关系必须通过主客体间的交往实践和意义世界的生成来实现,必须经由受教育者的自主觉醒才得以内化,逐步凝聚成为受教育者个体的内在德性,并最终外化为他们的自觉德行和实践。主体间性视域的思想政治教育主客体关系的建构,积极倡导教育者与受教育者站在平等的人格地位,在彼此间频繁对话、沟通和理解的基础上,实现个体尤其是受教育者个体主体性理想道德人格的自主建构。重构思想政治教育的话语体系也是主体间性视域的思想政治教育主客体关系建构的迫切需要。而创新思想政治教育的互动方式是对传统的思想政治教育互动方式的深刻反思。思想政治教育在主体间性视域构建的主客体关系,主要教学方法来自主体与客体之间的互动,主体间性视域的思想政治教育主客体关系意义上的教学互动过程,就是通过师生互动、生生互动,不断促进教育者特别是受教育者自主建构的过程,这种互动通过话语交流、信息沟通和精神交融而彰显。

　　结语部分在对传统的思想政治教育进行批判反思的基础上,阐述了变革传统的思想政治教育主客体关系为主体间性视域的思想政治教育主客体关系的优越性，重新肯定了主体间性视域的思想政治教育主客体关系的价值旨归，在于唤醒思想政治教育者的自觉意识和受教育者的自主意识，重构思想政治教育过程中的主客体关系，充分彰显主体间性视域的思想政治教育主客体关系建构的理论价值和实践价值。

（二）主要创新之处和不足

本书运用主体间性理论来统摄和观照思想政治教育主体客体关系，从主体间性理论这一全新视角来重新界定思想政治教育的主体与客体关系，对传统的思想政治教育主客体关系的不全面性进行分析，同时建构了主体间性视域的思想政治教育主客体关系的理论体系。众所周知，理论的全面性是相对的，对于思想政治教育也同样如此，每新增一个维度都会进一步扩展人们对思想政治教育的理解。上述的主客体关系构建，对于积极开辟思维方式上的新模式，对于实际问题的有效解决都具有重要意义，而且也为今后我们进一步有力推进思想政治教育实践活动打开了一扇可能性之门。主体间性理论不仅为正确认识思想政治教育主客体关系提供了某种新的思路，而且为思想政治教育方法的选择和载体平台的搭建提供了相对充分和丰富的理论依据，其理论本身对思想政治教育实践活动而言同样具有本体论上的意义与价值。

与此同时，本书还充分吸收、借鉴和运用多个学科的最新研究成果，系统论证了主体间性视域的思想政治教育主客体关系得以建构的合理性与合法性。比如从马克思人学理论视角，明确了主体间性视域的思想政治教育主客体关系建构的必要性和"以人为本"的建构原则；运用马克思的交往实践理论、胡塞尔所提出的"生活世界"理论，以及哈贝马斯所提出的交往行动理论，从哲学视角论证了思想政治教育在主体间性视域下的主客体关系得以建构的合理性和其建构的"日常生活世界"原则。通过运用多个学科的既有理论研究成果,本书对主体间性视域的思想政治教育主客体关系得以建构的合理性与合法性进行了系统剖析和论证,比较详尽地对现代西方交往理论进行梳理,详细分析了马克思交往理论的科学内涵。此外还积极吸收和借鉴了建构主义理论的研究成果,阐述了主体间性视域的思想政治教育主客体关系建构的"自主建构"原则,从而为主体间性视域的思想政治教育主客体关系研究提供了可供吸收和借鉴的理论支撑资源。

当然,限于自身的研究能力和某些客观条件的限制,本书侧重对主体间性视域的思想政治教育主客体关系进行基础理论方面的研究,即重点研究的是主体间性视域的思想政治教育主客体关系建构"何以可能"和"如何可能"的问题,而对思想政治教育在主体间性视域下的主客体关系理论的实证研究相对缺乏。虽然对思想政治教育主客体关系的现实问题和困境作了一些探讨,但是对将主体间性视域的思想政治教育主客体关系理论应用于当前思想政治教育实践的具体实效性缺乏充分的、有说服力的佐证材料。

五、研究的主要方法

本书的立足点建立在对现代思想政治教育面临的现实困境,也建立在对思想政治教育主客体关系的内在本质的批判与反思基础上。坚持以马克思主义的唯物史观作为理论的着力点,在实践唯物论和交往实践理论的基本思想与具体方法论的指导下,采用理论与实际相结合、具体和抽象相统一的辩证思维方法,对主体间性与交往两个理论进行检验,并对思想政治教育主客体关系和传统的思想政治教育在实践中出现的诸多困境进行归纳和分析,以便从现实问题的反思和批判中归纳出主体间性视域的思想政治教育主客体关系建构的理论范式。同时批判性地借鉴其他理论研究的相关成果，力图清晰阐述思想政治教育在主体间性视域下的主客体关系的基本理论体系和框架结构。本书中主要采用了以下四种方法进行研究：

第一，理论分析的方法。它的主要原理是采用各种逻辑方式对现有思想理论方面的材料归纳、整合，并通过理论加工揭示思想政治教育主客体关系发展的客观规律。在本书中，诸如主体间性、对话与理解、生活世界、建构主义等主体间性和交往实践理论的精髓被用于探讨思想政治教育主客体关系，而后利用反思性和批判性思维，将思想政治教育现象中蕴含的本质属性外化出来，最终用于主体间性视域的思想政治教育主客体关系的理论建构，对新时期思想政治教育的理论体系建构起到补充作用。

第二，文献分析的方法。近代社会，主体间性在教育学领域掀起了一阵浪潮，成为备受关注的理论热点，教育学领域也对此进行了探索。在把握主体间性视域下思想政治教育主客体关系时，笔者发现已有文献中的一些基本认知、思考角度及研究方法非常有助于对本书逻辑框架的搭建和优化，具有较强的启迪作用。通过分析和梳理主体间性、交往实践理论、建构主义理论的渊源，来正确理解与诠释主体间性视域的思想政治教育主客体关系的本质规定。在这一过程中，又运用到了逻辑分析的方法，充分利用马克思的人学理论、交往实践理论、哈贝马斯提出的交往行动理论、胡塞尔提出的"生活世界"理论等理论研究成果，来奠定主体间性视域的思想政治教育主客体关系建构的理论基础。

第三，比较研究法。这种方法是从研究成果入手，通过分层比较和识别，最终提出最有科学性与合理性的观点；通过了解比较对象之间的相互关系与历史发展情况，将其以横向、纵向多角度方法进行比较。从纵向这一角度出发，比较的内容是思想政治教育以及思想政治教育主客体关系本身价值理念的发展演变，尤其是传统认识同主体间性视域的思想政治教育主客体关系；在横向维度上，同时比较各种思想政治教育表现及主客体关系，把握主体间性视域的思想政治教育主客体关系的本质规定，从而探索主体间性视域的思想政治教育主客体关系这一新范式。

第四，系统研究法。思想政治教育主客体关系研究是对包括目标、过程、手段和途径在内各方因素相互作用的体系性、系统性研究。就复杂程度来讲，思想政治教育活动中的主客体关系名副其实，因此我们对主体间性视域的思想政治教育主客体关系的研究，要考虑其内在的各要素之间的相互关系和内在逻辑问题。

第二章
思想政治教育主客体关系相关概念辨析

  概念界定和阐释是我们从事一切理论研究中基础性、根本性的工作,"人可以借助概念对事物进行思考,概念的存在使判断、命题和论证有了根基,与此同时它也是开展学术研究的目的所在,一切概念的产生和表述都代表了学者的某种看法、主张,一旦概念发生变化,往往标志着学术思想的划时代"①。所以在深入研究主体间性视域的思想政治教育主客体关系之前,我们非常有必要回到理论的原点,即回到主体、客体、思想政治教育主客体、主体性与主体间性、主体间性视域的思想政治教育主客体关系等一系列基本概念和范畴上去,并从这些概念范畴之间的相互关系中把握它们的科学内涵。要想正确认识主体间性视域的思想政治教育主客体关系,还应从主体、客体、思想政治教育主客体、主体性、主体间性等概念作为切入点加以研究与分析。

---

  ① 肖川:《主体性道德人格教育》,北京师范大学出版社,2002 年,第 1 页。

第一节 主体、客体与思想政治教育主客体

众所周知，如何准确解释思想政治教育主体和客体及二者关系是新时期思想政治教育理论研究中亟待解决的问题。将主客体纳入思想政治教育研究范围具有重要意义：一方面，有助于扭转传统的思想政治教育中教育参与双方对立的情形；另一方面，有助于把握主客体关系在新时期思想政治教育中的地位及特征。此外，还有助于突出教育者与受教育者各自的主导性和主动性，有利于提升教育效果。主客体是什么？及如何理解思想政治教育主客体？对这些概念的讨论，成为我们讨论主体间性视域的思想政治教育主客体关系的最基本的理论前提。而且学者之所以在思想政治教育主客体关系上存在不同的观点和分歧，主要就是对思想政治教育主客体，包括一般意义上的主体、客体概念的不同认识所导致的。因此非常有必要对这些基本概念及其内涵做深入的辨析。

一、主体与客体

关于主体与客体范畴，主要是从哲学认识论意义上来探讨的，哲学认识论意义上的主体与客体关系，是对人与外部世界本质关系的普遍概括。

（一）主体

什么是主体？可以说，中外思想家都曾从不同视角涉及这一概念。在人类文明之初，人与自然混沌未开，无所谓"主体"这个概念。作为一个哲学概

念,学界一般从两个层面上来理解主体这一概念:一是在本体论意义上,主体是指"某种属性、关系或状态的承载者"①;一是在认识论意义上,主体是指具体的实践活动和认识活动的承担者,也就是指具有自主意识和认知与实践能力的从事实践活动的具体的人,是与认识对象即客体相对的人。从词源学上分析,主体(subject)一词源自希腊文 subjectum,意为"置于……底下的东西"。《西方哲学辞典》中对主体的概念主要从两个角度进行判断:①和属性相对来说,也就是作用、属性以及状态的基体。②和对象相对来说,也就是实践活动与认识的实践者,实践者存在的形式可以是社会组织或者是个体,②哲学上所谓的主体,主要偏重于人类的实践活动和认识这两个方面,也就是说,我们所研究的是作为人类实践活动和认识的主体。③这一概念最早可以追溯到古希腊,亚里士多德在《形而上学》中把自然界事物分为十个范畴,其中最基本的一个范畴就是"实体",意指事物所固有的本质属性,具体由形式和质料构成。而主体就是这样一种实体,它是事物运动变化的具体承担者。古希腊智者学派的代表普罗泰格拉提出"人是万物的尺度",把人看作是万物存在和不存在的尺度和标准,凸显了人的主体性地位。苏格拉底也指出,哲学的真正对象不是自然而是人的灵魂,可见,古希腊哲学所探讨的主体是从本体论意义上分析的,而并非认识论意义上与客体相对立的概念范畴。

近代哲学的开山鼻祖笛卡尔开启了从认识论意义上探讨主体的先河,提出了主客二分的观点。笛卡尔提出"我思故我在"的经典命题,把思维视为人的本质属性,重视人的心灵或灵魂这一实体。费希特则进一步强调了人的自

---

① 张天宝:《主体性教育》,教育科学出版社,2001年,第17页。

② 参见谭鑫田等主编:《西方哲学辞典》,山东人民出版社,1992年,第612页。

③ 作为属性意义上的主体是把作为性质基体的物体称之为主体。参见谭鑫田等主编:《西方哲学辞典》,山东人民出版社,1992年,第613页。

我意识的能动性,提出了"自我与非我相统一""自主建构自我"等价值命题。这一思想具有划时代的变革性意义。到了文艺复兴时期,重塑人的主体地位,复兴人的价值和尊严是文艺复兴运动的根本目的,人的"自由""解放""人是万物的灵长"等价值理念更是深入人心。叔本华则指出主体就是整个世界的支柱,一切客观存在都有为主体而存在的本质属性。康德把主体看作是先验的认识形式,但是他又承认存在一个不可知的"自在之物"。康德的"人是目的"命题则从伦理学的视角确立了人的主体地位,充分肯定了人所具有的至高无上的尊严和价值。黑格尔把主体看作绝对精神,并抽象地发展了人的主体性。费尔巴哈反对把主体界定为精神或意识,认为真正的主体是"实在的和完整的人",而精神或意识仅仅是主体的特性。但是费尔巴哈把主体仅仅理解为生物学意义上的感性的个人,看不到实践在主体与客体关系中的特定作用。可见,近代哲学几乎都是把主体理解为生物学意义上的与自然界绝对对立的人而存在的,从而根本上忽视了人的社会性属性。

　　然而真正科学的主体概念的确立,是到了马克思主义哲学诞生以后才得以实现的。正如马克思恩格斯指出的,主体是具有对象性的客观存在物,人即主体,而自然是客体。即马克思指出的:"主体是人,客体是自然。"[①]可见,只有人才能充当主体的角色。马克思还明确主体的人包括一切具有现实形体、在地球上呼吸站立着的自然人,他是一个有生命的、自然的、具备并赋有对象性的即物质的本质力量的存在物。[②]根据马克思主义的观点,人是实践的存在物,"人在实践活动中把自身之外的存在变成了自己活动的对象与

　　①　《马克思恩格斯选集》(第二卷),人民出版社,1995年,第3页。
　　②　参见《马克思恩格斯全集》(第42卷),人民出版社,1979年,第167、166页。

客体,从而也使自己成为主体的存在"①。因此,所谓主体就是指具有认识能力和实践能力,从事着认识世界和改造世界活动的现实的、具体的人。所谓现实的、具体的人,则是指从事认识客体和改造客体活动的具有感性思维的社会存在物。当然,主体和客体是成对出现的,即没有客体,主体也就不存在,主体存在建立在主客体关系之上。马克思在《德意志意识形态》中说道:"在生命生产过程中,对于自己生命或是他人生命的生产均有对应关系:一是自然关系,二是社会关系;后者是指很多个人的协作。"②人并非一开始就成为自然界和社会的主体,只是随着人和人类社会的发展,人走向了按照自身的需要对自然界进行认识和改造之时,人才相对于自然界而言成为独立性的主体。而且主体是具有主体性属性并且进行着认识和改造世界的现实的实践活动的人。人在社会活动中始终处于主体地位,人是活动的主体,"人就是人的世界,就是国家和社会"③。离开了社会实践活动,人就无法获得自己的主体地位。

高清海指出:"主体和人是就不同方面而言的,前者主要是从活动方面,后者主要是从存在方面,分别反映人的不同性质。"④作为主体的人的活动总是反映或体现着特定主体的需要、意愿和目的。因此,只有从整个人类实践活动的发展中来确立人的主体地位。主体虽然是人,但人不一定都是主体,只有具有主体性的人才可以称得上是真正的主体。人与主体不能等同,那些不能从事实践活动、不去从事实践活动和曾经从事实践活动的人不可能作为主体,也就是说,这些人不从事某种现实实践活动,不能表现和确定自己的主体地位,也就不是主体。

---

① 陈先达:《马克思主义哲学原理》,中国人民大学出版社,2004 年,第 93 页。
② 《马克思恩格斯选集》(第一卷),人民出版社,1995 年,第 80 页。
③ 同上,第 1 页。
④ 高清海:《主体呼唤的历史根据和时代的内涵》,《中国社会科学》,1994 年第 4 期。

此外,我们在考察主体范畴时,不仅要考察主体的本质属性及其规定性,而且要研究主体的存在形态。主体的社会历史性决定了主体的不同表现形式,基于人类实践形式的不同,个体、群体、社会组织和全人类统称为主体。

(二)客体

与主体一样,客体也是表征人与外部世界关系的范畴。从最广泛意义上来说,客体是指作为对象的客观存在物。客体是人们认知和实践所作用的对象,它并非独立存在,和主体息息相关的范畴即为客体,就如同主体中存在着客体的某种因素一样,客体也包含了主体的特质。作为客体的存在物,是以主体的存在为前提的,没有主体,也就没有客体。黑格尔对思维是客体的说法,马克思表示反对,主要理由是他认为人的对象性活动应该是现实生活中存在的,而思维"客体"并不存在。因此客观的现实性是客体存在的首要条件。所谓客体应该是对应于主体活动存在的,能够给予主体活动反作用的外界对象。[①]从这种意义上来说,自然界、人类社会和人的精神世界中的各方面,只要进入主体实践活动的视野并与主体发生实际的联系,就成为客体。因此客体可以是物质性客体,也可以是精神性客体。正如张耀灿所指出:"客体可划分为两类,一类是物质世界,另一类是文化世界,因为人创造了文化世界,所以文化世界成了与人相对应的客体,并对人产生约束和影响。"[②]客体是实践的对象和结果,是由主体的对象化所设定的。在认识论意义上,主客体双方具有共生性,也就是说无主体则无客体,反之亦然。马克思指出:当

---

① 参见齐振海、袁贵仁主编:《哲学中的主体和客体问题》,中国人民大学出版社,1992年,第117页。

② 张耀灿等:《现代思想政治教育学》,人民出版社,2001年,第189页。

人饥寒交迫,再美的风景也表示无感;贪婪的商人,再美的风景也不如矿产的价值来的动人。①也就是说,对于具有感受能力的主体来说,与主体发生联系的对象才具备客体的意义。客体是一种对象性的存在,也是一种客观性的存在。因此马克思所说的客体是客观存在的一部分,也就是实践活动中主体指向的客体本身就存在于实践活动本身。客体所具有的客观性并不意味着客体在主客体关系中只是出于被动的状态。同主体一样,客体也具有能动性。客体的能动性首先表现在外部客观对象直接作用于主体感官这一认识论的作用上。

当然,人同样能够成为客体,把人当作客体要具体问题具体分析,看实践活动指向的对象是自己还是他人,指向谁,谁就是这一主体之客体。所以自己完全可以成为自己主体的客体,生理、心理及行为自然也可以被自身所指向。②对于客体的分类,学界普遍认为"客体是主体认识与实践活动所具体指向的现实存在物,它包含自然客体、社会客体和精神客体"③。自然客体主要指向自然界;社会客体则是由社会的人、物质系统和精神系统构成;精神客体则包括主观精神与客观精神。④如果将人放在关系范畴研究,在充当主体的同时,他也是某种关系中的客体角色。不难看出,人属于主客同体。同样从哲学角度看,与主体的本质规定性相一致,客体不仅有着自身本体论意义上的规定性,也具有与主体发生认识论意义上关联的对象性存在的规定性。⑤我们认为,坚持本体论和认识论相统一的原则是我们全面认识客体的规定性的基

---

① 参见《马克思恩格斯全集》(第42卷),人民出版社,1979年,第126页。

② 参见齐振海、袁贵仁主编:《哲学中的主体和客体问题》,中国人民大学出版社,1992年,第118页。

③ 谭鑫田等主编:《西方哲学辞典》,山东人民出版社,1992年,第264页。

④ 参见齐振海、袁贵仁主编:《哲学中的主体和客体问题》,中国人民大学出版社,1992年,第124~139页。

⑤ 同上,第116页。

本原则。基于这一原则，我们应该从以下三个方面来把握客体的规定性：

第一，客体是表征人的活动对象、与主体相对立的一个范畴。马克思曾提出：所谓的主体就是人，就是人类和人类社会，个体通过社会关系生成各种不同的能力，所以说除了主体，所有的客观现象就是客体最浅显易懂的含义。但作为活动主体兼自身活动对象的人具有双重性。人作为主体时，呈现和世界对立的局面，作为客体的时候，同样也生活在这个地球上，成为这个世界的一部分。在整个实践活动过程中，人呈现出来的是双重关系，一种是客体的存在与本身产生的对象性关系；另外一种则是除了本身之外，与其他的人或物产生的对象性关系。由此可见，人类本身包括所处的世界就是人类活动对象的客体。主体与客体相关联的根源就在于人所具有的两重性——人既是主体，也是客体。马克思主义认为，整个世界的统一性和世界的物质性息息相关，地球上任意的人或者是事物都具有不同的形态，所谓外部世界的客观物质性是人类实践活动得以展开的物质基础。人是对象性的存在物，实践活动与人的认知的对象即为客体，客体的重要属性是对象性，社会上某种事物呈现出来的对象性是它在主体实践活动中所表现出来的一种社会属性。马克思认为人的实践活动不能创造物质世界，而只能创造"对象性世界"，也就是说，人的实践活动不可能创造和否定它的客观实在性，而只能是某种事物成为活动的对象。可见，仅仅有客观存在性，还不能构成客观事物成为主体对象（即客体）的充分条件，作为人的现实客体总是对象性与客观性的统一。

第二，客体也是表征主体认识能力和实践水平的范畴。在现实社会中，实践活动与人的认知总是受到人类需要的制约，人类活动的动力就是需要，需要是客观存在的，也是对象性的，主体与特定事物所建立起来的对象性关系都是要依靠主体的客观需要才能形成，换言之，对象性也可以被理解成为我性,客观事物和主体这两者之间建立的对象性关系从某种意义上来说,就是一种客观事物对主体的"为我关系"。因此主客体的关系中也体现着主体与自身的关系,对象性体现着客体与主体的相关性。人只有站在主体角度以实践为载体,以能动性和需求为导向,才能从客观事物中挖掘具有现实意义的客体。客体之所以成为客体,一方面与自身客观存在性息息相关;另一方面又同主体的认知及实践能力密不可分。

第三,社会性历史性范畴的表征性也离不开客体,客观存在的物体若是想要转化成客体的现实的条件即为对象性,社会历史性则是表征客观存在物转化为客体的层次性。人类社会实践的历史性决定了客体的具体的历史性,同一事物在不同的历史阶段,以自身具有的诸种属性可以作为不同教育实践过程中的客体。可以从价值实现这一角度来确证客体的社会历史性。主体和对象两者形成的特殊关系即为价值关系,价值也是活动和人之间相互连接的对象性属性,不管是人还是事物都有属于本身的价值属性,而事物的价值属性是社会属性,并不是本身所属的自然属性。

马克思主义的实践观认为,主客体关系是人类活动所特有的关系,主客体关系是建立在实践基础上的一种对立统一的辩证关系。在认识和实践活动过程中,处于支配地位和起着能动作用的一方是主体,而处于被支配地位和起着被动作用的一方是客体。这也是主体与客体之间的最本质区别。当然,对于主客体的差别和关系,可以描述为既对立又统一,并可实现相互转化。在一定条件下,如果主体出任实践活动的认识、改造对象,主体就实现了向客体的转化。相反,客体也可转化为主体。从实践的角度来看,主体与客体之间的关系包括了认识关系(即认识与被认识之关系)、实践关系(即改造与被改造之关系)、价值关系(即评价与被评价之关系)、审美关系(欣赏和被欣赏之关系)四种。由此不难看到,实践关系最能揭示关系本质,是另外一切关系形成和发生的基础。在实践活动过程中,主体通过实践活动去认识与改造客体,使其向着符合主体需要的方向发展变化。但是客体的发展变化有其自身的客观规律性,为了实现自身的目的,主体必须要以对客体规律的认识和把握为前提。可见,在实践意义上,主客体关系的本质就是主客体间能动而现实的双向对象化,即主体客体化和客体主体化。主体客体化是指主体借助于实践活动,把自我的目的和意图见之于客体,使得客体向着符合主体需要的方向发展变化,最终实现主体改造客观世界的过程及结果。而客体主体化是指借助于实践活动,主体通过对客体的认识与改造活动,实现对主体自身主观世界的改造。

二、思想政治教育主体与客体

关于思想政治教育主体和客体的探讨,是建立在对哲学意义上的主体与客体研究基础上的。把哲学意义上的主客体范畴引进思想政治教育研究,并建基于对教育学意义上的主体与客体的认识,学者们对思想政治教育的主体和客体内涵进行了比较深入细致的研究。从教育学意义上对教育主体与客体的探讨构成了对思想政治教育主体与客体研究的直接基础。教育实践活动作为人类一种特殊的实践活动形式,之所以特殊就在于教育实践活动所指向的教育对象的特殊性,一般的人类实践活动所指向的对象往往是自然界或者物,而教育实践活动的对象也是活生生的人。因此,从这个意义上来说,教育的主体只能是人,而教育者所面对的教育对象也是活生生的人。也就是说,教育实践活动的主客体可以合理地解释为"主体—主体",借助交往互动关系,教育主客体之间形成了"主体间关系"。由于教育实践活动的复杂性,教育主体和客体的区分并非是预设的和一成不变的,而是伴随着教育活动过程的展开而确定的。以往在教育主体的确定上,一直存在着"单一主体""双主体""多主体"等观点,实际上教育主体的内涵不是取决于数量的多少,而取决于在教育实践活动过程中的地位和作用。在整个教育实践活动过程中,只要是教育活动的承担者、发动者和实施者,就应该是教育主体;而在整个教育实践活动中,教育对象,即教育活动受动者和接受者,就应是教育客体。因此在教育实践活动过程中,教育主体和客体是相对而言的,在一定条件下是相互转化的,并非传统意义上所讲的教育者就是主体,受教育者就是客体。①

(一)思想政治教育主体

目前学界对思想政治教育主体概念的确定还存在着比较大的分歧,还很难形成比较一致的观点,主要有单一主体论、双主体论和多主体论等观点。

所谓单一主体论是指,位于思想政治教育活动顶端,具有教育方向和内容控制权的个人或群体组织者。这种观点也是学术界比较普遍的一种看法。例如张耀灿在论述思想政治教育主客体时认为,教育的发起和实施者是主体,对于教育施加对象成为思想政治教育客体。②另外,有学者认为,思想政治教育活动属于教育学范畴,所以其本质符合教育学的相关论述,所以思想政治教育主体只有一个,那就是活动的发起者与实施者。③童颖颖认为,虽然目前学界关于思想政治教育主体的看法尚未一致,存在着单一主体说、双主体说、多主体说和相对主体说四种观点,可是就思想政治教育的特点来看,的确

---

① 思想政治教育主客体区分既是绝对的,也是相对的。

② 参见张耀灿等:《现代思想政治教育学》,人民出版社,2006年,第236页。

③ 参见赖雄麟:《论作为教育活动的思想政治教育主体的基本属性》,《安庆师范学院学报》,2009年第3期。

教育施加者、实施者就是思想政治教育之主体。①祖嘉合认为,在不同观点中单一主体论还是特点比较突出的,细分来说,还有教育者主体论和被教育者主体论等观点。基于思想政治教育活动,前者比较合理。可见在判断思想政治教育主体时,视角非常重要,如果以对象在整体教育活动中的影响比较,显然教育者占据上风,可以判断为教育主体。但是基于主客体理论时,观点不尽相同,究其原因是由研究技术手段的差异性造成的。

所以我们在界定思想政治教育的主客体时,有必要对研究方法做以下规定:首先,从表面现象分析;其次,要根据思想政治教育活动中的表现为切入点来判断客体与主体,实际上,思想政治教育中所谓的主体,具有主客体双重性。②当做出教育者是主体则被教育者不是主体,或者当受教育者是主体则教育者非主体的论断时,把一元论作为单一主体论的支撑又显得不够全面。这种观点已经受到了严峻挑战,是一种传统的思想政治教育的主体说,使得它不仅违背了现代思想政治教育的概念,而且也不能对受教育者的能动性和思想政治教育实效性的差异做出合理全面的解释。

所谓双主体论是指,参与思想政治教育活动的对象均为过程主体。有学者认为,能够发挥自发教育功能的个人或组织都可以被称为思想政治教育主体。参与思想政治教育活动的对象均是有思想意识,有目的从事认识和实践活动的现实的人,都符合上述作为教育主体的特殊条件,所以都可以将其看作是主体。③对双主体论进行具体的解释和分析,就是指在进行思想教育活动时,所有参加的对象互为主体,即施教过程,教育者是主体则受教育者是客体。接受信息过程,受教育者是主体则教育者是客体。可以说,这一理论在承

---

① 参见童颖颖:《论思想政治教育主体的客体意识》,《思想教育研究》,2003 年第 6 期。

② 参见祖嘉合:《对思想政治教育主体及其特性的思考》,《教学与研究》,2007 年第 3 期。

③ 参见陈秉公:《思想政治教育学原理》,辽宁人民出版社,2001 年,第 111~115 页。

认教育一方的主观能动的同时，同样承认了被教育一方在教育过程中的促进作用，从观念上支持被教育一方在教育过程中发挥主体作用。然而此理论混淆了主客体的基本概念，忽视了教育者与受教育者的差异性和特殊性，存在着主体论上的相对主义和泛主体论的倾向；另一方面模糊了教育教学中教育者应该担负的责任，使教育者在教育活动过程中所具有的主导性大大降低。

所谓多主体论是指，以现实生活整体为背景，思想政治教育呈现出的多主体内涵。目前持这一观点的学者还只是少数。有学者在此基础上详细分析了思想政治教育主体的形态及其特征。比如王颖将思想政治教育的主体划分成三类：一是具有天然性和约束性的，可以揭示思想政治教育本身性质的主体，即国家本身；二是具有获得性、传递性和规范性等实践特征的主体，即思想政治教育工作人员；三是思想政治教育的自我教育主体，即教育对象，它有着前理解性和建构性特征。①还有学者将个人主体、组织主体和政府主体的统一体称为主体，作为思想政治教育的主体就呈现了多极化。②这种多主体论是一种泛主体的思想，实质上就是无主体论。

除此以外，还有学者提出了主导性主体和主动性主体论、交互主体论、相对主体论等。

那么思想政治教育的主体究竟是什么？借鉴已有的关于哲学范畴的相关定义及研究成果，不难看出，若要更加清晰地界定思想政治教育主体，需要考虑以下四个方面的因素：一是思想政治教育主体的确定并不在于数目的多寡，重要的是它是否对思想政治教育活动开展起到至关重要的作用。可

---

① 参见王颖：《试析思想政治教育的三重形态及特征》，《学校党建与思想教育》，2002 年第 19 期。

② 参见邱杰、何海兵：《思想政治教育主体的三重形态及其主体性》，《湖北社会科学》，2003 年第 12 期。

以说,高能动性才是思想政治教育主体应该具备的条件。①二是思想政治教育实践活动是其主客体存在的前提,没有这个载体就谈不上主体和客体。人是思想政治教育的唯一主体,而人又不一定都是主体,需要具备一定前提,即处于思想政治教育实践活动中,进行认知和改造实践的现实人。三是思想政治教育主体的确定只能从与思想政治教育客体相对应的角度,也就是说,只有在思想政治教育主客体关系的具体背景下,才谈得上思想政治教育主客体问题,离开这一具体关系,无所谓思想政治教育的主体和客体。四是思想政治教育在整个教育教学领域中属于较为特殊的实践教学活动,本身携带的意识形态也比较鲜明,这就决定了思想政治教育的主体不是一般的知识传授意义上或逻辑推理意义上的教育主体,而是面向整个国家政治体系或意识形态体系,从国家或阶级层面界定思想政治教育主体。

综上所述,思想政治教育主体应该这样定义,即在一定社会背景下,顺应现实并有步骤、有方向地开展思想政治教育实践活动,组织并实施思想政治教育工作,从思想道德等方面对受教育方施加影响,其指向均为思想政治教育客体。思想政治教育主体的主体性特点表明,其存在形态可以是"人",既可以是个体,也可为群体。

(二)思想政治教育的客体

客体性作为思想政治教育客体的基本特征,主要表现为被动受制和可改造性。目前,不少学者比较认可的定义有两种。一种说法是,所谓思想政治教育客体是指,相对于主体而言,受主体制约,是思想政治教育的接受者;②另一种说法是,思想政治教育客体首先是具有一定社会关系的人,他与教育主体

① 参见骆郁廷:《论思想政治教育主体、客体及其相互关系》,《思想理论教育导刊》,2002年第4期。

② 参见张耀灿等:《现代思想政治教育学》,人民出版社,2006年,第237页。

之间形成工作关系,直接受主体教育,接收其传达的信息。①诚然,思想政治教育客体与一般物质客体有很大区别,即思想政治教育客体是具有血肉情感的人,参与教育活动中具有主动性,这一主动性具体表现为"能动性、自主性和创造性"②。但这种主动性不能改变思想政治教育客体的客体地位。

近年来,关于思想政治教育客体的内涵,学界展开了多视角的研究和探讨,概括起来主要有以下三种观点:

(1)以人为客体。③这是目前思想政治教育客体研究领域大多数学者所持的观点,也是一种主流观点,这一观点认为思想政治教育是一种特殊的实践活动,其主体和客体都是人。在此基础上,这一观点又分为三种形态:以受教育者为客体、以教育者为客体、以教育者与受教育者同为客体。这种观点继承了哲学意义上的主客体内涵,但是这一观点简单模糊地把人作为思想政治教育的客体,不利于对思想政治教育客体的具体描述、分析和表达,也使得对思想政治教育客体的概念界定模糊不清。其中,受教育者客体过于突出教育者的地位和作用,而忽视了受教育者的主动性和积极性,使得教育者与受教育者产生了一定程度上的对立,从而受到了严峻挑战。教育者客体论在思想政治教育活动的具体阶段中有其合理性,但从整个思想政治教育活动中来看,教育者客体论有失偏颇。而教育者与受教育者同为客体论,尽管认识到了受教育者在思想政治教育中的地位和作用,但其理论建构中仍存在尚未解决的问题,比如教育者与受教育者互为阶段性的主客体,而非整个过程的主

---

① 参见祖嘉合:《思想政治教育方法教程》,北京大学出版社,2004年,第33页。

② 张耀灿、郑永廷等:《现代思想政治教育学》,人民出版社,2001年,第198页。涂刚鹏:《思想政治教育客体的主体性特征探析》,《理论月刊》,2004年第10期。刘新跃、周亚东:《论思想政治教育客体的主体性》,《思想理论教育导刊》,2009年第8期。倪新兵、刘争先:《对思想政治教育客体及其主体性的思考》,《思想理论教育导刊》,2010年第6期。

③ 参见仓道来:《思想政治教育学》,北京大学出版社,2004年,第179页。

客体。

（2）客体就是受教育者接受教育时的精神状态以及思想道德情况。①应该对思想政治教育客体的概念进行细致的分析和研究，不能太过笼统。因此思想政治教育客体是主体在认知和改造活动中指向的信息接收人的道德和精神，这一观点使得具体的对象更加抽象化了。

（3）以教育内容、教育中介或教育的其他因素作为客体。②将教育过程中涉及的内容、机构等客观因素定为客体。即思想政治教育过程中，教育环境、教学内容、方法形式是教育主体的受控方。显然以上论断完全无视思想政治教育是旨在对人进行思想引导和德性建构的教育实践活动，在这一活动中除了人之外的都只能是对人进行教育的工具和手段，而非客体。

也有学者把学界对思想政治教育客体含义的理解概括为"单一客体论""双客体论""教育者与受教育者以及思想政治教育其他要素均为客体论""教育内容客体论"等看法。③从目前针对思想政治教育主客体的定义讨论来看，很多观点并存。例如在哲学界所谓客体是客观事物，如果套用到思想政治教育领域，很显然对受教育一方的主体性与教育者的对等性没有认可。但也有学者对此观点进行分析和反驳，认为使用主客体概念没有否定客体的主观能动性和主客体的平等性，无论从实践方面还是理论层面上思想政治教育的主客体的讲法还是具有一定逻辑性的。④引进主客体这一哲学范畴有助于思想政治教育理论研究和学科建设的完善，而且有必要科学认识和理解思想政治

---

① ③　参见张建桥：《论思想政治教育客体含义的科学化》，《郑州航空工业管理学院学报》，2004 年第 4 期。

②　参见王希：《改革开放以来思想政治教育主客体及关系发展研究》，《湖北第二师范学院学报》，2009 年第 11 期。

④　参见罗洪铁：《研究思想政治教育主客体的必要性及二者的关系》，《思想政治教育研究》，2012 年第 2 期。

教育活动诸要素之间的关系。

对于判定思想政治教育的客体,综合哲学、教育学等对客体和教育客体的已有研究成果,笔者认为界定思想政治教育客体范畴需要考虑以下四个方面:①思想政治教育在现代教育教学当中是一种对象性的活动过程,也是特殊的人与人之间相互作用的实践活动,所以引入客体范畴也合乎情理。②思想政治教育客体不同于一般的物质客体,思想政治教育的客体只能是人。思想政治教育的客体不可能是人之外的其他因素,就思想政治教育的整体设计而言,思想政治教育的客体只能是受教育者,而不可能是教育者。③只有还原到思想政治教育实践活动中,回到主客体相互作用的关系中,才能深刻地领会到客体的含义。对于人和物关系的划分不适合思想政治教育的客体界定,正确的界定方法是从人与人在思想政治教育活动中的教育与被教育、作用与被作用的相互关系上来区分的。④在认识思想政治教育客体范畴时,必须明确:在思想政治教育活动中,虽然参与的因素众多,各个因素之间相互影响和互动,但是其最终指向却是影响和生成受教育者的认识态度和价值观念,起作用的对象是受教育者而不能是其他。也就是说,思想政治教育的客体只能是教育实践活动指向的受教育者、参与者。

基于以上认识,我们可以给思想政治教育客体下一个定义:思想政治教育客体(即受教育者)是相对于主体而客观存在的,是思想政治教育领域中主体的作用对象,也是教育教学中的接受者和受动者。思想政治教育客体最基本的特点是"客体性",但同时也是具有"主体性"的一种特殊客体。

第二节 主体性、主体间性

对于参与思想政治教育的教育和被教育双方均为具备主体性的现实的人，这相对于其他实践主客体有所区别。作为主体间性视域的思想政治教育主客体关系的理论主线，主体间性在整个理论体系建构中具有重要的支撑性作用。如何正确认识主体间性视域的思想政治教育主客体关系的科学内涵，又成为这一理论建构的前提之一。从历史角度上讲，我国传统思维认为要有大局观，个人要服从社会，甚至简单地一味地服从，而忽视个体的现实需要，从而致使个人主体性难以发挥。随着社会主义现代化建设步伐的不断加快，以及社会主义市场经济对个体主观能动性的需求增加，个人主体性逐步被唤醒。然而长期的主体认识缺失，令主体性走向另一个极端，即自由主义或者极端个人主义。那么到底怎样理解主体性呢？主体间性和思想政治教育主客体关系之间又存在何种关联？作为深入理解主体间性视域的思想政治教育主客体关系的基础，以上问题必须予以澄清，这也是推进思想政治教育走向人的主体性的必由之路。只有这样，我们才能准确把握主体间性视域的思想政治教育主客体关系的科学内涵和本质特征，从而为主体间性视域的思想政治教育主客体关系研究奠定坚实的理论基石。

一、主体性

对于主体间性的探讨，离不开主体性，提出主体间性并非否定主体性。因此在讨论主体间性之前，我们有必要首先讲清楚主体性这一概念。

主体性是近代西方哲学的核心概念之一,近代西方哲学主要是从认识论意义上来认识人的主体性的,指的是主体运用自身的本质力量,在对象性活动中作用于客体时所呈现出来的某种规定性。在这一主体性中,主体与客体是对立的,一切自己之外的事物都是其指向的客体,它以占有为目的,对客体实施改造和征服,以此来确证和表征自己的主体性地位和自由本质。这种主体性的过度膨胀,促进了人类社会科学技术迅猛发展,从而在给人类带来前所未有的物质财富的同时,也造成了主体性发展的现实困境,尤其是这种主客二分的观念极度性张扬,造成了人与自然、人与人之间关系的高度紧张。美国哲学家弗莱德·R.多尔迈针对主体性作了概述,认为主体性理论的说服力日渐衰弱,已经慢慢淡出学术研究的视野,主体性本身正在进入黄昏时分。[①]

马克思主义哲学诞生以后,才真正科学阐释了什么是主体性。马克思在《关于费尔巴哈的提纲》中论述了有关主体性的观点。即"从前的一切唯物主义(包括费尔巴哈的唯物主义)的主要缺点是:对对象、现实、感性,只是从客体的或者直观的形式去理解,而不是把它们当作感性的人的活动,当作实践去理解,不是从主体方面去理解"[②]。这是对作为主体的人在与客体发生对象性关系中,以及在社会实践活动中展现主体性的深刻揭示。主体性就是在对象性关系和活动中得以确证的。人的主体性存在于与客体相互作用之中,"人的主体性发挥依靠客体的相互作用中的已发展的人的自觉、主创能动的特性,这是社会实践活动主体的质的规定性"[③]。

在深刻批判唯心主义对主体性的过分夸大和旧唯物主义对主体性背离的基础上,马克思把人的主体性牢固地建立在伟大的唯物论背景下。马克思

---

① 参见[美]弗莱德·R.多尔迈:《主体性的黄昏》,万俊人译,上海人民出版社,1992年,第1页。

② 《马克思恩格斯选集》(第一卷),人民出版社,1995年,第54页。

③ 郭湛:《主体性哲学》,云南人民出版社,2002年,第30页。

认为：过去所有唯物主义的主要缺陷表现为，过于从客体和敷衍的视角理解现实事物及感性，没有站在主体角度把它们当成感性的人的活动或是实践去理解。因此，结果与唯物主义大相径庭，主体能动作用受到唯心主义的抽象控制。作为唯心主义它并不明晰现实与感性的活动。①而马克思则抓住包括主体和客体、认识和实践、必然和自由三组关系阐释主体性，从而达到对人的主体性的科学阐释。马克思认为主体性实质上是人的主体性，是建立在主客体关系的基础上并上升为主体的人的本质属性，它不是一个独立存在的范畴，而是一个关系范畴，主要涉及主客体关系。

在马克思的哲学思想中，实践的观点和主体性是密不可分的，"离开实践的观点，就不可能真正理解人的主体性；同样，离开主体性的观点，也不可能真正理解实践"②。马克思关于人的主体性的具体规定：一是人为实践主体；二是认识、改造客体世界时的主观能动作用；三是发挥人的实践性，主动积极掌握自然规律，实现人化自然。自主性是主体性的基本表现形式之一。人的行为由人自己决定，既不是由先在之物，也不是由外在之物所决定，人有了自主性就能自主决定自己的行为，就能根据自己的意愿和条件选择自己的行为，这恰好体现了人的主体性。"人不仅仅是自然存在物，而且是人的自然存在物，是为自身而存在着的存在物。"③马克思恩格斯指出，这种自主活动说明人具备了发展生产力和拥有才能的能力。④所谓能动性是指人不受自然阻碍和制约，根据客观规律给社会实践活动服务，也就是指主体把自己的本质力量外化于客体身上的活动，即主体客体化或主观客观化，也就是主体的能动

① 参见《马克思恩格斯全集》（第 3 卷），人民出版社，1960 年，第 3 页。

② 郭湛：《主体性哲学》，云南人民出版社，2002 年，第 34 页。

③ 《马克思恩格斯全集》（第 42 卷），人民出版社，1979 年，第 169 页。

④ 参见《马克思恩格斯选集》（第一卷），人民出版社，1995 年，第 123 页。

性。能动性是自主性的进步与提高,人能够自主地作用于客观事物,但这种作用的正确发挥,关键看主体对客观规律的认识和把握程度。能动性不但强调选择自由,更强调选择要符合客观规律,只有这样的社会实践活动才能最终实现人的计划和目的,从而获得更大的自由。创造性是主体性发展的高级表现,是能动性的充分发挥与彰显。能动性不仅表现为人们在实践中能够形成正确的观念和意识,而且更重要的是以此为指导,通过实践把观念和精神层面的东西变成现实,创造出一个崭新的现实世界。

马克思指出:"人直接地是自然存在物。"①劳动尺度就其自身来说,是由一定要达成和实现的目标以及为了达到目的需要克服的种种困难提供的。而摆脱桎梏其实就是克服上述困难本身。自由的劳动具有一定的科学性的同时也兼具社会性。②马克思所说的自由劳动就是一种能动的活动。而创造性是主体性的最高层次,创造性最能显示人的主体性。主体是富于创造性的,人必须同时凭借理性及自身创造能力去对现实世界进行改造和创造,这也是人有别于动物的原因,以此成为社会实践中的主体。马克思认为人的主体性主要经历了以下阶段:一是依赖性;二是建立在物的依赖性之上的人的独立性;三是建立在人的全面发展基础上的自由个性。

目前国内学界对主体性的内涵尚无统一界定,有人认为主体性是人、自然和社会性的统一,显然这种看法是不完整的。毕竟主体性和人性之间还存在差异,作为主体的人的通性并非人的其他共性。主体性与人性是相对于不同的关系而言的。主体性是作为主体的人在与个体互动的关系中体现出的区别于客体的属性;而人性则是人在与外部世界的关系中所形成的有别于动物的那些属性。另有人认为,主体性和主观性是一样的。但实际两者有很大差

---

① 《马克思恩格斯全集》(第42卷),人民出版社,1979年,第167页。
② 参见《马克思恩格斯全集》(第46卷下),人民出版社,1980年,第112页。

异。所谓主观性是指主体的精神性,而精神性只是主体性中作为精神属性的部分;主体的精神属性并非一般的主观性,而是正确的主观性,只有正确的主观性才能使得主体成为主体。所以人的主体性是实践能动性和精神能动性的统一。从最一般意义上来说,主体性就是在对象性活动中人的本质力量的外化,是主体能动认识和改造客体的特性。

主体性,通常被认为是实践活动主客体通过相互作用而展现的自主、能动和创造等主体特性。同时有效阐明了主体性与实践的相互关系,即主体性存在于主体实践活动中,主体性同实践活动密不可分。但个体主体性除了表现在实践领域外,还表现在主体指向客体的实践关系中,通过总结,可以看到主体性的表现还作用于客体认识领域及审美关系等领域。简单地说,所谓主体性就是作为主体的人所具有的一系列本质属性。主体性通过主体的自觉行为体现出来,人既是社会实践活动的参与者,又是一切工具的创造者,人类的主体性体现在一切实践活动中,并在实践活动中不断地体现,并发挥着作用。可见,主体性的内涵体现在以下三个方面:第一,自主性。所谓自主性是指某种环境下,主体对自己实践中掌握的控制权和支配权。自愿、自觉、自动和自决是自主性的核心。它既体现了主体的基本属性,又是主体能动性和创造性体现的根基。可以说如果不是自主存在物,就无法谈能动性和创造性。第二,主体能动性。所谓能动性是指主体在认识过程中,发挥能动作用,促进实践改造。第三,主体的创造性。创造性是主体能动性的最高表现形式,主要包括主体思维的创造性和实践的创造性。当然,上述只是主体性的一般规定性,在现实性上,由于主体是具体的,因此主体性也是具体的。

学界探讨思想政治教育主体性问题,主要是从教育者、被教育者及思想政治教育活动的主体性三个方面展开的。当然在这三个层面中,教育者与受教育者的主体性是不在同一个层次上的。学者们普遍认为,对于思想政治教育一定要关注教育者的主体性发挥。在思想政治教育主体性中,首先体现为教育者的主体性,这主要表现为教育者根据受教育者的认知和个性特征展开的教育实践和价值引导(或称主导性)。教育者的主体性先于思想政治教育活动过程而获得,具有自我的规定性(教育的主体具有自身的规定性,并且它的获得要早于思想政治教育活动的过程)。教育者的主体性的弘扬是受教育者主体性生成与发展的前提条件和基础。思想政治教育者的主体性是一个关系范畴,而非实体范畴。具体来说,思想政治教育者的主体性主要体现为以下四个方面:

第一,体现为教育者对受教育者的全面客观的认识。古人云:知己知彼,百战不殆。从本质上了解受教育者对思想政治教育者发挥其主导性作用,以及对全面开展思想政治教育实践活动都具有重要意义和价值,这也从根本上体现了思想政治教育所具有的主体性。受教育者作为思想政治教育的对象,特点是广泛、复杂,这些特点内在地决定了受教育者的个体性差异。这种差异是我们选择相应教育内容、教育方法以及教育载体的依据所在。因此,思想政治教育者要主动地掌握受教育者的各自特点,有效掌握受教育者在思维方式、认识能力、个性特色以及价值取向等方面所存在的差异性。而对受教育者主体地位和主体性的肯定性认识,是思想政治教育者认识和理解受教育者的关键。思想政治教育活动的成员都是具有主体性的人,人的思想形成和发展规律充分确证了受教育者的主体地位。教育者一旦认识到受教育者的主体地位,就会选择有助于发挥受教育者主体性的教育内容和教育方法,注重在教育实践中调动受教育者的积极性,激发其内在驱动力主动参与教育实践活动,与受教育者共同实现思想政治教育目标。反之,如果教育者不能认识到或者否定受教育者的主体性,就会把受教育者视为消极被动的对象,实行单向灌输式的教育方法,控制和束缚受教育者,把受教育者摆放在教育者的对立面上去。

第二,体现为教育者对教育目的的分解,对切实可行的教育目标的制定。全部的人的活动首先表现出的根本的特征就是其活动的目的性要明确。人的活动是否自觉是由其目的性决定的,此类目的性强的活动是人作为一个活动的主体的表现。思想政治教育实践并非无意识,而是具有目的性,体现了统一和连贯特点。这种自发且带有目的性的特殊性延伸到了包括教育方向、内容和手段各个方面。另外,所谓教育目的是指在全面顺应社会要求并充分考虑受教育一方的身心平衡,这是教育者确定的教育宗旨。与此同时,教育目的不是一成不变的,它随着被教育者的情况变动而变化。对于思想政治教育者,必须考虑社会发展需求和受教育者思想发展实际,不断修正和完善教育目的,制定出既体现社会要求,又符合受教育者思想实际与需要的教育宗旨。还要注意的是区别教育目的与目标,教育者要以教育效果为导向,及时对教育目的进行符合客观实际的分析和具体细化。使教育目的呈现为由浅入深、从具体到抽象、从感性认识到理性认知、从具体至抽象的发展顺序。

第三,常常表现在教育者对教育内容的确立、丰富和发展。所谓教育内容是指,体现最终教育目的,并用来充当实施工具的相关材料。从一定意义上讲,教育者也通过制定教学内容来体现其主体性。正如美国学者迈克尔·W.阿普尔所强调的:从本质上看,教育的内容是一个政治问题和意识形态问题,其原因是教育内容仅仅是某一方面的文化资源及意识形式的代表和反映,无法代表所有人的观点,因此也无法使全部群体的价值得以正确反映。在选取教育的内容的时候,应有衡量的标准来明确最有价值的知识是什么,确定教育的内容并不是说和价值无关,相反,它和价值活动是息息相关的,它使得某些价值及目的倾向得以明确被表达出来,是最能直接地体现价值主体即人的重要性。[1]教育内容或多或少受到现实环境变化影响,具有顺应现实发展的特点。作为教育主体的人要将教育内容作为再认识的对象,进行审视、反思和理性修正,对教育内容的认可和肯定不是原原本本地传授给受教育者,而应该进行鉴别、选择、批判与发展新的教育内容。

第四,表现为教育者对教育方法的选择和创新。方法是教育者一方为了达成改造及认识对象的目标,在实践活动中,所采取的方式、工具、手段和途径。作为教育活动最终完成的重要媒介,教育方法和手段成了连接教育参与者的生命线。教育者要坚持相对教育方法体现主体性,应该随着教育环境和受教育者的变化,选择有效的教育方法。灵活选择和创新教育方法,体现了教育者在实施教学时在方法选择环节的主观能动,属于较高层次的主体性。

在思想政治教育的实践活动过程中,受教育者在教育者启示下表现出的解决客观世界相关的关系就是其主体性的有力体现。而受教育者需要拥有思想政治教育主体的条件的最重要的原因就是其起到主体性的作用,进行主观决策并提升自身道德品行的特征,很大程度上使整体社会道德框架在自主创新中不断得以完善。因此,新时期思想政治教育要全面认可并鼓励受教育者发挥主观能动性,进一步夯实其主体性发挥,认可受教育者是具有主体性的客体。具体来说,受教育者的主体性体现在以下三个方面:

第一,表现为受教育者与教育者的平等互动。互动反映的是不同主体间的独立性、平等性。在现代思想政治教育中,由于社会环境给予受教育者很好的环境,并使之天生富有很强的独立思考能力,同时注重自我发展和实现,因此受教育者也表现出极强的主体性,他们在获得知识方面与教育者处于同

---

① 参见[美]迈克尔·W.阿普尔:《意识形态与课程》,华东师范大学出版社,2001年,第47页。

一平台。受教育者主体地位的确立,使得受教育者与教育者之间不再是主客体之间的关系,而是主体间的关系。作为思想政治教育主客体关系中的一方,受教育者不是一味地崇拜教育者的权力和威信,而是在一个比较和开放的过程中来了解并判断教育者的教育能力。对于教育参与双方,单向的定向信息传递已经被教学相长的交互信息传递方式所取代。从地位上看,双方在教学互动中人格是平等独立的,两个人格独立的主体间的对话关系只可以是平等的对话关系。

第二,表现为受教育一方与教育目的及其内容的统一。从最终教育效果来看,价值观是否统一是教育效果好坏的决定因素,应注意以下问题:一是清晰认识教育目的及其内容的本质,即体现了社会发展和个人发展两方面需求;二是教育目的及其内容与社会整体利益相一致;三是个人需求在很多时候与宏观需求不相适应。从上述问题不难看到,价值观统一与否,关键要看受教育者在社会动态发展过程中是否能与宏观要求保持和谐,如果不能用于传递社会价值观的教育目的和内容就会遭遇理解障碍,直接导致思想政治教育实践活动的失败,甚至由于受教育者的极度反感使思想政治教育实践活动受到抨击。在实际的思想政治教育中,从受教育者一方来看,主动地对教育内容、目的形成自觉统一,也就是我们通常说的对于教育内容、目的进行审视和反思基础上的价值认同。在此基础上,受教育者以不同方式积极参与实践活动并对教育规范主动遵守,本身就需要发挥自身主体性,对道德原则和普遍规范做出自觉理解和自愿接受也就是对受教育者主体性的确证。

第三,表现为受教育者的自主选择、自我教育和自我约束。自主选择、自我教育和自我约束是用于衡量受教育者的主体性的生存及发展的基本象征,发展受教育者主体性的归宿及落脚点就是从教育走向自我教育,从被动接受到主动选择和接受,从他律走向自律。受教育者的自主选择就是指受教育者依据既有的社会价值规范和道德原则,结合自我的生活经验和情感体验,有选择、有鉴别地来接受教育者所施加的教学改造;所谓自我教育和约束是指,受教育一方以主观世界为自己认识、改造的对象,并开展自我德性建构,并最终实现自我完善。但这种自主选择、自我教育和自我约束不是随心所欲地展开,而是从受教育者的日常生活世界出发,并在教育者的积极引导下完成的。这是一种受教育者的高度自觉的表现,是其主体性到一定的阶段及程度的发展产物,同时也是其发展的必然归宿和结果。

我们说思想政治教育实践活动是一种主体性的活动形态,是决策者、教育者及受教育者三方实践活动的统一体现。思想政治教育活动是一种主体性活动,这种主体性首先是受教育者的主体性和教育者的深度融合。教育者及受教育者是思想政治教育的主体性体现,通过相互交往实践关系,从而在对象性活动中所彰显出来的本质属性。思想政治教育活动是在教育者与受教育者之间的交往中展开的,在交往实践中,教育者与受教育者所体现的自主、能动和创造性充分说明了双方的主体间性关系。

二、主体间性

主体间性是贯穿主体间性视域的思想政治教育主客体关系的一条主线。究竟什么是主体间性?对这个问题的回答是我们讨论主体间性视域的思想政治教育主客体关系问题的理论前提。

主体间性视域的思想政治教育主客体关系有着深刻的哲学基础,这就是根源于现代西方的主体间性哲学理论。主体间性(inter-subjectivity),除了译成"交互主体性""主体"或"主观"际性外,还有的翻译为"互主体性"等,是

20世纪西方哲学的重要范畴之一。何谓主体间性？莱西的《哲学辞典》将其表述为："对于主体间事物，如果有渠道使其可以达成一致，那么这条渠道或途径就不可能独立于人类意识……主体间性通常与主观性相对，但它可以属于客观性范畴。"[1]《西方哲学英汉对照辞典》对主体间性是这样定义的："假设某物既不独立于群体心灵，也不由个体心灵主体决定，并具有不同心灵特征而存在，可称其为主体间的。凡是主体间的事物意味着某种源自非同一心灵，主体与主体表现为交互作用和信息互传，就是它们的主体间性。"[2]对于主体间性概念也有其他解释，例如《简明哲学百科词典》中将"表征自我与他我关系的现象学概念"称为主体间性。[3]可见，主体间性是指主体之间关系的规定性，即主体之间在交往和沟通基础上形成的双方关系的共通性、一致性和统一性。主体间性的实质是指个人与他人、个人与社会、个体与类之间的关系状态。它在一定程度上超越了近代哲学上的主客二分的关系，从而进入了一种主体与主体关系状态。

应该承认，主体间性在20世纪的凸显有其深刻的理论基础与社会背景。它既是从哲学理论上对笛卡尔所开创的近代哲学主客二分的思维范式所作的反思和批判的一种结果，也是对近现代西方社会所面临的严重社会危机和价值迷失所做出的积极回应。由于近代西方对主体性的张扬，个人被作为一种孤立的单子式的存在来看待，这种单子式个体的主要特征就是在主客关系上主体与客体之间是相互对立的，这种建立在个人单子式存在基础上的自我中心主义加剧了社会关系的矛盾和冲突。人类社会发展进入20世纪后，西方一些哲学家积极寻求摆脱近代以来主体性滥觞所带来的社会危机，此时，

---

[1]　A.R.Lacey, *A Dictionary of Philosophy*, Routledge, 1996, p.113.

[2]　《西方哲学英汉对照辞典》，上海人民出版社，2001年，第518~519页。

[3]　参见《简明哲学百科词典》，现代出版社，1990年，第589~590页。

主体间性哲学便随之产生。在对工业社会中人的异化现象反思和批判的基础上,人们逐渐认识到单子式的主客体关系的充分展开和建立在这一关系基础上的工具理性的过分张扬,在大大提高了人类征服和改造自然物质力量的同时,也遭到了自然界的疯狂报复,尤其是导致人类社会中的人与人之间的冲突和矛盾日趋加重,严重破坏了人类社会的稳定与和谐,这与人类社会开放、民主与全球化发展已经格格不入了。这就迫切需要对人类的思维范式进行彻底变革,实现根本转向,以维护未来世界的和谐与可持续发展。

主体间性作为一个哲学范畴,最早由著名的现象学专家胡塞尔提出。胡塞尔曾经尝试以"现象学还原"来反思认识本身,进而找寻单纯的"先验自我",但他认为,纯粹先验自我要进行任何的反思活动,就要求必须实现清除一切所谓"给予性"的知识,"只要认识批判开始进行,对它来说,任何认识就不能再作为被给予的认识。因而它不能从任何前科学的认识领域中接受任何东西,任何认识都具有可疑性的标记"①。其目的是为了克服近代认识论中的唯我论困境,去积极寻求知识的确定性和认识的绝对有效性,尤其是为了解决"另一个认识主体如何被认识为一个意识主体""一个主体的认识如何对另一认识主体普遍有效"等问题而提出来的。②也就是如何解决"认识论意义上的先验自我的认识如何为他者所共识"这一问题? 为了解决这一问题,胡塞尔提出了著名的"统觉理论",通过这一理论实现了"自我"走向"他者",即"当其他身体统觉自身之时,那么造成这种结果的一切实物也就在过程中随之被给予了"③。胡塞尔认为,自我与他人之间的主体间性是通过主体间相互理解基础上的"移情"和"共现"来实现的。他指出:"主体间的世界是主体间

① [德]埃德蒙德·胡塞尔:《现象学的观念》,倪梁康译,人民出版社,2007 年,第 29 页。

② 我国学者倪梁康将此称为主体间的互识与共识问题。

③ [德]埃德蒙德·胡塞尔:《笛卡尔式的沉思》,张廷国译,中国城市出版社,2002 年,第 56 页。

经验的派生物,它是以移情为中介的"①,"自我"通过移情经过"共现"的途径来确证着他者的客观存在,从而将他者纳入自我的认识领域中。

在这里,胡塞尔所关注的主体间性基本上是在认识论层面展开的,他毕生努力试图寻求知识的确定性和认识原则的普遍性,力求实现从"先验自我"出发来突破"唯我论"的窠臼,从而达致主体间性的生活世界,以便提供主体间现实交往和文化交流的可能性。正如德布尔所指出的:"先验主体不得不把自己看作是包含在世界中,而这个世界是一个主体间的共同世界;其他具备全部个性的主体如何既能够在'我'的意识中构成又实在地有别于'我'。"②在胡塞尔那里,主体间性本质上是建立在经验基础上的先验主体间的关系,正如扎哈维所指出:"只有我对另一个主体的经验和与他的关系,以及我的那些预设者的经验,才真正配得上'主体间性'这一名称。"③胡塞尔在主体间性问题上的主要贡献就在于明确指出主体间性是一个非常重要的认识论问题,强调主体间性理论的重要基础是主体间的能动性和主观性,而这一基础构成了主体间展开现实交往和文化交流的前提。胡塞尔的主体间性理论,虽然未能最终实现从"自我论"出发超越"唯我论",但为动摇近代单一主体性哲学的理论基础开了历史先河。从某种意义上来说,这一观点为我们实现教育者与受教育者之间关系上的"祛蔽",从而为彻底还原教育者与受教育者之间的真实状态提供了一种新的致思路向。"如果让主体间关系呈现在一种自明的状态下,可以看出,教育者与被教育者之间的关系实质上是主体间关系,而后才是师生关系,而非相反。"④因此一定要将主体间关系摆在重要地位,防止师生关

---

① [德]埃德蒙德·胡塞尔:《笛卡尔式的沉思》,张廷国译,中国城市出版社,2002年,第56页。

② [荷]泰奥多·德布尔:《胡塞尔思想的发展》,李河译,生活·读书·新知三联书店,1995年,第77页。

③ [丹]丹·扎哈维:《胡塞尔现象学》,李忠伟译,上海世纪出版集团,2007年,第119页。

④ [英]洛克:《教育漫话》,杨汉麟译,人民教育出版社,2007年,第59页。

系对其产生蒙蔽性,造成师生关系工具化趋势,应通过主体间的平等交往和相互理解来建构科学合理的主体间关系。但是由于其主体间性理论缺乏坚实的实践基础,以及共识问题上存在着所谓"前定和谐"的简单猜想和先验自我存在的预设等缺陷,使得胡塞尔的现象学视域中的主体间性难以根本解决人类认识中的确定性和普遍原则等难题。

众所周知,胡塞尔的主体间性主要建立在认识论层面,忽视客观世界的因素,而这恰恰是舒茨所要强调的,他认为客观世界是搭建主体之间共通的桥梁。它是主体间理解并达致共识的基本条件,而主体间共识的达成是主体通过生活世界中"生动的同时性"而实现的,这种时间点的统一造就的你我之间相互理解,成为我们存在于宇宙的可能性,这种"同时性"就是主体间性的本质属性。从某种程度上来说,虽然舒茨提出的主体间性解释弥补了胡塞尔的理论缺陷,然而过于理想化、抽象化的完美主义的认知主体解释,还需进一步考察个体的现实社会化过程后进行完善。正如哈贝马斯所指出的,舒茨试图舍弃胡塞尔的意识哲学框架而代之以社会学行动理论框架,但是他的这一努力没有成功,因为舒茨总是在这两种框架之间摇摆不定。在哲学诠释学领域中,主体间性主要表现为主体对文本的理解。诠释学大师伽达默尔认为,主体间性表现为交往基础上主体与主体的错时交互,具体来讲,"诠释学的基本问题是平衡文字表达的意义与读者理解之间的差距的问题"①。他觉得理解在主体之间获得共识性的交往中具有重要作用。诠释学的根本任务就是揭示理解何以可能的基本条件,认为理解是主体间的一种视域融合,是主体间的意义世界不断彼此敞开的过程。可见,伽达默尔主体间性理论的视域仍然是认识论的,主体间的关系仍然仅仅被归结为是一种主体间的理解关系。

---

① [德]伽达默尔:《赞美理论》,夏镇平译,上海三联书店,1988年,第149~150页。

存在主义的代表海德格尔和雅斯贝尔斯则另辟蹊径,侧重从生存论意义上对主体间性进行考察。不同理论基础会得出不同的主体间性解释,胡塞尔对主体间性的解释均基于认识论的"我思"观点,海德格尔则依赖生存论的"此在"观点解释主体间性概念。因此胡塞尔比较注重自身与他者的实现认识"互识",这一目标是通过"移情"和"共现"来实现的;与胡塞尔不同的是,海德格尔所关心的是自我与他者之间的生存论意义上的关联,也即自我与他者的共在与认同,这一目则是通过作为此在的"自我"与作为"共在"的他者之间的相互渗透、相互关涉而实现的。海德格尔认为人的生存论结构是与他人交往基础上的共在性,但这种共在性是消极的,人的本真存在仍是立足个体的独立性生存。他指出,主体间性的依据在于人的生存,因为共同世界皆位于此在的世界。所谓"在之中"就是说与他人的共存。而他人的在世界之中的自在存在即为共同此在。对于自身的此在就是共同存在,共在是此在本质的体现。所以,共在在生存论上规定着此在。此在之独在也是在世界中共在①。这里的主体间性本质上是指人与人、人与社会、人与自然之间的和谐共在关系。雅斯贝尔斯则从交往哲学的视角阐述了主体间性。雅斯贝尔斯认为对象化的存在是非真实的存在,真实的存在是和自由同一的,而个体自由的实现离不开与他人之间的交往,与他人交往是实现个人自由的必要条件。雅斯贝尔斯在批判个人主义的基础上指出,"人可通过交往而实现存在,抛弃与他人交往不可能获得存在"②。同时他将交往划分为两类,即存在性交往和生存性交往,存在性交往包含两种类型:一种是个体完全同化于群体之中而丧失了个性特征的交往;一种是个人与他者完全对立的原子式交往。这两种交往都是缺失了个

① 参见[德]海德格尔:《存在与时间》,陈嘉映、王庆节译,生活·读书·新知三联书店,1999年,第136~140页。

② 涂成林:《现象学——从胡塞尔、海德格尔到萨特》,广东人民出版社,1998年,第91页。

性的、非本真的交往。而只有生存性交往才是真正的交往,他认为哲学产生于交往,并在此基础上提出了交往哲学问题,对资本主义的文化价值观进行了深刻批判和反思。但是他的主体间性理论完全脱离人的生活实践,仅仅从理想化意义上构建了交往的共同体。可见,存在论意义上的主体间性对我们如何看待思想政治教育中的受教育者具有重要的意义。对受教育者而言,每个主体都是具体性和有个性的存在,作为教育者应该充分尊重受教育者的个性和成长的发展性与开放性,思想政治教育应该是力图帮助受教育者逐渐成为"真正的自我"。

哈贝马斯则从交往行动理论的角度来建构主体间性理论,从交往的视角彻底改造了胡塞尔的"先验论"意义上的主体间性观点。他认为工具和交往两种行为可以涵盖人的所有行为,生产劳动是工具行为的落脚点,主要解释人和自然的相关性;而后者则主要处理人与人之间的关系,具体途径以沟通和语言来实现主体间的理解和认同。交往行为作为一种以理解为目的的活动,其发生是以"交往性资质"为前提条件的。而要实现交往行为的合理展开,必须重建历史唯物主义和交往理性,使得交往行为合理化,而所谓合理交往行为是"能够相互共存的占据社会关系有利位置的关系"①。他认为主体间性就是人与人以语言为媒介的交往而形成的主体间的理解与共识,从而使主体间达到"相互理解、彼此信任、两相符合的主体间相互依存"②。哈贝马斯说:"我无论是在肉体之中,还是作为肉体,一直都是在一个主体间所共有的世界里。"③哈贝马斯的主体间性理论,对主体间语言交往行为进行了认真思考及深刻阐述,然而却忽视了交往与生产这对实践关系的内在关联,否认

---

① [德]哈贝马斯:《交往与社会进化》,张博树译,重庆出版社,1989年,第205页。

② 同上,第3页。

③ [德]哈贝马斯:《后形而上学思想》,曹卫东、付德根译,译林出版社,2001年,第79页。

了生产实践活动是主体间性的客观基础。但值得关注的是,哈贝马斯所提出的主体间性理论为我们科学理解和对待思想政治教育中的教育主客体关系,提供了更为广阔的理论视野与借鉴,而且对于我们从交往实践的视域下,来科学界定思想政治教育在主体间性视域下的主客体关系提供了全新的视角。

　　国内学者对主体间性概念的探讨,目前尚无一致的结论,而且大多是从教育学意义上探讨主体间性的。其中比较有代表性的观点有三种:一是主体间关系说;二是主体间交往说;三是主体间共识说。对于主体间关系说,比较有代表性的是张耀灿的观点,他认为所谓主体间性思想政治教育表达了教育参与双方在教学活动中的内在关系、相互影响及对主体性理论在思想政治教育范畴的抛弃、保留、发扬和提高。① 尹艳秋将主体间性教育的核心表达为,既强调受教育者的主体位置,同时跨越主体性教育,并激发教育主体从主体人格向主体间性人格提升。② 雷奕超则把主体间性的内涵概括为:主体间关系与主客体关系的统一体。③ 齐超等对于主体间性思想政治教育主客体关系的观点是,教育者与受教育者之间的相互关系,表现为一种范式,可以概括为:对思想政治教育主体性的提升关系、教育参与双方的对等关系及双向交互关系。④ 闫艳对于主体间性思想政治教育的看法是通过思想政治教育实践活动,所有对教育客体发生作用的主体总和搭建成的主体间关系就是其主体间性表现。⑤

　　综合主体间交往学说,比较有代表性的,比如萧红梅认为思想政治教育

---

①　参见张耀灿、刘伟:《思想政治教育主体间性涵义初探》,《学校党建与思想教育》,2006 年第 12 期。

②　参见尹艳秋:《主体间性教育对个人主体性教育的超越》,《教育研究》,2003 年第 2 期。

③　参见雷奕超:《论思想政治教育的主体间性转向》,华中师范大学硕士学位论文,2006 年。

④　参见齐超、叶鸿蔚:《论思想政治教育主体间性的转向》,《淮北煤炭师范学院学报》,2009 年第 2 期。

⑤　参见闫艳:《交往视域中的思想政治教育研究》,天津师范大学博士学位论文,2008 年。

的主体间性,是指教育主体在交往过程中相互尊重、相互理解,进行的互动交往。①于爽认为在思想政治教育活动中表现的主体间性,就是思想政治教育的参与主体,即教育者和受教育者之间所进行的交往、对话和理解。②

而对于主体间共识说,比较有代表性的,比如缪志红等认为主体间性表现在实践交往中两个或多个主体如何对同一事物的看法达成一致理解,即形成彼此之间、主体之间的共识。③当然除此以外,还有些学者认为主体间性就是一种特殊的主体性,比如陈金美就提出,主体间性主要表现在主体与特殊客体(主体)之间的相融性,是一种非一般性的主体性。④

应该说,上述观点从不同角度阐释主体间性,都有一定的合理性,对主体间性视域的思想政治教育主客体关系的概念界定提供了分析和思考的不同维度,有其积极的意义。虽然学界对主体间性的阐述有诸多观点,但是共同关注的就是主体与主体之间的关系状态或交往形态。笔者认为,西方的主体间性概念具有比较浓厚的先验性色彩,我们不能照抄照搬;作为主体间性概念,不再只处于特殊主体性层面的表达,更是超越了"主—客"模式的新的"主—主"模式;主体间性概念界定应该体现主体之间的关系的规定性和属性的统一;而共识是彰显和实现主体间性的目的,是非主体间性的本质所在。

笔者认为所谓主体间性就是指主体和主体在平等互利和相互尊重的基础上,通过对话、理解和沟通,在达致共识和认同的交往实践过程中表现出的整体性与和谐性。主体间性体现的应该是两个或两个以上的主体间的内在关联性,是对个人单一主体性的合理修正与超越。

---

① 参见萧红梅:《浅析思想政治教育中的主体间性》,《当代教育论坛》,2007 年第 2 期。

② 参见于爽:《主体间性思想政治教育研究》,哈尔滨工程大学硕士学位论文,2008 年。

③ 参见缪志红:《论思想政治教育中的"交互主体论"》,《学海》,2002 年第 2 期。

④ 参见陈金美:《论主体性与客体性、主体间性的关系》,《求索》,1997 年第 5 期。

从上述关于主体间性的内涵分析来看，主体间性本身就具有教育学意义上的内涵。教育实践活动本身体现的就是教育者与受教育者之间的对话、沟通和理解的交互关系。在这种交互关系中，教育者与受教育者都是教育实践活动的参与者，他们彼此之间体现为一种主体间的关系。它既超越了单一的个人主体性，又表达了教育参与双方在实践交往中的交互主体共在性，究其核心体现为相对主体的对象实践交往关系。它对包括个体和社会两种本位价值观不做认可，坚持将教育双方主体摆到重要地位是他的观点，同时他还强调对个体主体性的超越，引导教育主体正确认识"自我"与"他者"的关系，注重教育者与受教育者之间的交往实践活动，从这种交往实践活动中揭示教育者与受教育者之间的交互关系。

传统的单一主体性的教育观，要么把教育者看作是教育活动的唯一主体，教育者被看作是教育活动的实际控制者，占据权威地位；要么将受教育者定位为教育活动的唯一主体，极端地强化了受教育者的自由个性，认为在教育实践活动中，价值观的形成过程是受教育者个人选择的结果，教育者在其中不起任何作用，不应该发表任何意见，实际上就是取消和否定教育者对受教育者在教育实践活动中存在互相影响的反作用。尹艳秋认为主体间性视域的思想政治教育主客体关系的核心是，既强调承认并尊重受教育者的主体地位，又超越主体性教育，引导教育主体的主体人格不断朝着主体间性的人格方向增强；闫艳则将主体间性视域的思想政治教育主客体关系看作是存在于思想政治教育实践中的一种由主体合力施加于教育客体而构建的主体间的关系属性；齐超认为主体关系、客体关系和思想政治教育关系为教导者和受教导者的相互关系，表现为一种范式，可以概括为：对思想政治教育主体性的超越关系、教育者与教育对象的平等关系、教育者和教育对象的双向交互关系。后者比较有代表性的，比如萧红梅认为主体间性视域的思想政治教育主客体关系是指教育主客体在交往过程中相互尊重、相互理解，进行的互动交往；于爽认为主体间性视域的思想政治教育主客体关系是作为主体的思想政治教育者与受教育者之间所进行的交往、对话和理解之间的关系。

尽管上述概括从不角度看有其合理性，但是我们认为，思想政治教育作为一种特殊的教育活动，具有教育的一般本质，我们界定主体间性视域的思想政治教育主客体关系，有必要从教育实践活动的本质和教育的主体间性中去寻求。从教育的起源来看，教育本身起源于现实生活和人与人之间的来往需求。教育可表述为，发生在以人为主体之间的灵肉沟通，具体来讲，是教授者将知识信息、人生感悟、行为规范，乃至历史文化向后知者传达的过程，在这过程中促进信息接收者灵活的释放自由天性。①教育的主体间性正是建立于教育者与受教育者精神交往互动层面上的教育属性的体现。从教育实践活动的本质来看，关系是先于活动而存在的。世界上从来就不存在那种不以交往实践形态而现实存在的教育实践活动，"一切教育教学活动的最重要本质就是一系列的沟通"②。一切教育教学活动都是以交往实践的形态而存在着的。

综合国内外学者对主体间性内涵和教育实践活动交往属性的界定，笔者比较认同的是"关系说"意义上的主体间性视域的思想政治教育主客体关系的观点。所以本书确立的主体间性视域的思想政治教育主客体关系，即发生于思想政治教育活动过程中，教、受双方之间相互理解、相互尊重和相互包容的对话与交往关系。不再一味单纯地将客体描述为受教育者，而坚持从主体间性视域看待主客体在思想政治教育过程中的关系，也在一定意义上把受教

---

① 参见[德]雅斯贝尔斯:《什么是教育》，邹进译，生活·读书·新知三联书店，1991年，第3页。
② [美]加涅等:《教学设计原理》，陈正昌等译，五南图书出版公司，1996年，第242页。

育者看作是具有"主体性"的客体,或称特殊"主体",实现思想政治教育旧有的"主—客"关系向"主—主"关系的转变。对主体间性视域的思想政治教育主客体关系而言,具体表现为如下四层基本内涵:

第一,教育者与受教育者的共在关系在主体间性视域的思想政治教育主客体关系中展露无遗。相对于主客体存在的理论提法,共在更为符合实际。目前,思想政治教育往往单纯强调思想政治教育只存在教育者一方主体。传统的思想政治教育把思想政治教育看作是主体与客体的对象关系活动,只强调主体对指向客体的控制与同化。但作为主体间性视域的思想政治教育主客体关系则认为,受教育者也是有血有肉的、活生生的人,是一个有思想和灵魂的独立性个体。思想政治教育实践活动本质上就是教育者与受教育者间的共在关系,这种存在方式体现了以人为本的价值理念和对他者的充分尊重。主体间性视域的思想政治教育主客体关系,强调教育者与受教育者是平等的关系,他们共存于思想政治教育实践活动过程之中。从教育者角度来看,教育者在思想政治教育教学过程中,要首先意识到个体生命主体的存在,意识到个体的情感需求和生命体验,并把这种情感和生命价值与教育教学活动相融合。同时教育者也要把受教育者作为与自我平等的生命个体存在,关注受教育者个体的情感需求和生命体验,充分尊重受教育者的独立人格和价值尊严。从受教育者角度来看,在接受教育过程中,受教育者也要在充分意识到自我生命主体存在、生命体验和情感需求的同时,充分意识到教育者和其他受教育者的生命存在,尊重教育者的主导地位,关心其他受教育者,把受教育的过程视为与教育者和其他受教育者共享生命体验和情感需求的过程。

第二,教育者与受教育者的交往关系在主体间性视域的思想政治教育主客体关系中体现突出。在老式的思想政治教育理论观点中,只确立了教育者的主体性地位,同时对受教育者的主体性完全否认,更是严重忽略双方之间的主体的沟通交流。也就出现了现实教育中教育者唱独角戏的局面。对于在思想政治教育的主体间性视域下的主客体关系而言,则重视教导和受教导的人之间的交往关系,教育者与受教育者都是主体,教育者是与他者同在的,而非孤立自我。只有当自我与他者开展交往才能达成思想价值观念、政治意识和社会道德规范等共识。

第三,教育者与受教育者的对话、理解关系在主体间性视域的思想政治教育主客体关系中表现强烈。在老式的思想政治教育理论观点中,只注重教育双方在知识上的单向灌输式传授或德性的训练, 缺乏彼此间感情的传递和交流,从而严重忽视了思想政治教育的本质。在思想政治教育的主体间性视域下的主客体关系,强调了教导和被教导者通过对话、沟通和理解实现和谐共在。强调教育者与受教育者通过平等交流、沟通、对话等形式在知识、情感、思想等方面进行相互沟通、彼此对话、相互理解、达成共识。从教学方法来看,主体间性视域的思想政治教育主客体关系,就要求教育者在思想政治理论课课堂教学过程中,要精心设计好课堂教学主题和教学内容,尽量精讲少讲,更多的是鼓励和启发学生共商问题、共享体验,在对话沟通的基础上实现相互理解和价值共识。此外,也要求受教育者在认真听课的同时,主动提问、积极思考,使教育者一直深入开发研究教育的范围。

第四, 个体主体性与主体间性的统一性在主体间性视域的思想政治教育主客体关系中体现极为充分。在思想政治教育活动中,存在着主体与客体之间的对象性关系和主体间性关系, 但是这两种关系并非完全独立的两种关系,而是相互连接、相互规定的统一体。从静态上来看,思想政治教育活动存在着主体认识和作用于客体的对象性关系, 发生着对象性的"认识、实践——被认识、被实践"关系。从动态上来看,思想政治教育者与受教育者之间以教育内容为中介形成了"主—主"型的主体间关系,这是思想政治教育主客体之间双向互动和建构的关系。在思想政治教育活动过程中,主客体间关系一方面体现了对象性关系与主体间性关系的辩证统一,另一方面也体现了个体的主体性与主体间的双性统一。

综上所述,主体间性视域的思想政治教育主客体关系,深入地表现了以科学为本的思想政治教育,为教育主客体关系的理论建构提供了新的价值理念和方法论。

第三章
主体间性视域的思想政治教育主客体关系建构的依据

思想政治教育活动本身建基于主体间的交往实践活动上,对孤立的、原子式的个人根本无法开展思想政治教育,也无须开展教育活动。我们说,之所以能够构建起主体间性视域的思想政治教育主客体关系,既有理论上的可能性,也有时代境遇深刻变化所带来的客观必要性。

第一节　主体间性视域的思想政治教育主客体关系建构的必要性

主体间性视域的思想政治教育主客体关系建构,除了具有理论上的可能性之外,也与当今时代的发展变化密切相关。从某种意义上来说,当今时代最显著的发展变化就是网络化、信息化和全球化的深入发展。这同样为主体间性视域的思想政治教育主客体关系的确立与发展提供了时代境遇,彰显了其存在和发展的客观性和必要性。

一、思想政治教育中主客体关系的地位和作用

我们说,开展思想政治教育活动的第一条件是构建良好的思想政治教育主客体关系。这种关系形成了思想政治教育活动顺利进行的保障。"教育的一个黄金法则就是教育主客体关系,没有良好的教育主客体关系,真正的教育是不可能实现的。"①构建良好的教育主客体关系是思想政治教育改革能否成功的前提和保证。苏霍姆林斯基曾指出:"以教育上的失败而告终的教育冲突,其根源在于教育者不善于和受教育者交往。"②陈桂生曾指出:"在传统的教育主客体关系看来,受教育者服从教育者是天经地义的。其实,这种关系的基础是等级主义的,其必然结果是导致参与教育双方关系不融洽。"③然而思想政治教育活动属于特殊的实践活动,其特殊性在于它面对的对象是活生生的人。因此这就要求教育者在教育实践活动中,要摆正自己在整个教育活动中的地位。

第一,对于激发思想政治教育主客体积极性,做好思想政治教育主客体关系分析、认知工作至关重要,特别要重视主体性在受教育者身上的表现。众所周知,培养和发挥受教育者的主体性是新形势下思想政治教育的关键目的。实际来看,对受教育者主体地位的尊重及其主观能动性发挥,对思想政

---

① 李树英:《教育现象学:一门新型的教育学——访教育现象学国际大师马克斯·范梅南教授》,《开放教育研究》,2005 年第 3 期。

② [苏联]苏霍姆林斯基:《苏霍姆林斯基论教育》,教育科学出版社,1999 年,第 99 页。

③ 转引自袁振国:《当代教育学》,教育科学出版社,1998 年,第 98 页。

治教育活动的最终结果起到重要影响。所谓对受教育者主体地位的尊重主
要体现在两方面：一方面，认可受教育者在社会和精神生活中的主体地位；
另一方面，要给予受教育者公平的待遇，以使其在教育活动中得到关照，并
能充分发展和成长。可见，正确处理思想政治教育主客体关系就是为了进一
步夯实、培育受教育者的主体性和能动性。这既是克服当前思想政治教育现
实困境与主客体关系困境的关键，也是提高思想政治教育实效性的重要选
择。胡锦涛在谈到思想政治工作时强调，既然是做人的工作就必须坚持以人
为本，充分认识"人"的因素在思想政治教育中的主体性意义，坚持尊重人、
关心人、理解人。这是思想政治教育活动过程中的基本矛盾，要解决这一矛
盾则既要发挥教育者的主体性，也要努力调动受教育者的积极性和主动性。
以当前社会的教育发展的变化，导致被教导者的一些想法和做法也发生了
非常大的改变，在教育者教育过程中，充分尊重受教育者的主体性，既符合
受教育者的心理需要，又能充分调动受教育者接受教育的自觉性和主动性，
进一步增强思想政治教育的实效性和针对性。毕竟思想政治教育过程说到
底是转变受教育者的思想观念，并使之不断内化的过程，这一过程需要受教
育者的自我否定，也需要教育者的自我否定才能实现。思想政治教育对个人
需求及生命活动具有特殊表达，受教育者的责任主要涉及两方面：一方面，
对自身负责；另一方面，对他人和社会负责。只有受教育者对自己的思想和
行为认真对待，在参加思想政治教育实践中才有可能与教育者传递的社会
伦理道德等信息达成共识，进而分析消化，并指导自己的独立实践，不断发
展和完善自身思维体系，形成良好的行为习惯，最终生成和完善自己的德
性，并外化为自己的德行。然而巩固受教育者的主体性地位，恰恰需要建立
在思想政治教育的主体间性视域下的主体和客体关系的前提下，同样是提
升思想政治教育效果的良好途径。

第二,加强教、受双方的共同与自我教育,应当进一步妥善认识与处理教育者和受教育者的主体和客体关系。需要以教育的实际情况来决定,尽管教导者作为教育主体拥有控制教育过程的权利,然而鉴于受教育者的反馈作用对教育活动的影响,越来越多的教育者开始考虑和应用这种反馈改进教育方法和计划安排。不难看出,作为教育客体的受教育一方除了接受信息外,还在自发地对教育内容和教育实践过程进行自我理解、自我判断和自我选择,从而实现着自我教育过程。因此,对思想政治教育主客体关系进行重新界定和认识,可以进一步摆正教育和受教育者的位置关系,有助于调动两个方面的积极性,重视受教育者的德性结构和教育安排。目的是将教、受双方,以及他授与自授两对关系有机统一起来,既重视教育者所进行的主动的教授,又重视教、受双方的自授过程。思想政治教育实效性的实现,是教育者与受教育者共同努力、相互作用的结果,无论是忽视教育者的主体作用,还是忽视甚至否定受教育者的主动性和主体性,都不能最终达到教育的预期效果。

第三,教育的主体关系、客体关系的进一步认识需要处理好主体和客体相互之间的作用。通常来说,主客体双方在思想政治教育过程中具有同等地位,可以通过抬升受教育者客体的主动性来使其在思想政治教育中起到更大的有益作用,从而达成教育者与受教育者的两性互动,使思想政治教育取得更好效果。作为教育实践活动的一种,思想政治教育活动本质上就是一种建立在主客体双向互动基础上的互动性交往实践活动。所谓互动是指,涉及思想政治教育方面,诸如教育者与受教育者、教育者之间、受教育者之间的互动等。教育者与受教育者的互动是基础互动方式。在思想政治教育活动中,互动构筑了新型的思想政治教育主客体关系,互动使教育者与受教育者中的每一方都把对方看作是与自己"交往互动"的主体,而非仅仅作为对象客体来认知。

教育者与受教育者进行思想政治知识授受的同时，也必然进行着有关意义、情感、价值观的分享与交换。而且在教育信息传递的"诠释"过程中，教育者与受教育者双方会根据自己的特殊感受和理解，采取他们各自认为有意义的方式，做出自己的合理性诠释，与教育环境和情景进行着持续不断的互动和交流。在教育过程中，教育者与受教育者共同处于某一特定的教育环境之中，彼此之间进行着意义和价值的创造与发展。因此思想政治教育主客体关系的价值远远超越了知识性的价值，是知识性与价值性相统一的关系。

所以教育主体和客体之间的相处，需要教导者和受教导者两者之间相处过后作进一步理解，既是以知识传授为基础的互动，更是以情感、价值和意义为基础的互动过程，是教育者与受教育者之间精神意义世界相互贯通的过程，也是建立在教育者引导基础上的受教育者个体自主建构和主动生成与发展的过程。借助教育者与受教育者之间的沟通与交流，受教育者能够获得积极的人际关系体验，获得精神价值和意义世界的成长，深刻体验到爱、平等、尊重和理解，同时切实感受到教育者的鼓舞、激励、引导和建议，生成和建构积极乐观的人生态度和情感体验，接受精神世界洗礼和陶冶。与此同时，教育者也在主客体双方的互动交往中不断地自我反省、自我提高，从而在教育者的成长过程中获得成就感体验和精神意义的愉悦感。教育者与受教育者之间的深度交流和沟通，丰富了彼此间的情感世界，真正将思想政治教育活动变成对教育者与受教育者具有现实意义，并具有极高价值的一种活动。只有把知识传授与精神价值交流相互融合，才能使得思想政治教育成为德性生成与发展的活动。所以真正有益的思想政治教育在充当传播知识的手段和方法的同时，也要逐步在教育者和受教育者之间建立交往基础上的理解、沟通与对话，使教育者与受教育者在良好的主客体关系中获得精神成长和意义体验。

二、思想政治教育主客体关系发展的瓶颈

在研究思想政治教育主客体关系的理论和实践中，我们已经得出不少理论形态，例如单主体论、双主体论、多极主体论和主体间性论等，这些理论都具有一定的积极意义，有些甚至曾经产生过重要影响。但在当前全球化深入发展，信息网络化突飞猛进的时代中，教育者的信息权威的丧失、社会多元文化价值观念的泛滥和市场经济的深刻冲击，都对思想政治教育的实效性和针对性构成了严峻挑战，很显然，是否清晰认识思想政治教育主客体关系，对于思想政治教育的实际效果具有关键影响。

伴随着近代主体性哲学的兴起而建立起来的思想政治教育主客体关系是一种主客二分的关系形态。尽管这种主客体关系曾经在思想政治教育发展过程中起过一定的作用，得到了一定的认同，但它也存在着一定的局限性。尤其是在主客二分哲学观念指导下形成的思想政治教育主客体关系，过分强调教育者的主体地位，忽视甚至否定受教育者在思想政治教育过程中的主体性和主动性，造成思想政治教育主体与客体关系中的教育者与受教育者地位的不平等，从而形成教育者在教育中说了算，对受教育者话语权上的绝对压制，相反，受教育者被教育者看作是"美德之袋"，教育过程中没有任何积极性发挥，只能服从教育者安排。在一定程度上教育者与受教育者的地位出现了天壤之别，甚至将受教育者完全归入了绝对被动的死角。这种主客体关系中，过分夸大了教育者一方的自我价值，包括思维、意识和创新各个方面，而受教育者在以上方面全部表现为无意识状态，成了教育的傀儡，从理论归纳看，成为单一主体而存在的客体。

对于思想政治教育主客体关系遭遇的现实瓶颈,大致有以下三个方面:

(一)教育主客体关系中主体占据了主要的地位,忽视甚至否定受教育者(客体)的主动性

客观地讲,在思想政治教育主客体关系中,主体与客体所处的地位和所发挥的作用是不同的。作为思想政治教育主体,它对整个实践活动具有主导作用,可以影响主客体之间的一系列关系,决定着思想政治教育主客体关系发展的方向和性质。因此,在思想政治教育主客体关系发展中,必须高度重视思想政治教育主体的地位,充分发挥主体的这一主导性作用。但是我们同时也应清楚地看到,思想政治教育客体是不同于一般认识和实践活动中的物质客体,它的主观能动性在整个教育活动中起着主动性作用。例如受教育者在参与教育活动是具有主动参加思想政治教育主客体关系互动的能力,他在教育内容和方法的选择上具有主观能动的作用,这种主动性反作用于教育的实施。进一步突出了受教育者在教育实践互动中通过参与配合对教学的重要影响。当然教育者的主导和制约,在和谐的主客体关系间则表现为合理引导。因此,如果想使思想政治教育得到实效,提升思想政治教育主客体关系互动就显得至关重要。然而目前的思想政治教育主客体关系多数强调和突出教育者的主要作用,强调教导者对思想政治教育活动整个过程的主控权,十分注重教育者的地位和作用,把受教导者作为控制和制约的对象,把思想政治教育过程看作简单机械的理论灌输。对教育者本身思想解放不够,特别是对思想政治教育主客体关系的认知尚浅,也造成了思想政治教育模式上的"填鸭式",忽视甚至否定本来存在于受教育者身上的主动选择性。知识传授者利用各种控制手段和权力压制受教育者,伤害了其与生俱来的积极性与个体理想道德人格的发展。这实际上体现的就是"教育者中心"

的权威倾向,直接改变了教育主体和客体之间的关系发展方向,也就在客观上造成了思想政治教育实效性低下。

(二)思想政治教育主客体关系中非科学性、非人性化倾向日渐突出

长期以来,理性在人们的社会生活中占有重要地位,把科学理性作为评判事物与人类活动的标准,这种状况在思想政治教育领域中也十分普遍。在现实的思想政治教育活动中,教育的目的是知识的传授与获取,掌握更多的知识,获得更多的技能成了教育活动的唯一目的,受教育者个体的德性生成与发展却成了自发的状态。可以说,思想政治教育的顶端由知识高度决定,而思想政治教育活动的具体形式就是对知识信息的交换,思想政治教育主客体关系成了知识授受的工具和手段,师生之间的交往只是为了知识传授而存在,师生之间纯粹是为了完成知识授受任务而相互交往。教育者在完成知识传授的任务之外很少与受教育者进行意义、价值和情感上的交流和沟通,彼此之间缺乏温情、关怀和爱,这就必然使得思想政治教育活动失去其教育应有的本真和灵魂。从某种意义上来看,当前的思想政治教育混同了一般知识教育,知识传授成了其主要甚至仅有的内容。

目前,我们在考核学生的思想政治理论时,通常采取的手段就是采取闭卷考试形式,单纯以分数形式考核学生对知识的识记、理解和应用程度。但是这显然不能等同于个体思想与德性的发展状况。当前在思想政治教育主客体关系中存在着"重视文本主义,轻视人本主义"的观念;在思想政治教育过程中重结果、轻过程,重单向灌输、轻双向互动;在思想政治教育价值上重视显性价值、轻视隐性价值,重视社会价值、轻视个人价值。这也导致了思想政治教育主客体关系中存在比较严重的唯我独尊的傲慢,存在思维和心理

依附关系,思想政治教育主客体之间的公平正义受到质疑和严重侵犯。在思想政治教育主客体关系上,思想政治教育的主体存在着严重错位甚至越位现象,存在着对受教育者的地位、作用和价值等认识上的偏差。同时随着社会工具理性的泛滥,客观上也造成了思想政治教育主客体关系上的人性虚无,"当今教育从根本上偏离了它本真的意义,成了一种工具理性操作下的功利主义教育"①。从而使思想政治教育主体客体之间的关系变得物质化,使得思想教育的"工厂化"模式泛滥,根本原因就在于:一方面,对思想政治教育主客体关系的处理不够适当;另一方面,没能较好地平衡主体和客体间的关系主体性发挥的程度。正因为这样,主体和客体之间的关系被异化了,深刻影响了受教育者的健康成长,严重压抑了受教育者的自主性、创造性和独立性,抑制了他们的自由和全面发展,从而使他们变成了"单向度的人"。正是由于受到科学理性主义的影响,强调知识传授,教育者和受教育者之间的关系就变成了以知识为中介的单纯的知识传授关系。此时的教育者与受教育者就退化为了知识的化身,他们之间的交往就变为了单纯的知识交往,教育者变成了知识的传声筒,受教育者变成了知识的容器,教育者与受教育者之间应有的德性关系严重缺失了。

(三)思想政治教育主客体关系中仍然存在某些等级结构现象

近年来,在思想政治教育主客体关系上,学界已经形成了一些共识,更加重视和关注被教育者的价值和地位,使得思想政治教育的主体关系和客体关系发生了可喜的变化。但平等的主客体关系是思想政治教育活动取得实效的基本前提,从实际来看,思想政治教育总体的主客体关系认知尚未达到人

① 鲁洁:《教育的返本归真——教育之根基所在》,《华东师范大学学报》,2001年第4期。

们所期望的程度。由于受传统主客体之间的关系制约,导致当前思想政治教育主客体间不能形成知己知彼的清醒的认识。这就使得思想政治教育主客体之间的交往实践关系成了建立在不平等基础上的单向交流,在主体与客体关系中,受教育者往往处于下位,教育者与受教育者之间一定程度上还存在简单的控制与被控制、权威性与服从性的关系。

在思想政治教育过程中,有些教师为了所谓的"师道尊严",端起了架子,把自己置于话语和权力的权威,控制着思想政治教育主客体关系的方方面面。比如有些教师在思想政治教育过程中,仍然存在"我讲你听"的陈旧观念,这些教师往往没有考虑到学生对思想政治教育内容和目的的接受性,而是生硬地向学生传授社会的价值规范和道德法则。在这一思想政治教育主客体关系中,形成了一种统治与被统治、控制与被控制的关系。受教育者被作为一个任人摆布的客体来看待,忽视甚至否定了受教育者的主体性。这样思想政治教育主客体之间形成了一种等级结构和层级管理关系,即一种对"物"的关系(或"我—它"关系)。这种主客体关系是一种不对等的关系,它严重扭曲了教育者与受教育者之间的和谐互动关系。这就使得教育者与受教育者之间无法形成求同存异的理解和建立起真正的彼此信任,无法建构和谐的思想政治教育主客体关系,也难以生成德性意义上的完整的人。

三、全球化、信息化与网络化进程中的新时代要求

伴随全球经济一体化进程的加快,社会信息与资源的流动共享成为可能,人们在最大范围内实现着自身的价值,开发着人的潜能。而现代市场经济的发展是以承认个体的独立性地位为前提的,市场经济的竞争机制极大地提升了人的主体性,使人在某种程度上摆脱了"物的依赖性",增强了个体

的独立性意识。市场经济发展的内在动力就在于个体主体性的不断增强。在市场经济条件下，人的独立性和主体性大大增强，"市场经济的不断完善，社会物质交换的更加便利和自由，给人的独立性发挥搭建了平台，也给人发挥积极性提供原动力"①。全球化的深入发展和社会主义市场经济的逐渐完善，彻底改变了当代中国社会的生产方式、发展方式与传统社会的价值生态，唤醒了个体的主体性意识和自我观念，同时也为思想政治教育的范式转换提供了重要智慧支撑。在全球化发展基础上而逐渐形成的世界性交往，使得世界上不同国家、不同民族之间突破了时空限制，真正走向彼此间千丝万缕的联系与深度融合。从而使得社会境遇与地方场景共在，在场与空场共存。全球化的实质是全球联系的普遍化。马克思曾指出，资产阶级为适应日益增长的全球化产品供应和需求，只能加快步伐，增加开发，逐步构建起世界性的经营网络。②在全球化时代，彼此间相互对话、沟通和交流成为人与人之间交往的主旋律，主体之间通过对话、交流和互动，实现彼此间理解，最终达成共识。今天人们越来越达成了一种高度共识，即我们生活在各种千丝万缕的关系中，而非生活在分离与割裂之中。

主体间性视域的思想政治教育主客体关系，顺应了经济全球一体化脉搏，给予教育者与受教育者公平的待遇和对等的地位，与新形势下的新要求达成了同频共振。全球化本质上强调的是主体间性的一种发展态势。在全球化背景下，个体和群体需要的满足都必须依赖整个世界，人与人之间的交往真正具有了世界属性，实现了世界性交往，多极主体间的对话和沟通正在成为生命个体存在与发展的基本方式。因此生命个体不再是孤立的原子式的

---

① 孙正聿：《塑造和引导新的时代精神——面向新千年的马克思哲学》，《中国社会科学》，2001年第5期。

② 参见《马克思恩格斯选集》（第一卷），人民出版社，1995年，第276页。

"自我存在"，生命个体存在开始从原子式与封闭式转向共生性与开放性，从单一主体性转向主体间性。因此，走出自我，走向他者；学会关心他人，学会合作成为当今时代教育发展的重要趋势和主题。这样个体在向外部世界充分敞开自我心扉的基础上，通过主体间的充分交往和深度互动，最终实现个体的自由全面发展。

当今社会是一个信息化和网络化深入发展的社会。伴随着网络化和信息化社会的不断深入发展，人类的知识范围极大丰富，人们交往的空间范围极大地拓展，人们的生活方式也日趋开放化与社会化，个体主体性在社会组织结构中，尤其是网络虚拟社会中的作用日渐凸显。在信息网络社会中，以往传统的、单一的道德价值规范逐渐走向了多元化和多样化。交往方式在新媒体不断涌现过程中不断转变，"媒介的差异为时间和空间的安排做了不同分配，很大程度上决定了人与人的社交模式"①。

第一，信息化与网络化深刻改变了教育与受教育者双方在教育中的相互位置关系。旧有的思想政治教育主体关系和客体关系与新的主体关系和客体关系之间的天壤之别，作为教育核心的知识，其不对称性使二者的不平等性不断加深，"信息的数量差、时间差和位势差"也使旧有思想政治教育主客体关系一直无法改变。随着信息化时代的到来，彻底颠覆了信息传播的途径，打破了教育者对信息的长期垄断。信息网络为个人自由选择信息提供了广阔的空间和形式，教育对象借助多样化的手段获取需求信息，逐渐地构成了新的可以与传统教育活动抗衡的信息获取新途径，教育者的"霸权"地位也大大减弱。在信息化时代，教育者已经不能再控制和左右思想政治教育的信息源及其传输，其信息的权威地位必然会逐渐丧失，教育对象也不再一味处于

---

① 衣俊卿：《现代化与日常生活批判》，黑龙江教育出版社，1994年，第132页。

被动和受动地位,而是与教育者之间形成了日趋扁平化的地位和关系。

第二,信息网络时代严重解构和挑战了权威性和统一性。在网络化和信息化时代,分享和共享成为信息交流的基本规则。网络社会空间最大的特点就是平等化和"去权威化""去中心化"。因此,传统的权威性价值规范遭遇了严重困境和前所未有的挑战,原有的教育教学模式也发生了深刻变化,受教育者接受教育信息的主动性和选择性大大增强,从而使得教育者的真理权威形象和价值主导地位逐渐开始动摇。作为权威化身和真理代言人的教育者的地位受到了一定程度的挑战。网络虚拟社会中充斥的多元化、多样化的道德规范、价值观念对传统封闭式的思想政治教育主客体关系形成了强力冲击,极大地挑战了社会价值规范和意识形态的统一性。

第三,信息网络时代的发展带来了人类交往实践方式的深刻变革。网络大大拓宽了人们交往的空间,改变了传统的交往实践范式。在网络社会中,人们之间呈现的是超越时空界限的共在共生关系,人与人之间的关系变得越来越扁平化,这与传统社会空间中人与人之间的分层化社会组织关系大为不同。在信息网络化社会中,人类交往方式呈现了新的特征:例如多元化、自由化交往主体产生,超时空的交往维度,数字信息互联的交往手段。可见,信息网络化解构了传统的思想政治教育的"合法性"基础,又为思想政治教育主客体关系走向主体间性提供了合理性依据,从而推动了思想政治教育主客体关系的深刻变革。正是基于这一认识,我们认为现代思想政治教育的重要使命,就是要培养既有鲜明主体性意识,又有互助团结协作意识的现代人。科学发展观是当代的思想政治教育的指导思想,因此现代的思想政治教育活动应做到以人为本,帮助受教育者树立自我成长及帮助他人健康成长的双重观念。根据联合国教科文组织做的关于《教育——财富蕴藏其中》的研究报告中,提出将"学会合作"作为现代教育发展的重要目标之一,指出

"教育的使命是让学生懂得人类的多样性,同时还要让他们认识到所有人之间是相互依存的"①。可见,在信息化和互联网飞速发展的今天,旧的教育者独裁思想政治教育活动的情况局部丧失根基,曾经的信息优势地位几乎丧失殆尽,受教育者也不再处于被动的地位,这迫切需要重构教育者与受教育者之间的关系,把单向"灌输—接受"关系变为"互动—共享"关系。

信息网络化使得人与人之间在虚拟空间中都是以"网民"的身份存在,在这样的虚拟空间中,个体摆脱了现实社会空间的社会规范和社会秩序的约束,从而使得主体间走向了真正意义上的地位平等。"现代性的降临,通过对'缺场'的各种其他要素的孕育,日益把空间从地点分离了出来,从位置上看,远离了任何给定的面对面的互动情势。相反,在前现代社会,空间和地点总是一致的,因为对大多数人来说,在大多数情况下,社会生活的空间维度都是受'在场'的支配,即地域性活动支配。"②因此,虚拟空间造就了一种民主、自由、平等的教育模式,这就使得教育者与受教育者之间必须转变传统的对象性、灌输式的教育主客体关系模式。

第二节　主体间性视域的思想政治教育主客体关系建构的可能性

任何一种教育理论都离不开一定的哲学观的指导,"从柏拉图到最近的时代,人们普遍认为教育学是哲学的实际运用"③。任何教育理论都是以特有

---

① 《教育——财富蕴藏其中》,教育科学出版社,1996年,第87页。

② [英]安东尼·吉登斯:《现代性的后果》,田禾译,译林出版社,2000年,第16页。

③ 陈友松主编:《当代西方教育哲学》,教育科学出版社,1982年,第28页。

的哲学观点对特定的社会和教育事实所做出的理性反应，都反映了该理论所最终依托的价值基础和理念框架。

"道德教育这基本的价值取向和根本原理无不以一定的道德哲学理念为依托"[①]，哲学与思想政治教育有着永恒的内在逻辑关联，当我们考察主体间性视域的思想政治教育主客体关系建构时，不能不关注作为时代精神之精华的哲学本身。哲学与思想政治教育之间也是互动的。思想政治教育本身就是一个价值关涉的活动，任何的思想政治教育理论都必须以一定的哲学观作为其理论基础。主体间性视域的思想政治教育主客体关系，之所以在当代社会中形成并发展起来，有其深刻的理论基础。主体间性视域的思想政治教育主客体关系何以可能？这就构成了主体间性视域的思想政治教育主客体关系建构的理论语境。马克思主义理论始终是建立和完善主体间性视域的思想政治教育主客体关系过程中永恒的理论基础和启明星。思想政治教育在主体间性视域下主客体关系理论的出发点及最终目的都充盈着对人的全面关注，使其必然以马克思主义作为其理论的源泉。

众所周知，思想政治工作作为思想政治教育的前身在华夏大地延续久远，思想政治教育者大多凭借个体经验和传统来开展"思想政治工作"，缺乏对思想政治教育哲学应然性的探讨，思想政治教育实践在很大程度上仍然停留在经验操作的单一层面。我国思想政治教育实效性的低下与我们疏于用与时代精神相契合的哲学理论进行指导有着某种相关性。有的思想政治教育理论相对滞后，不能与时代的脉搏相吻合；有些思想政治教育工作者不能用时代哲学的武器反思当前思想政治教育理论和实践的弊端并寻求出路。鲁洁曾指出："我国的道德教育的理论和实践都处于相对落后状态，从现

---

① 戚万学：《活动道德教育论》，南开大学出版社，1994年，第70页。

实来看仍将持续更长一段时间。"①实际上,思想政治教育在一定程度上也存在这样的弊病。传统模式是在传统时代、传统哲学的基础上构建的,它与现今时代已经大相径庭了。没有先进的、与时代精神相契合的教育理念、哲学思想,我们的思想政治教育就无法适应业已发展并有重大转向的时代变革和社会发展进步的现实要求。

对"主体间性视域的思想政治教育主客体关系何以可能?"的回答,就是从理论上确定主体间性视域的思想政治教育主客体关系建构的理论根据。从理论上来看,主体间性哲学、现代西方交往理论、马克思的交往实践理论为构建思想政治教育活动的主体及客体的关系准备了理论基础。主体间性视域的思想政治教育主客体关系真正能够得以建构的理论依据,就在于思想政治教育活动本身与这些理论的内在逻辑关联。换言之,思想政治教育自身和上述这些理论的关系是实现主体间性视域的思想政治教育主客体关系的理论基础。当然,主要是思想政治教育活动与主体间性、交往实践具有内在的逻辑关联性,这使得主体间性视域的思想政治教育主客体关系建构具有了可能性。

一、思想政治教育活动的主体间性属性

马克思认为,我们必须要从主体和人的活动方面去认识和理解社会,社会就是人们交互活动的产物②。唯物史观把社会现象看作是人类实践活动的不同表现形式,通过人的实践活动来解释人们的社会生活实际。任何社会制

---

① 鲁洁:《人对人的理解:道德教育的基础——道德教育当代转型的思考》,《教育研究》,2000年第7期。

② 参见《马克思恩格斯选集》(第四卷),人民出版社,1995年,第532页。

度和社会关系都是人本身实践活动的表现，正如伟大思想家马克思指出的，因为人所呈现出来的本质和思想是人和所处社会的联系，所以人在实现自己本质这一过程当中，也会自主生出或者是创造社会本质，社会本质是每一独立个体的本质，是个体自己的活动和生活。[①]因此，社会既是主体活动的过程，又是主体活动的结果，没有主体活动，就没有人类社会本身。恩格斯指出，物质世界的物体是"相互作用着的，而他们的相互作用就是运动"[②]，相互作用是事物的真正的终极原因。社会实践活动作为人的本体性存在方式，就是主体在面对外部世界时处理与外部世界的关系，以及与其相互作用的具体方式。人的主体性生成与存在就是在主体与外部客观世界相互作用的实践活动中来实现的。

当然，人在实践活动中始终处于主体地位，任何实践活动都只能是人的实践活动，总是反映了主体的特定需要和利益。而作为主体实践活动所作用的对象就是客体。这一客体必须是进入主体的实践活动范围，并与主体发生功能性关联或为主体实践活动所指向的客观事物。[③]主客体之间就是以人的社会实践活动的指向为标准来区分的，人的实践活动的展开就是以主体与客体的分化为前提的。外部世界和人之间需要通过人的实践活动作为桥梁，而人的实践活动也导致了哲学范畴中的主体和客体的产生。[④]只有在与一定客体的关联中，通过实践活动充分发挥主体的能动的、主导性作用，人才会成为主体。因此，任何实践活动都是主体与客体的相互作用，是主体对客体实现其

---

① 参见《马克思恩格斯全集》（第42卷），人民出版社，1979年，第24页。

② 《马克思恩格斯文集》（第九卷），人民出版社，2009年，第514页。

③ 参见李秀林等主编：《辩证唯物主义和历史唯物主义原理》，中国人民大学出版社，2004年，第74页。

④ 同上，第73页。

主导性作用的具体方式。正是借助实践活动本身,主体与客体之间才实现了相互规定性并互相转化。因此,从主体与客体相互关系的角度来认识人类实践活动,是科学把握实践活动本质的前提。

人类实践活动也不是从一般意义上连接客体与主体,而是在不断地实现着人的全面发展的过程中彰显着主体与客体的相互关系。更进一步来说,社会实践活动作为主体对客体的作用过程,其最终结果是借助主客体之间的相互作用和转化,实现了主客体间的双向对象化过程。所谓对象化就是指社会实践活动的"主体与客体在发生对象性关系和活动中的相互规定、相互转化的关系"①。人类的一切对象性活动都是主体与客体之间的相互作用形式,都必然发生着主体客体化和客体主体化的双向转化过程。在唯物史观视域中,"实践"是表征主体与外部世界关系的重要范畴,实践的观点从根本上确立了以人的社会实践活动为核心看待人与外部世界相互作用的立场,这充分体现了"主体性原则"。这一原则反映了人在整个世界中的主体地位,揭示了人在社会实践活动中发挥主体性来处理主客体关系的过程。

思想政治教育属于一种特殊的教育实践活动,而教育的本质属性在于主体间性和交往实践性。教育所关注的核心是人自身价值和意义的提升,其核心旨趣在于人生的意义世界的生成与完善。作为一种特殊的实践活动,教育的根本价值在于通过主体间和主客体间的相互沟通、交流所实现的人生意义世界的建构和人的全面发展和完善。思想政治教育是一种教育者与教育对象共同参与的交互主体性关系活动,是受教育者在一定社会价值观的指导下,通过教育者的主导性引导而实现受教育者德性自主建构的过程。综观整个世界的教育历史,就"什么是教育"这一研究课题,国内外的教育学家都发表过

---

① 王永昌:《论实践的本质》,《中国社会科学》,1991 年第 4 期。

研究结果。有的从教育和当前社会发展的关系这一角度来进行分析论述(也被誉为教育功能);有的教育学者则是从教育目标这一角度来进行论述;也有学者是从教育归属这一角度来分析论述的,但是这些论述并没有完全揭示出教育的灵魂和本质。在西方,"教育"一词(英文为 education,德文为 Eriziehung),都是由拉丁语言 eduiere 演变成的。它是由 educere 演变而成,是引出的意思,这个词语告诉我们,教育是引出知识,而不是灌输知识,教育是一个引出的、动态的教学过程。按照《说文解字》来看,教育在我国可以被理解为:教育教学必定是一个引人为善的过程。我们都知道,教育起源于人类对生活最基本的需要,也就是说,处于什么样的生活环境,那么则会接受什么样的教育方式,教育也是人类彼此交往的心灵需要。所以我们可以总结为,教育的意义就是人类主体之间灵魂与心灵的交流过程,其中包括意志行为规范、知识内容的传递及生命内涵的领悟,将这些以文化传递的方式教授给下一代年轻人,启迪他们自由的天性和自主学习的习惯。[1]教育可以理解为教育者和接受教育的人精神交流中引出新的知识点的教学过程,教育主体间性正是在这一本真意义上的教育属性的体现。

苏格拉底曾提出:存在是向任意一个单纯的个体观察者开放的,作为一个个体,所有的观察者都不能判断他观察到的对象是否是真实以及正确的,所以判断的途径转变成为主体之间的对话形式。德国 19 世纪中后期"乡土教育论"曾掀起一片浪潮,20 世纪又产生了新的教育教学方式,即为合科教学运动;人本主义经验课程在 20 世纪 70 年代的时候开始流行,[2]苏联的合作教育学在 20 世纪 80 年代几乎与德国提出的交往教学论在同一时期出现。而合

---

① 参见[德]卡尔·雅斯贝尔斯:《什么是教育》,邹进译,生活·读书·新知三联书店,1991 年,第 3 页。

② 参见张华:《课程与教学论》,上海教育出版社,2003 年,第 245~252 页。

科教学运动存在的目的是想通过强调教学统一及学科的综合,使儿童在接受教育的过程中成为一个完全的人,可以进行自主交流和分析问题。人本主义经验课程认为人类彼此之间的交流是交互主体的存在关系,而与大自然则是一种新型的存在关系和交往关系, 最终目的是崇尚单纯个体的自由和独立,崇尚个性能够处在完全自由与平等的状态下进行交流和交往;作为乡土教育论的代表人物,德国教育学家荣格和学者哈尔尼希这两位在教育界中的佼佼者分别提出了生活共同体与世界科这两种课程。

教育活动是人类社会实践活动的一个特殊领域,教育世界不同于"物的世界"的根本特征,就在于教育活动是一种人与人之间的相互作用和相互影响,而不单纯是人对物的认识和改造。从本质上来看,教育活动可以被称为受教育者和教育者之间相互交往并付诸实践的活动过程。季亚琴科认为,人的发展有两种基本因素,即劳动和语言。人学会与外部世界进行沟通,很大程度上是通过与他人的交往来实现的,交往不是单个人的作用,而是多个主体之间的交往互动过程,"仅仅是在交流的时候,我们才可以取得我们需要的和现实有关的新知识和传授社会历史经验"[1]。洛莫夫和列昂捷夫从唯物主义的视角对交往问题做了理解和阐释。洛莫夫认为交往是出现在各个主体间互相影响以及作用的过程中的。作为主体的人固有的那些品质正是在交往中显示出来的。交往存在于物质的社会生活当中,同时它也是当代组成物质社会生活的重要部分。交往本质上就是主体间相互作用和影响的过程。每一个参加者都是作为有意识的存在物而加入进去的。[2]列昂捷夫也曾指出:交往是社会集团或者是集体生活的内在机制,是与其他人相互作用。在交往期间,人往往会由此形成认识观点、社会历史经验等。[3]苏联的合作教育学提出学生和老师之

---

① 　朱佩荣:《季亚琴科论教学的本质》(上),《外国教育资料》,1993 年第 5 期。

②③ 　参见朱佩荣:《季亚琴科论教学的本质》(上),《外国教育资料》,1993 年第 5 期。

间是战友关系,而不是敌对或者是相互斗争的关系,这一观点是针对"无儿童的教育学"提出,何为教育解放?就是把自古以来老师和学生之间的强制性关系,转变为人与人之间心灵的沟通。交往教学论曾提出,要把"解放"作为整个教学过程中的最终目标,也可以将教学教育活动本身看作是一个解放的过程,必须转化学生和教师之间的强制性关系,让师生之间转变成平等、自由的交往过程,也就是针对解放而言,必须是积极的解放,而非消极解放。交往一般有两种形式:一种是补充形式,是指交往主体拥有不同的活动余地,并且有人起主导作用,是用来补充别人的不足;另外一种则是对称形式,指交往主体具有同样的自由活动余地和同等的话语权。①合作教育学往往忽略后一种交往形式,只注重前一种交往形式,而实际上正是合作教育学中的后一种交往形式把人与人之间在日常生活中的交往和学生与教师之间的交往区分开来。②主体间性在新的基础上还原了教育教学的本质,给教育教学理论提供了全新的方法论与哲学范式,这对教育本身来说具有本体论的意义。

可见,所谓"教学是劳动"和"教学是认知"的观点是站不住脚的:一方面,教学与劳动是两种不同的社会生活现象,教学不是生产物质财富的劳动,而是劳动的先期准备;另一方面,不可否认教学过程中有认知,但不能由此就得出"教学就是认知"的结论,这是因为教学作为教师与学生的共同活动,是他们的生活方式,是在具体的社会实践活动中进行的,这不是纯粹一个人的活动,而是不少于两个人的同时连续不断的交往实践活动。③在季亚琴科看来,倘若没有相互作用和相互影响,也就没有教学活动本身。教学过程的本质是师生之间相互影响、相互作用的实践过程。因此师生之间的交往不仅仅是教

---

① 参见李其龙编著:《德国教育学流派》,陕西人民出版社,1996 年,第 121~124 页。

② 参见张华:《课程与教学论》,上海教育出版社,2003 年,第 271~274 页。

③ 参见朱佩荣编译:《季亚琴科论集体教学方式》(上),《外国教育资料》,1994 年第 5 期。

学活动的手段和工具,还包括教学实践活动本身。没有师生之间的充分交往与互动,教学实践活动就根本无法实现。教学是指有经验和知识的人在与获取经验与知识的人之间的交往,教育教学的首要条件——这是施教者与学习者之间在知识和经验方面的差异……一旦在学习知识或完成某种活动的技能方面的差异消失,教学过程就完成了。[①]他还认为,教学活动是交往的一种特殊变体,任何教学活动都是一种特殊种类人们之间的相互作用和相互影响,是旨在再现和掌握活动过程与方向的交往,"教学——这是这样一种交往,在这种交往中实现着各种活动的再现和掌握"[②]。在国内也有许多学者持这种观点,认为作为实现人的全面发展的教育活动,是建立在教育者与受教育者双向互动的活动基础上,而非过去所理解的外部教育影响的结果。叶澜认为,教育起源于人类的交往活动而不是生产劳动,"'交往'与'教育'是一般与特殊的关系。教育是人类交往的一种特殊形式"[③]。鲁洁指出:"人是作为主体的自我与作为客体的诸种事物与现象的交互作用中获得发展的。"[④]因此,社会实践活动应该成为我们认识思想政治教育主客体关系的一个重要支点和方法论。

教育的本质应该在日常生活世界中去寻找,而不是从抽象的逻辑分析系统中或理论中去寻找,教育的本质存在于现实的生活情境中。因此,教育的本质不是实体性存在,而是一种关系性的存在,即参与其中的人与人之间的生活方式与相互关系。因为只有教育者与受教育者生成了关系,教育的本质性存在才是现实的。正如学者谬勒所指出的:"教育的本质是我们与处在教

---

①　参见朱佩荣:《季亚琴科论教学的本质》(上),《外国教育资料》,1993 年第 5 期。

②④　南京师范大学教育系编:《教育学》,人民教育出版社,1984 年,第 34 页。

③　叶澜:《教育概论》,人民教育出版社,1991 年,第 40~41 页。

育关系中的儿童、青年或长者间的生活方式。"①在教育实践活动中，关系是先
于教育实践活动而存在的，所有的教育活动都是以交往实践形态而存在的，
世界上从来没有不以交往实践形态而存在的教育实践活动。"教学的重要本
质就是一系列的沟通"②，离开了真正的人与人之间的交往实践活动，就根本
谈不上教育实践活动本身。也正是从这个意义上来说，美国著名的教育学家
小威廉姆·E.多尔就曾经指出："作为教师我们不能，的确不能，直接传递信
息；相反，当我们帮助他人在他们和我们的思维成果以及我们和其他人的思
维成果之间进行协调之时，我们的教学行为才发生作用。这就是杜威为什么
将教学视为交互作用的过程，而学习则是那一过程的产物。"③然而长期以来，
深受机械唯物论的熏陶，人们习惯把思想政治教育主客体关系界定为客体单
向接受主体的外部思想政治教育影响的过程。这实质上是忽视甚至否定受教
育者的地位和作用，离开受教育者的主体性来研究思想政治教育主客体关
系。因而人的实践活动在思想政治教育主客体关系中未能取得应有的地位。
正是这种理论上的缺失，使得思想政治教育主客体关系往往成了教育者对受
教育者的单向灌输关系，把思想政治教育过程中受教育者的德性生成与发展
完全看成一个受动、被动的过程。把社会实践活动的理论引入思想政治教育
主客体关系研究，从人的社会实践活动视域来揭示思想政治教育过程中的主
客体关系，可以给现代思想政治教育主客体关系研究提供一个崭新的视角，
并以此为支点，建立一套科学完整的思想政治教育主客体关系理论体系。

---

① [德]施太格·谬勒:《当代哲学主流》,王炳文等译,商务印书馆,1986年,第593页。
② [美]加涅等:《教学设计原理》,陈正昌等译,五南图书出版公司,1996年,第242页。
③ [美]小威廉姆·E.多尔:《后现代课程观》,王红宇译,教育科学出版社,2000年,第257页。

二、交往实践与思想政治教育主客体关系的内在契合

(一)马克思交往实践理论对思想政治教育主客体关系的内在逻辑价值

尽管马克思没有直接提出主体间性这一概念,但不能否认马克思主义理论中主体间性思想的存在。马克思主义理论,尤其是马克思主义哲学以其独特的方式解决了人与人、人与社会、人与自然之间的关系等问题,马克思是从交往实践的角度来理解和分析主体间性的。马克思在《关于费尔巴哈的提纲》中,指出个人固有的抽象物不是人类的本质,从现实的角度来看,人的本质是所有社会关系的总和。人的实践活动是社会关系开展的前提。[①]而在《1844年经济学哲学手稿》中,马克思把实践和劳动这两者视为一种自由自觉的活动过程,[②]实践与劳动也是人类创造人类世界历史的重要因素。马克思认为这两个思想是统一的,人类社会生活本质上都是实践的;而实践又是结成一定社会关系的人们的共同活动。将社会交往和教育教学当中的实际活动统一起来,[③]很多学者将其定义为交往实践,人和社会是一种更深刻意义上的主体间存在形态。主体间性是人的存在方式和生存本质,人的活动离不开主体间的交往实践,其本质上是具有主体间性的,目前来讲,人与人之间的交往都是社会条件下的交往,都绝对不可能是人与人之间的个人交往。[④]马克思把人与人之间的社会关系归结为建立在社会实践基础上的交往关系。思想政治教育从

[①]　参见《马克思恩格斯选集》(第一卷),人民出版社,1995年,第18~25、60页。

[②]　参见《1844年经济学哲学手稿》,人民出版社,1985年,第50页。

[③]　参见任平:《交往实践与主体际》,苏州大学出版社,1999年,第153页。

[④]　参见《马克思恩格斯选集》(第一卷),人民出版社,1995年,第127页。

本质上来说,是一种人与人之间建立在生产实践活动上的较为特殊的交往实践过程。所以,人与人之间的交往是思想政治教育的本质需求,也成了思想政治教育的本源性现实基础和依据。一旦离开人类的交往需要,思想政治教育是难以成功的。所以我们要用人的方式来研究人、认识人、理解人,人的价值理念和精神世界也只有在人与人的交往中才能获得完满的建构。有了人和人类社会,就有了人的交往。

随着人类社会历史的发展,人们对交往范畴的认识也不断深入,形成了多种交往理论。主要存在三种理论形态:一是狭义的交往理论即传播学,它侧重研究交往的图式、方法及技术等;二是广义的交往理论,它侧重研究个体与社会的交往关系;三是哲学意义上的交往理论,它把交往看作人的存在方式。而哲学意义上的交往理论,构成了主体间性视域的思想政治教育主客体关系的理论根基,这里所指的交往理论主要是哲学意义上的。主体间性是交往理论的核心范畴,理解主体间性必须要与交往范畴联系起来。而交往构成了思想政治教育的本质属性,主体间性只有在交往活动过程中才能最终生成和发展。在传统的思想政治教育理论的解释框架中,却没有对交往范畴给予足够的重视。这直接影响了思想政治教育理论的科学性和思想政治教育实践的有效性。因此,重视和加强对马克思交往实践理论的研究,深刻揭示思想政治教育主客体关系与交往实践理论的内在契合,是科学把握主体间性视域的思想政治教育主客体关系,并不断发展和完善思想政治教育理论与实践,推动思想政治教育改革创新的迫切要求。

1.马克思交往实践理论的内涵

从词源学意义上来讲,交往的意思是共同的或者是使共同的。交往来源于拉丁语言 communis,目前人们通常将其理解为信息沟通、思想分享及人与人之间的感情交流等；①英文上表达为 communication，意思是沟通、传播、交往等含义。汉语中的"交往"一词，意指"相互往来"②。就目前来说，交往的概念，已经逐渐成为哲学、社会学与教育学等在现代社会中重要领域的概念范畴。许多哲学家不断强调交往与人的内在和社会之间存在统一性，认为交往是人与人之间最基本的沟通方式，也是人最根本的存在。③社会学则是把交往这一词汇理解成为人类最基本沟通的手段与媒介。④一些学者提出，交往是整个社会发展和人类赖以生存最基本的条件。在教育学上，在现实生活中，交往是人类利用语言等手段进行交流思想和感情的一种存在形式。目前在我国教育学界，很多学者都提出：交往是指在现实生活中，人类通过意义、信息及实物的共享或传递来达到彼此协调、相互理解甚至改变或者是影响主体的互动关系。⑤

在人类社会生活中，马克思交往实践理论深刻地反映了人类社会的物质交往关系，体现了唯物史观。同时对人类社会未来的交往关系也做了阐述，其依据是生产力和生产关系，经济基础和上层建筑的矛盾关系。并随着马克思主义理论和社会实践本身的发展而发展。任平指出："在时代的不断发展中，马克思主义哲学的生命力在于把握其方向、开阔了其视野、解决了其问题，从而不断适应时代，进而体现时代的本质。"⑥马克思从交往实践出发，认为交往实践的主体是活生生的、现实的人，关注人与人之间的交往实践活动对人的发展和社会发展的重要作用，指出交往是人的自由全面发展的现实基础。从而把交往范畴与生产活动、社会实践和生产关系等范畴紧密结合起来。

---

① 参见姚纪纲：《交往的世界——当代交往理论探索》，人民出版社，2002 年，第 12 页。

② 中国社会科学院语言研究所词典编辑室编：《现代汉语词典》，商务印书馆，2002 年，第 630 页。

③ 参见马和民：《新编教育社会学》，华东师范大学出版社，2002 年，第 165 页。

④ 参见郑召利：《90 年代以来我国交往理论研究概述》，《哲学动态》，1999 年第 4 期。

⑤ 参见顾明远主编：《教育大辞典》，上海教育出版社，1990 年，第 108 页。

⑥ 任平：《交往实践的哲学——全球化语境中的哲学视域》，云南人民出版社，2003 年，第 135 页。

马克思的交往实践理论,对主体间性视域的思想政治教育主客体关系建构具有重要的启示。在唯物史观创立的过程中,马克思把"交往"看作是马克思主义哲学中的重要范畴。黑格尔将人的本质归结为自我意识,将人与人之间的关系归结为纯粹精神交往,以宗教关系来解释人类的社会关系,马克思对此进行了深刻的批判。马克思在《黑格尔法哲学批判》导言中解决了市民社会、分工和交往范畴等问题。"社会交往"这一概念的首次提出,是马克思在1844年《詹姆斯·穆勒〈政治经济学原理〉》一书摘要中写明的。此后,马克思对交往范畴作了更加深入的思考和探究。在《1844年经济学哲学手稿》《关于费尔巴哈的提纲》中,马克思分析了人的本质及异化、社会分工问题进一步阐述了他的交往观和交往思想。马克思在《1844年经济学哲学手稿》中,将人和人之间的关系的异化与生产劳动结合起来,把交往规定为社会关系的本质属性,视为人类生存的基本条件。在人类最初的社会活动中,即便是人与自然之间的关系也必须通过人与人的交往实践活动才能实现。在《关于费尔巴哈的提纲》中,马克思指出:历史唯物主义把现实的人看作人类历史的出发点。衣食住行是人类在生活中所必需的,这恰恰说明了交往实践的主体是人,因此物质生产就是为了满足主体需要的资料而诞生的。①由于人类社会的实践活动,从而使人成为交往的主体,而非人的自然属性。社会交往的主体不是抽象的理性和精神,也不是人本主义所理解的进行感知活动的人,而是现实的、活生生的、从事着生产实践活动的人。

马克思交往实践理论的基础就是《德意志意识形态》。在这本书中马克思的研究内容是交往和生产实践的关系,只有有了生产实践,才有人类的交往。不能离开物质生产实践来考察交往范畴。马克思指出,生产实践活动是人类最基本的活动之一,交往是人类物质生产活动得以顺利进行的必要前提,物

---

① 参见《马克思恩格斯全集》(第3卷),人民出版社,1960年,第36页。

质生产是人类社会历史的第一个活动,在社会生活中,任何个体都不是独立的,都是相互联系的,在人们相互作用的基础上产生了社会,因此个人的发展影响其他一切人的发展。①因而马克思阐明了交往和物质生产实践的关系,个人的交往离不开生产,其前提就是生产。②生产影响交往的发展。人类社会实践活动的交往和动物本能活动是有非常大的区别的。可见,马克思的交往范畴具有广泛性,深刻阐明了人类所有社会关系。在此基础上,马克思将其分类,分为物质交往和精神交往。认为这两者都是现实的人的存在的最基本形式。尽管这两者有着互相作用、相互影响的联系,然而精神交往可以说是物质交往的直接的产物,物质交往构成了精神交往的客观基础,这种关系并不是完全并列和对等的。在《共产党宣言》中,马克思对交往实践理论进行了更深入的研究,主要从社会交往的角度揭示社会形态的演进规律,从而使社会交往理论得到了进一步的发展。

2.马克思交往实践理论的特征

马克思交往实践理论从现实的人出发,立足人的社会实践活动,把交往实践和人的自由全面发展紧密结合起来,有着深刻的理论内涵与特征。

首先,马克思的交往实践理论把交往实践活动和人的本质相结合,探讨了交往范畴的本质。通过考察,马克思深刻阐明了人的本质问题,并指出人的本质不是抽象的,也不是个人的。在社会属性中,其等于一切社会关系的总和。③人的本质属性离不开交往,人只能生活在交往之中,人的生命存在就是一种交往性的存在,交往是人的本质的内在要求。正是基于交往实践活动中所结成的各种社会关系,人的本质才得以生成,而社会关系是人们通过相

---

① 参见《马克思恩格斯选集》(第三卷),人民出版社,1995 年,第 515 页。

② 参见《马克思恩格斯选集》(第一卷),人民出版社,1995 年,第 68 页。

③ 同上,第 56 页。

互之间的交往实践,并最终在物质生产活动中生成的。

其次,马克思对交往范畴的基本属性进行了全面阐释。一是认为交往实践是人类的基本存在方式之一。实践离不开交往,交往也离不开实践,人的生存状态离不开自身的生活状态,个人在生活中表现出其独立性。①马克思认为,交往的发展是人创造自己的物质生活的过程,个人是无法孤立存在的,生产必须依赖生产发展,生产是在个人交往的基础上进行的。人类最初的交往是人们在劳动中为了实现自己的需要和战胜自然界而发生的,交往实践作为人的劳动的基本形式,是由生产与劳动的关系中延伸出来的。只有在人们的交往实践中,进而发展了各种社会关系,人们有了与周围人联系的理念后,也就意识到了人不是孤立存在的,是生活在社会中的。交往是在生产实践的基础上建立起来的,人的交往实践具有社会属性,物质生产活动离不开人的交往关系。②马克思明确指出,任何关系都是以我为存在的。③

二是认为丰富多彩的交往关系构成了人们的社会关系,其中主要包含物质交往与精神交往。物质生产实践决定着人类的意识活动,精神交往离不开物质交往,其基础就是物质交往,物质交往的最终产物是精神交往。人们的思维、精神交往都是从人们物质社会生活中繁衍出来的,交往是人类社会关系的表现形式和动态呈现,人类历史的起点和生产生活都离不开人们的交往关系,这是最基础的,社会的基本关系也是人类的交往关系。④人类的社会生活过程必须通过人们的相互交往才能形成,它不可能脱离社会交往实践而进行。人类的劳动和生活本身都不是完全孤立的个人行为,而是社会成员协作

---

① 参见《马克思恩格斯选集》(第一卷),人民出版社,1995 年,第 67~68 页。

② 参见《马克思恩格斯全集》(第 3 卷),人民出版社,1960 年,第 69 页。

③ 同上,第 34 页。

④ 参见《马克思恩格斯选集》(第一卷),人民出版社,1995 年,第 68 页。

基础上的实践过程。随着社会的发展，人们逐渐形成了协作意识，这是由社会关系决定的，而这种意识是主体彼此交往、沟通的产物，正如马克思恩格斯的观点，思想、观念、意识和人们物质生产活动及现实生活的语言相互协调，相互作用。①

三是社会关系本身具有实践性，人们的相互交往构建了复杂的社会关系。因而交往的社会性和人在本质上是一致的，人的本质离不开社会关系，其为社会关系的总和。交往实践产生了社会关系。交往实践实质上是人的本质表现，也就是人类社会实践活动本身。交往实践是人类社会和人的普遍存在方式，作为人们之间结成的普遍性社会关系，交往本身就内在地蕴含着社会性。只有通过社会交往，人才真正获得了社会属性，人的存在属性是在人们的交往实践中生成的。人是自然存在与社会存在的统一，人的自然存在形式是生命体，而人的社会存在形式则是交往实践。正是在社会生活过程中，彼此之间进行着社会交往，人才产生了交往意识。人的本质是人的真正的社会联系，人是必须在社会生活中生存，因而也必须与人交往，这是人必须有的意识。②人的交往具有联系性，一个人的发展与其他一切人的发展具有直接或间接的关系。③马克思主义认为，社会关系的主体是人，社会关系本身就是处在社会关系中的人本身。④主体与客体之间的交往实践活动推动着人的发展和社会进步。社会生产方式决定了人们的交往方式，而人们之间交往实践的发展从某种程度上也影响着社会物质生产的发展。

最后，马克思交往实践理论在本质上是关于人的全面发展的理论。交往是人实现自由全面发展的重要维度，人们在交往过程中确证着自我与他人的

---

① 参见《马克思恩格斯选集》（第一卷），人民出版社，1995年，第72页。

② 同上，第81页。

③ 参见《马克思恩格斯全集》（第3卷），人民出版社，1960年，第515页。

④ 参见《马克思恩格斯全集》（第12卷），人民出版社，1996年，第734页。

存在,并在交往实践过程中不断发展和完善自我,获得了个体的完整性存在,最终实现了自由而全面地发展。一方面,交往实践活动决定了人的自由全面发展。马克思指出:"分工给劳动以无限的生产能力。"①在社会生产实践中,人们在自觉利用分工技术的同时,分工形式在很大程度上制约了其交往范围和形式的发展。人们在交往实践中所形成的交往空间和交往方式很大程度上决定了人们实践活动的自由度。马克思认为,物质生产活动和人们之间的交往既相互作用,又相互制约。②在现实生活中,人们之间的交往实践活动取决于人们的生产方式,尤其是物质生产方式。而交往实践本身体现的是社会关系属性,这种社会关系是人类所独有的,它实现着人的本质。人们的交往由不自由发展到自由,这是由交往形式和性质的变化所影响的;同时人们的交往也由片面向全面发展,这是因为交往范围不断变化。

强制性交往是人充分自由的基础,世界性交往的发展、人生活的地区影响了一个人的全部特性,也决定了他所处的地位。一个人想要成为自由全面发展的人,就必须具备"世界历史性"。另一方面,交往实践活动推动了人的自由全面发展。交往实践为个体充分利用社会物质力量来实现自身发展的必要途径。人的需求和能力发展离不开交往实践,这是其发展的重要源泉,也是重要根基,这主要得益于社会的不断发展和进步。要看一个人发展的程度如何,就必须看它的交往实践发展水平,它推动着人由以物的依赖性和人的依赖性为基础的交往形式走向自由交往形式,从而不断生成全面发展的人。只有当普遍性的交往实践代替了以物的依赖性为基础的交往实践时,人才真正进入自由全面发展的阶段。

主体间的交往关系是主客体关系的一个根本环节,马克思主义认为,自

---

① 《1844年经济学哲学手稿》,人民出版社,2000年,第37页。

② 参见《马克思恩格斯全集》(第3卷),人民出版社,1960年,第297页。

从有了哲学关于主客体关系理论的批判反思思想后，就产生了交往问题，这也解决了主客体关系方面的问题。马克思从现实的、活生生的个人方面阐释了交往问题，这个问题是在社会历史发展中得出的，其逻辑鲜明，从根本上改变了以往的抽象意义上的主客体之间的两极关系。一方面，现实的个人之间的交往问题实现了对个人与社会关系的重新界定，主体间的交往本质是一种社会实践活动，是以物质活动为中心的自觉的活动，主体间的物质生产关系也是其中的一种，并且构建了主体间交往关系（全部社会关系）的基础。另一方面，人与自然关系或主客关系也被重新做出了界定，这是基于对人们现实生活的考虑，为主客体之间的对立关系提供了合理的说明，主客体关系作为主体间的交往关系必然是相互作用、相互规定的。因此从现实的个人出发的交往问题，构成了马克思主客体关系理论的一个重要方面。交往实践关系离不开主客体关系，是交往实践的基础，是决定主体间交往形式和水平的重要力量。离开了主体间的交往实践关系，主客体关系就不可能得到科学合理的阐释。

3.马克思交往实践理论对思想政治教育主客体关系的理论价值

马克思的交往实践理论深入探究了交往实践活动在人类解放和人的自由全面发展进程中的地位，是历史唯物主义关于人与人类社会发展理论的重要组成部分。在马克思看来，中介是影响人与人之间的交往实践的重要因素，是人类社会不断发展的主线。教育主体间性需要依赖交往实践来实现，缺乏交往关系的教育是不存在主体间性的，只有教育者和受教育者之间进行深入的交往，才能体现主体间性视域的思想政治教育主客体关系。主体间性的发展程度与主体间交往的发展程度成正比，充分发展的主体间性必然要求充分的主体间交往。[①]主体间性是交往实践理论的核心概念，在思想政治教育主

[①]　参见郭英、刘宪俊：《我国近年来关于教育主体间性问题的研究述析》，《教育导刊》，2005年第8期。

客体关系的发展过程中,教育者和受教育者之间的相互对话和理解都离不开主体间性,主体间性是其实现价值认同的规定性,具有主动性和能动性。

在马克思看来,交往是一个内涵丰富的概念,教育本质上就是教育者与受教育者之间进行的一种交往实践过程。人们自始至终都比较关心教育活动中的交往问题。例如某些学者认为人们获得知识的途径必定离不开交往。雅斯贝尔斯认为,教育本身不同于一般的训练,训练是一种人与人之间心灵相互隔离的活动,相反地,教育本身则是人与人之间精神与意义世界的契合、社会文化得以传承的实践活动。人与人之间的交往活动是主体彼此之间的心灵敞开和对话交流,教育实践活动的核心价值就是个体之间的交往。罗杰斯认为,课程和思想过程不能成为教育活动的起点,而是教育者与受教育者之间和睦的人际交往关系。教育者与受教育者之间的人际关系彰显了教育者对受教育者独立思考和自主学习能力的信任,受教育者的学习活动依赖于教育者与受教育者之间的交往实践关系的发展水平。彼得洛夫斯基认为,教育交往和教学活动本身是统一的,教育交往是教育者与受教育者之间相互影响、相互作用的一种技能、手段和体系,其交往的具体内容是教育教学影响的施受、彼此间信息的交换和相互对话与理解模式的建构。冯建军指出:依据马克思的交往实践,教育内容是教育者与受教育者的桥梁和纽带,其具有目的性,并且能让教育者自主构建的一种实践活动。①叶澜也强调"教育源于交往活动"②。可见,人们的交往行为本身就蕴含着主体间性,教育主体间性的体现离不开交往实践,只有进行更深入的交往实践才能体现教育实践活动的主体间性。教育是人类交往实践的特殊形式,教育与人类交往实践活动具有一致性,并且其形态是从交往发展而来的。杜威曾经说过,一切交往(因而也就是一切真

---

① 参见冯建军:《道德教育:交往实践的新阐释》,《江苏教育学院学报》,2002 年第 3 期。

② 叶澜:《教育概论》,人民教育出版社,1996 年,第 40 页。

正的社会生活)都离不开教育,社会生活也是如此。①离开存在的合理性,离开交往实践的思想政治教育活动其效果也必将是低下的。从这个意义上来说,马克思交往实践理论阐释了思想政治教育主客体关系以及主体间的关系,为主体间性视域的思想政治教育主客体关系奠定了坚实的方法论基础与理论基础。从某种意义上来讲,马克思的交往实践理论拓展了当代思想政治教育主客体关系创新发展的一种独特视野。它不仅一定程度上修正了传统的思想政治教育的某些弊端,而且为我们追寻主体间性视域的思想政治教育主客体关系的现实根基提供了学理支撑;不仅为我们科学界定主体间性视域的思想政治教育主客体关系的内涵提供了理论依据,而且也为转换思想政治教育的思维范式打开了新的思路。

首先,马克思交往实践理论为我国思想政治教育主客体关系的创新发展提供了全新的独特视野,尤其是为我们科学把握思想政治教育与交往实践的内在关系,进而从本源意义上追寻主体间性视域的思想政治教育主客体关系的现实根基,提供了新的视角和学理支撑。从交往视角来分析,我们把以往的思想政治教育仅仅视为一种社会实践活动,而没有把人与人之间的交往实践与人对物的对象性实践活动区分开来。实际上,主体间交往实践的关系是思想政治教育主客体关系的本质,并且对思想政治教育的主客体关系的构建有很重要的本体论意义。促进人的全面发展是思想政治教育的主客体关系构建的根本目的,但人的自由全面发展离不开交往实践,交往实践是思想政治教育主客体关系建构的根本依据,藉此成为主客体之间关系取得发展的最现实的需求,如果与交往实践分离,要构建思想政治教育的主客体关系的合理性将不复存在。因此交往实践就成了主体间性视域的思想政治教育主客体之间

---

① 参见[美]杜威:《民主主义与教育》,王承绪译,人民教育出版社,1990年,第6页。

关系的存在根基,这种情况很符合马克思说的一句话:"人的发展取决于和他直接或间接进行交往的其他一切人的发展。"①因此,思想政治教育的主客体之间的关系只有渗透于教育者与受教育者之间的交往实践之中,才能实现其关系发展建构的根本目的。

其次,马克思交往实践理论为科学界定主体间性视域的思想政治教育主客体之间的内涵建立了理论基础。思想政治教育是教育者和受教育者成为一个完整人而发生的相互效应,是人为的与为人的社会生活中的实践活动。也就是说,思想政治教育主客体的交往关系是主客体关系的体现。思想政治教育的研究对象是人,这就决定了我们只能以"人"的方式去把握思想政治教育实践活动与思想政治教育主客体关系。因此我们必须改变以往以"物"的方式把握思想政治教育中主客体关系与思想政治教育实践活动的观念和做法。马克思的交往实践理论使得我们必须用"人"的方式来认识人和理解人,使得思想政治教育活动真正成了人与人的教育实践活动。而且这种教育实践活动真正建立在交往实践的基础上,在交往实践的视域中,思想政治教育主客体关系本质上就是教育者与受教育者之间知识共享、智慧共建和意义共生的关系。

最后,马克思交往实践理论为思想政治教育思维方式的转换打开了思路。受主客二分的、对象化的传统思维方式的影响,传统的思想政治教育主客体关系往往把受教育者看作是被征服、控制和改造的对象,把思想政治教育过程看成是教育者对受教育者进行单向的控制和约束过程。马克思交往理论将关系性思维方式引入思想政治教育主客体关系研究,强调主体间性视域的主客体之间的关系,是基于教育者和受教育者相互间的交往实践而形成的对话、沟通与理解关系,从而使得思想政治教育的思维方式真正实现了从"物"向"人"的深刻转向。

---

① 《马克思恩格斯全集》(第 3 卷),人民出版社,1960 年,第 515 页。

(二)现代西方交往理论对思想政治教育主客体关系的理论借鉴价值

现代西方交往理论一方面为我们科学把握马克思交往理论的内涵、在新的历史条件下进一步丰富和发展马克思主义理论提供了重要的理论资源借鉴和理论参照;另一方面,现代西方交往理论也对思想政治教育主客体关系的和谐发展,实现主体间性视域的思想政治教育主客体关系建构,具有重要的理论价值和现实意义。而建构主义理论所蕴含的教育理念与教学模式,构成了思想政治教育主客体关系的特殊背景。建构主义理论从受教育者的视角进行教育教学研究,改变了以往以知识本身为中心的、单纯强调知识传授的教育教学模式,为教育主客体关系的发展变革提供了新思路。

从哲学意义上研究交往范畴肇始于洛克,洛克的观念论可以说是交往理论的最初形态。洛克是从认识论的视角开始研究人与人之间的交往关系状态的。他在对观念的经验来源和分类的研究基础上,借助人类的"理解力"的探究来研究交往范畴,认为"理解"的对象只能是人心中的"观念",人们理解观念的目的是为了人们实现彼此之间思想上的"交流"与"沟通",获取更多的利益与满足。可见洛克的交往概念带有社会学的意义,他主张人们之间的交往以相互理解为前提,"只有实现相互理解,才能相互协调思想与行为,使得社会给人以安慰和较大的利益满足"[①]。可以说,洛克的交往理论已经包含了西方交往理论的雏形。休谟则赋予其交往范畴以人性论的基础,进而把交往理论与认识理论分离开,形成比较独立的社会理论体系。同情是他的交往理论的核心成分,并把它看成是人与人交往的首要法则,它"对我们的美的鉴别

---

① ［英］洛克:《人类理解论》(下册),关文运译,商务印书馆,1959 年,第 383 页。

力有一种巨大作用,同时构成了人类道德感的基础,也产生了我们对一切人的交往的道德感"①。与洛克一样,休谟也认为人在社会生活中必然与他人发生着各种关系。而同情既是人们之间情感的沟通,也是认识上的交流,借助同情,人们之间实现着彼此间的心灵沟通。可见,休谟把同情看作人们之间实现交往的首要法则。当然在洛克和休谟那里,他们都是从经验主义立场来探讨交往理论的。

在 18 世纪,法国哲学家就从普遍的人类的社会关系的角度发掘人与人之间的复杂的交往关系。孟德斯鸠继承了洛克的观点,肯定了人为了物质需要而共同生活,是实现交往的决定性因素。认为人作为社会性的存在必然要生活在社会之中,而人所具有的自私本性,使得个体可能由于同公共利益相对立导致矛盾和冲突频发,这就迫使人必须与他人在交往的基础上实现和平共处。孟德斯鸠的高明之处就在于:他肯定了人为了物质生活的需要而共同生活是人们交往的决定性因素。可以说是比较早地对交往范畴与交往关系做了唯物主义意义上的阐释。爱尔维修则认为"趋乐避苦"是人的本性,为此人就具有"自爱"的自然本性,而"自爱"是排他性的。个人为了自保必须与他人共同生活。可见,人们的交往是以功利主义为基础的,以至于"个人在相互交往中的一切活动,例如谈话和爱情等等都被描写成功利关系和利用关系"②。这种交往理论深入物质生活领域来寻求交往实现的根本动因。因而它表明了社会的"一切现存关系和经济关系之间的联系"③。费尔巴哈曾指出:"人的本质属性是感性,而不是虚幻的抽象和精神"④,每一个人都是灵魂与肉体的

---

① [英]休谟:《人性论》,关文运译,商务印书馆,1980 年,第 620 页。

② 《马克思恩格斯全集》(第 3 卷),人民出版社,1960 年,第 479 页。

③ 同上,第 484 页。

④ [德]费尔巴哈:《费尔巴哈哲学著作选集》(上),荣震化等译,生活·读书·新知三联书店,1962 年,第 212~213 页。

统一。因为他有现实存在的"你"来与"我"交往，所以交往主体是有血有肉的、活生生的人。费尔巴哈从而把"你"与"我"之间的交往看成了一种"实践"。"我—你"关系构成了人的本质，他们之间的交往也被看成了真理的判断标准。费尔巴哈的交往理论的重要价值在于将人还原为了有血有肉的、现实的人，把"我"与"你"都看成交往主体，把交往看成是感性的现实交往。在肯定物质交往的前提下，费尔巴哈理解的交往范畴从某种意义上说主要是一种精神性的交往关系。他把人们的日常交往看成了实践，认为交往的作用在于使自己获得真正的满足，求得爱从而满足自我心灵的需要。可见费尔巴哈的交往理论本质上是人本主义的。费尔巴哈交往理论的功绩在于，他使人从天上回到了地上，回到了日常生活世界中来。但是他却把"实践"仅仅看成是日常生活世界中人们之间的一种社交活动，几乎不谈"劳动"本身，尤其是不谈物质生产劳动在交往中的重要作用，从而把人们之间的交往关系抽象为以爱为本质的"我—你"关系，使其丧失了现实性与社会性。

从 20 世纪中叶开始，现代西方哲学发生了认识论意义上的重大转向，现象学大师胡塞尔对交往理论进行了深入探究。胡塞尔交往理论的核心范畴包括"生活世界"和"主体间性"。他在从认识论意义上研究"交往"的同时，也赋予其以本体论意义。胡塞尔主要是遵循主体性哲学来阐释主体间的认识和主体间性何以可能。他指出，为了实现对现实世界的共识，主体间必须承认他人的主体地位，这种交往的决定性因素就是"主体间性"[1]。在交往过程中，每个人都是平等的主体性存在。因此他认为自近代兴起的主体性哲学必须从"自我"走向"他者"，从"主体性"走向"主体间性"。"主体间交往"被胡塞尔所肯定，意在在研究过程中要回到人们的日常生活世界中，从而开辟了动

---

① 白玉国：《胡塞尔"生活世界"内涵探析》，《江汉论坛》，2005 年第 7 期。

摇近代主体性哲学理论根基的历史先河。

作为存在主义的典型代表之一,海德格尔则从生存论意义上来讨论交往问题,其交往理论的核心范畴是"此在"与"共在"。交往是人具有生存意义的活动,但在交往过程中人会由于沉沦而失去其本真状态,要回到本真状态,人就离不开与他人打交道(交往)。他认为,人在世上不可能孤立存在,而必然要与他人进行打交道,从而呈现的是一种"共在"的图景。人的"此在"不是一种孤立的存在,而是与他人相互关联的"共在",是人的一种生存方式,"此在的世界是共同的世界,在之中就是与他人共同存在"①。人对外部世界的认识之所以发生,其根本的前提是我们必须承认人与外部世界的"共在"状态。可见,海德格尔是从生存体验的视角来探讨交往问题的,强调凡人存在均与他人有关,这就是人的基本生存方式,这一生存方式决定了每个人都对这一共在方式负有责任。那么如何才能实现自我与他人本真性的交往呢?海德格尔认为,只有依赖于自己的心理体验,尤其是要依赖于对自己的生命大限——死的体验,以及由此而引发的行动选择才能回到本真生存状态。因此,海德格尔无法回答现实生活中自我与他人如何实现本真性的交往。

存在主义的另一重要代表人物雅斯贝尔斯,也从生存论意义讨论了交往问题。他指出,交往是人存在的基本方式之一,个体只有在与他人进行交往的状态中才能认识到自己的存在。人与人的交往是人存在的普遍条件,也是真理的可能性条件,认为"交往的可能性是人渴望成为自身的根本问题"②。也就是说人作为交往性的存在,只有通过交往才能认识和实现自我,正像雅斯贝尔斯所说:"我只有在同他人共存时才是我自己,并且在追求交往共同体的运动

---

① [德]海德格尔:《存在与时间》,陈嘉映、王庆节译,生活·读书·新知三联书店,1987年,第138页。

② 湖北大学哲学研究所:《德国哲学论丛》(1996—1997),中国人民大学出版社,1998年,第111页。

中才成为自己。"①这是因为：一方面，人是具有个性和自我意识的存在，而个性只有通过交往实践才能形成和发展；另一方面，人又是社会性的存在。他认为，自我与他人之间存在三种不同的形态：不分你我的形态；对象性关系形态；生存性交往关系形态。雅斯贝尔斯认为，生存性交往使他人的主体性得到了真正呈现。只有在生存性交往关系形态中，人才能获得真正的自由，因为生存性交往是通向生存的最佳途径。自由是生存的无条件的条件，生存本身就是自由存在，生存的同一概念就是自由。在现实社会中，人们的自由就是每一个个体都在相互间的领域是自由的时候才能算是真正的自由，而不是单个个体的自由，②在这里，雅斯贝尔斯把个人与社会相结合，批判了极端个人主义，实现了个人与社会的有机统一。

随着近代西方工业化进程的不断发展，工具理性和极端个人主义泛滥，在不同程度上造成现今社会人与人之间的关系被异化、"生活世界殖民化"（哈贝马斯语）及人们终极价值被轻视。针对这种状况，哈贝马斯提出了交往行动理论。他认为现代性的出路在于重建历史唯物主义，走向交往合理性。他明确区分了生产实践关系和交往实践关系，赋予交往实践关系以本体论的内涵。在哈贝马斯看来，社会实践有两种基本形态：一是目的理性行为，它是社会实践的"主—客"关系向度，体现的是工具理性，表现为人与自然的关系，即生产劳动。这种实践具有浓厚的功利主义色彩，把工具关联于目的和目标，却未能反思这些目的和目标是否公正合理。二是交往理性行为，它是社会实践的"主—主"向度，体现的是价值理性，表现为人与人之间的关系，即交往实践关系。只有实现了交往合理性，才能使理性本身成为人类认识和改造世界的一种合理性力量。因为交往合理性使得人们摆脱了种种社会束缚，使交往实

---

①　湖北大学哲学研究所：《德国哲学论丛》(1996—1997)，中国人民大学出版社，1998年，第111页。

②　参见刘放桐等编：《新编现代西方哲学》，人民出版社，2000年，第363页。

践和彼此商谈制度化,从而使人们的生活世界变得更加趋于合理性。交往必须借助语言这一媒介来实现人们之间相互理解。因此,他特别重视交往实践中语言的重要作用。交往以人们之间的相互理解为目的,只有借助人们之间的语言沟通,才能真正实现相互间的理解。语言能为理解作沟通,是一种交往的媒介,因此行为者能够通过理解为前提,同时辅以行动并加以合作,就能共同实现目标。[①]认为语言交往是最基本的交往形式之一。这样哈贝马斯的交往行动理论凸显了主体间的精神沟通和视界融合等交往实践关系,提出了要实现人们之间交往行动的合理化,具有一定的理论意义和实践价值。

尽管现代西方交往理论的不同流派,对交往问题的分析和理解有其不尽合理之处,比如离开了"现实的人"的社会实践活动,尤其是物质生产实践活动而去讨论交往问题,但现代西方交往理论大多都认同:个体是在社会生活之中的,不能孤立地存在与发展,个体的存在本性离不开与他人之间的交往实践活动,主体和主体之间只有通过交往实践才能实现主体间的"互识"与"共识",并最终实现其主体性。而主体之间实现交往实践的背景就是人生存于其中的活生生的日常生活世界,日常生活世界是人与人之间交往实践展开的前提和基础。这些共识对主体间性视域的思想政治教育主客体关系建构具有重要的启示意义。

(三)交往实践对思想政治教育主客体关系的生存论价值

教育活动总是在教育者与受教育者的交往实践活动中展开的,同处于共同情景的教育者和受教育者。双方可以在交往的过程中加以实践,进而实现相互间的对话、沟通及得到理解,在此过程中就可以将教育与受教育这两项

---

① 参见［德］哈贝马斯:《交往行动理论》(第1卷),洪佩郁等译,重庆出版社,1994年,第142页。

得以贯穿。教育的核心价值所在就是体现交往实践的本性,人与人之间的交往实践是教育者与受教育者之间的对话、理解和敞亮。罗杰斯认为,教育的起点和基础是教育者与受教育者之间彼此和睦的人际关系。而这种人际关系体现着受教育者对自学能力和独立思考的信任。教育者的教育实效主要取决于两者相互间的关系,教育活动的背景和起点也依此作为基础。这使我们充分认识到,作为两者间的实践交往活动的形式,思想政治教育的活动离不开主体间的交往互动,也只有通过交往,才能形成教育者与受教育者之间的共识,并最终实现现代思想政治教育的根本目的,即促进人的自由而全面发展。可以这样说,教育者与受教育者在无形间就形成一种交往关系,如果一旦脱离了交往活动,就不能形成思想政治教育的主客体关系,那此项活动就不能进一步展开。所有的教育关系都必须要两者之间交往活动才能得以实现。从而在某种意义和程度上,思想政治教育主客体关系是现实的思想政治教育实践活动得以展开的首要条件,也是思想政治教育实践活动的题中应有之义,状态良好的思想政治教育主客体关系更是思想政治教育活动能够顺利展开的重要保证。交往理论所注重的人与人在对话、理解和沟通的基础上所形成的主体间关系,对于我们如何准确地认识与处理思想政治教育主客体关系的同时,需要更进一步将思想政治教育者与受教育者之间的关系置于思想政治教育活动的核心地位,充分认识主客体之间交往互动的意义和价值,深入挖掘交往理论的深层精神价值意蕴,注重思想政治教育主客体间的互动性。

当思想政治教育主客体关系从实践交往的视域来观照的时候,我们可以明白,交往实践是思想政治教育活动的源头,交往就是思想政治教育的本体,某种程度上,一种特殊的交往活动关系即是思想教育主客体之间的关系。①因

---

① 参见叶澜:《新编教育学教程》,华东师范大学出版社,2006 年。

此思想政治教育离不开人与人之间的实践交往活动,不然就将失去合理的存在性质。也就是说一旦离开了交往实践就不会有思想政治教育主客体关系的存在和发展。思想政治教育过程是一个基于相互尊重、相互平等的关系之上的以共同体为中介的主体间的实践经过。就像杜威所说:"社会的生活和交往完全形同,而且每一项交往都有其本身的教育价值。"①教育者与受教育者之间的交往主要是实践活动的经过,彰显的是两者之间相互的知识共享、情感共鸣、价值共识、意义共生和行为共进。项贤明认为,教育行为不是人类以改造自然为目的的、合理的行为,而是属于一种主体间的交往行为。②对思想政治教育主客体关系来说,交往实践彰显着教导者与被教导者之间的平等对话、相互理解和彼此建构之关系;对教育者而言,交往实践意味着知识传授、规范指导和价值引领;对受教育者而言,交往实践意味着个性张扬、主体尊重、自由发展和主动建构。就像雅斯贝尔斯所言,当存在的交往成为现实,通过教育之后,人们就可以根据对他人以及历史的理解去理解自己和现实社会,从而避免成为他人意识的工具。③从某种意义上,可以说交往实践正在成为思想政治教育主客体关系的生存论状态,同时也成为实现思想政治教育目标与功能的有效手段和方法。

1.交往实践是思想政治教育主客体关系生成与存在的根基

首先,交往实践是建构思想政治教育主客体关系的逻辑起点。社会道德与个体德性都产生于社会生活之中,其原动力就是交往实践。借助教育者与受教育者之间的交往实践,不断建构着教育主体间的关系,在这种交往实践关系中,个体德性得以生成、发展与完善。人类社会道德发展的历史证明,道

---

① [美]杜威:《民主主义与教育》,王承绪译,人民教育出版社,1990年,第6页。

② 参见项贤明:《泛教育论——广义教育学的初步探索》,山西教育出版社,2000年,第22页。

③ 参见[德]雅斯贝尔斯:《什么是教育》,邹进译,生活·读书·新知三联书店,1991年,第2~3页。

德产生的本源就是社会实践,特别是繁多主体间的实践交往是个体的道德从中生成并进一步发展,也实现着人的政治社会化过程。交往实践的矛盾运动及其历史发展推动了思想政治教育实践的发展和进步,尤其是推动了思想政治教育主客体关系的深度互动和充分展开。可见交往实践构成了建构思想政治教育主客体关系的逻辑起点。

其次,交往实践是思想政治教育主客体关系生成与发展的前提与基础。所谓思想政治教育,就是"社会或社会群体用一定的思想观念、政治观点、道德规范,对其成员施加有目的、有计划、有组织的影响,使他们形成符合一定社会或一定阶级所需要的思想品德的社会实践活动"①。然而生成思想政治教育主客体关系的过程,就是主体间通过交往实践活动而不断展开的相互沟通、平等对话、价值共识和意义共生的关系和过程。可见思想政治教育主客体关系存在的基础以及前提条件是实践与交往。人们的思想道德价值观念是通过与他人的交往实践形成的,思想政治教育主客体关系也是借助教导者与被教导者之间的实践交往中产生出来的。交往实践是两者互动和构建的经过,思想政治教育主客体关系的发展程度与思想政治教育主客体之间交往实践的发展程度与水平成正比例关系,有什么程度的主客体的交往实践水平,就存在相应层次的思想教育主客体的关系,要进一步促成这种关系的发展,就离不开充分发展的思想政治教育主客体之间的交往实践活动。

最后,交往实践是建构思想政治教育主客体关系的重要方法与手段。思想政治教育主客体关系建构的方法或手段有很多,但从本质上来说,这些方法和手段都直接或间接体现了交往实践的属性。我们常用的教育者价值引领、指导和教育受教育者的方法自然不必多说,即便是受教育者的自我教育

---

① 张耀灿、陈万柏:《思想政治教育学原理》,高等教育出版社,2001年,第4页。

方法,也体现了交往实践的本性。自我教育是一种更为根本性的教育手段,在其中,自我认知和自我评价的能力是实现自我教育的基础。而自我认知和评价的关键是主体必须走出自我,把自我当作与主体"对立"的客体来加以对待,而这只有跳出自我来看待他者,并在主体间的交往实践中才能最终实现。可见,交往实践也构成了思想政治教育主客体关系建构的重要载体、手段、方法和必要渠道。

2.一种特殊的交往实践关系是思想教育主客体关系的本质所在

从根本问题上来说,思想政治教育主客体之间的关系,首先就是一种交往实践关系。个体德性的生成与发展离不开人与人之间的交往实践活动。现代心理学研究表明,交往实践对于人的心理机能,尤其是高级心理机能的发展起着决定性作用。人的高级心理机能并非自发生成,而是来源于人与人之间的交往实践活动。通过交往实践活动,主体逐渐超越自我的有限性,并与他人达致"视界融合",从而实现了主体间的相互沟通和彼此理解。思想政治教育主客体关系本质上是教育者和受教育者之间展开的交往实践关系,离开了主体间的交往实践关系,思想政治教育的根本目的就无法实现,因为不论是品格教育还是知识教育都需要在交往实践中才能实现。[①]在此过程中,受教育者的德性生成、自我发展与完善,从根本上取决于受教育者与教育者之间交往实践的展开程度与等级。有什么样的交往实践水平,就会有什么样的交往主体,正如任平所指出的:"如果人成为什么形态的主体、本性,那么一定会在某种层次、某个意义上导入交往实践关系。"[②]所以,这种主客体关系从根本上说就是教育者与受教育者之间的一种交往实践关系。

---

① 参见金生鈜:《理解与教育——走向哲学解释学的教育哲学导论》,教育科学出版社,1997年,第125页。

② 任平:《交往实践的哲学:全球化语境中的哲学视域》,云南人民出版社,2003年,第38页。

　　作为一种交往实践关系，思想政治教育主客体关系又不同于一般的交往实践关系，有其独特性，也就是一种特殊的交往实践关系。这一特殊性主要体现在以下两点：第一，思想政治教育主客体关系是一种生成性交往实践关系。思想教育活动的经过并不是一般层次的交往实践经过，而是在教育者与受教育者之间围绕特定教育主题展开的、通过相互沟通、对话和理解而实现主体间的精神生活完满与意义世界生成的过程。在思想政治教育主体与客体之间的关系交往中，教育者与受教育者之间通过交往实践不仅进行着物质交换、知识传授、信息交流等，更为重要的是，他们之间还相互进行着情感交流、思想融通和意义共生。也正是通过这一过程，教育者与受教育者彰显着各自的主体性价值和作用，实现着对对方的影响与作用。可见思想政治教育主客体间交往关系本质上就是一种教育主体追求意义、价值和德性生成的过程。第二，思想政治教育主客体关系是一种精神性交往关系。马克思认为，物质性交往和精神性交往是人类交往实践活动的两种基本形式。物质性交往是主体之间借助于劳动和产品而进行的物质和能量的交换活动；精神性交往是指主体之间借助语言或非语言系统而进行的思想交流、情感交融和观念分享活动。作为教育主体与客体间的一种基本互动方式，思想政治教育主客体关系主要是教育者与受教育者之间借助语言和非语言系统而进行的意义世界的相互沟通、对话和理解的过程，体现为教育者与受教育者之间的一种精神性交往实践关系。换句话说，思想政治教育主客体关系，本质上是一种指向人的精神世界的成长和意义世界的生成的特殊的精神性交往实践关系，其根本目的是培养具有主体性的理想道德人格的人，实现人的精神世界的完满和人的自由全面发展。尽管在思想政治教育活动过程中，也离不开一定的物质性交往关系，但是根本目的是为人的精神世界的完满和意义世界的生成提供服务的。

三、主体间性与思想政治教育主客体关系的内在关联

从思想政治教育实践活动的本质来看,主体间性与思想政治教育的主客体关系之间有着十分密切的关联性。从某种意义上来讲,主体间性构成了思想政治教育主客体关系的内在属性,同时也成为这一关系的题中应有之义。

首先,主体间性是思想政治教育主客体关系的本质特征。从词源意义上来看,英语语境中的"关系",即 relationship;而汉语语境中的"关系"包含四个层次的内涵:一是指事物间相互影响、相互作用的状态;二是指对事物的影响;三是指人与人之间存在的某种关联;四是泛指条件、原因等。显然,第三层意义所揭示关系的内容才是思想政治教育的主客体关系。[①]事实上,教育者与受教育者在思想政治教育活动中所结成的相互关系才是思想政治教育主客体之间的关系。除了具有一般意义上的教育主客体关系的含义之外,由于个体德性的生成是某种知识体系、道德规范、价值观和理想人格等共同作用的结果这一特性,而使之成为一种特殊的教育主客体关系。思想政治教育活动中最重要的"人"的因素就是教育者与受教育者,思想政治教育中最重要的关系就是思想政治教育主客体关系。思想政治教育面对的是活生生的并且现实存在的人,这种客体具有主体性质。思想政治教育过程中的主体(即参与者)就是教育者与受教育者。因此这种"特殊"的主体和客体之间的关系就是思想政治教育主客体之间的关系形态,教育者与受教育者两个"主体"间的关系就是其本质意义,也就是所说的主体间性关系。思想政治教育主客体之间关系的本质属性就是主体间性关系。事实中的思想政治教育活动,尽管表现

---

① 参见《现代汉语词典》(修订本),商务印书馆,1996 年,第 462 页。

为多个层面的主客体关系,但主体间性依然是思想政治教育主客体关系的本质。只有真正意义上主体与客体结成主体间性关系,思想政治教育主客体之间才能真正把对方看作某种意义上的"主体"。此时的思想政治教育主客体关系才真正彰显了教育者与受教育者之间情感的融通与交流,而非单纯知识层面的授受关系。当然,其主体间属性并不是平常社会人际关系中的主体间性,更不同于那些单纯知识教育活动中的主体间性。这种主体间性关系是一种主动主体与客体(有时也称之为受动主体)间性的属性。可见思想政治教育主客体关系的本质上的特点就是主体间性。

其次,思想政治教育主客体之间的关系是教育者与受教育者主体间性的生成根基。主体间性是主体与主体之间相互影响、相互作用、相互沟通与交流的关系中所彰显的内在属性。教育者与受教育者主体间性,顾名思义也就是教育者与受教育者之间生成的主体间性,这一主体间性的生成与发展离不开思想政治教育主客体关系,它生成于其主客体的实践交往过程之中。在其主客体的交往实践过程中,教育者与受教育者都自由而充分展示着各自所具有的丰富性,以各自的情感、经验和个性品质全身心地投入教育实践活动中,彼此影响,相互交流,协同共进。在思想政治教育实践活动中,主客体间交往及教育者与受教育者主体间性生成的基本方式就是对话、理解和沟通。因此,思想政治教育主客体关系是教育者与受教育者主体间性的生成根基。

第四章
主体间性视域的思想政治教育主客体关系建构的基本原则

　　"主体间性"作为思想政治教育主客体关系的一个重要理论支撑,本身就具有重要意义。主体间性视域的思想政治教育主客体关系的提出,反映了一种新的思想政治教育哲学观。"范式"是美国科学哲学家库恩提出的一个哲学范畴,范式是一种理论体系,范式的不同体现了人们研究视域的差异,正如库恩所说:"范式改变了,世界本身也随之改变了。"①主体间性视域的思想政治教育主客体关系,体现了一种全新的思想政治教育理论范式,是对传统的单子式思想政治教育的修正与超越。这种理论范式的生成,意味着主体间性视域的思想政治教育主客体关系建构必须遵循一系列基本原则。具体来说,以人为本的原则体现了主体间性视域的思想政治教育主客体关系建构的价值指向;回归日常生活世界原则体现了主体间性视域的思想政治教育主客体

---

　　① 〔美〕库恩:《科学革命的结构》,金吾伦、胡新和译,北京大学出版社,2003年,第101页。

关系建构的现实要求；自主建构原则体现了主体间性视域的思想政治教育主客体关系建构的本质；互利共赢原则彰显了主体间性视域的思想政治教育主客体关系建构的目的。主体间性视域的思想政治教育主客体关系，体现的是一种关系性思维的思想政治教育主客体关系，它超越了传统的"主—客"二分的思维模式，倡导主体间的共在性，强调教育者与受教育者在平等对话中相互理解，在相互交往中实现双方精神生活的完满、意义世界的生成与德性品质的建构。

第一节　以人为本原则

"以人为本"构成了主体间性视域的思想政治教育主客体关系建构的核心价值指向。主体间性视域的思想政治教育主客体关系建构，必须以人为出发点和归宿点，否则主体间性视域的思想政治教育主客体关系，就失去了存在的价值基础。因此，主体间性视域的思想政治教育主客体关系，必然内在性地包含着对人的价值、尊严和人的全面发展的关注。这里所指的人就是指从事着实践活动的、有血有肉的、现实的人。人作为一个生命体，不同于一般的生命体的存在，而是一个特殊的存在。坚持用以人为本的价值理念来诠释主体间性视域的思想政治教育主客体关系建构，是建立在对人的特殊意义和价值的理解基础上的。

首先，人是一种自然存在物。马克思认为，作为自然界长期进化的产物，人属于自然界最自然的组成部分，具有生命力的人的存在是人类历史发展的前提条件。个人的肉体组织以及由此产生的个人对其他自然的关系是首先需要确认的事实。作为自然存在物，自然赋予人的生理属性以生命力。人是同特定的自然环境相联系的个人,正如马克思指出的,人是物质的本质力量的存在物,换而言之,就是人是现实的、自然的、有生命的具备并赋有对象性的。①其次,真实的人是自然与意识的存在物的统一体,这不仅是人之为人的重要区别,也是人与动物的重要区别。马克思指出人的活动区别于动物,本质上就在于人的一切活动都是有意识的活动,这也是人作为类存在的一个标志。反过来看,人正因为属于类存在物,所以才具有意识。②同时人还是社会的存在物。人只能是社会的人,作为个体的人只有在与他人交往中才能最终确证自己。人是社会的人,只有处在社会关系中,才能呈现人之为人的一面。"个人的活动总是一个包括在社会关系系统中的系统,在这些关系之外人的活动是根本不存在的。"③人是一切社会关系的总和,任何现实的个人不可能脱离他人与社会而孤立存在,个人的存在和发展与社会密不可分。因此人的社会实践活动始终是一种社会性的"交往实践"。

康德指出,道德律的存在必须以人为本,其核心价值理念就体现了深刻的人本内涵。只有把人作为现实的人,才能使思想政治教育回归人的日常生活世界;只有把思想政治教育建基于此,它才永远不会偏离人的日常生活界。而人的存在有两种基本的方式,也就是我们常说的"独占性"和"共生性"。它反映的是个体对于自身及其外部世界所呈现的不同价值指向。在独占性方式中,人与外部世界之间是"自我—他者"关系,在这种关系中,唯独个体具有主体性,他人都是客体,都是为我而存在的。而在共生性方式中,人与外部世界是一种"自我—你们"关系,人与人之间是一种"我—你"的共生性关系,"自我"把他人看作是与"自我"同样的主体性存在。今天,人类社会逐渐进入

---

① 参见《马克思恩格斯全集》(第42卷),人民出版社,1972年,第166~167页。

② 参见《马克思恩格斯选集》(第一卷),人民出版社,1995年,第46页。

③ [苏联]列昂捷夫:《活动·意识·个性》,李沂等译,上海译文出版社,1980年,第52页。

广泛性交往和普遍性商谈的时代,"独占性"方式正在丧失其存在的合理性,而"共生性"方式正逐渐成为人类和人类社会一种新的生存和交往实践方式。

一、"以人为本"的再阐释

(一)"以人为本"的内涵

尽管以人为本已经成为我国社会生活中普遍使用的基本原则,但是对于如何理解"以人为本"的内涵问题,学界仍然存在着许多争议。例如夏甄陶从哲学层面上对"以人为本"提出了独到的看法:他认为在人的世界里,人就是根本,人就是人的最高本质。在人的世界里,我们要奉行"以人为本"的根本原则。从这种意义上来讲,"以人为本"就是要尊重人,遵循以人为目的的理念。[1]林德宏站在价值论的角度对以人为本进行了阐述,他认为以人为本是指人的价值高于物的价值的判断,直白地说,以人为本更加重视人,一切以人的立场为出发点,所有一切都依靠人。[2]王锐生站在社会历史发展观的角度对以人为本进行了阐述,他认为社会历史发展的实质就是人的发展,这也是他对以人为本的理解,他认为历史是人民创造的。关于以人为本,黄楠森认为它是人们解决处理一个问题时的方式、方法及态度。把人作为本质、主体、目的,这是韩庆祥对以人为本的看法。孙显元也对以人为本发表了观点,他说以人为本是唯物史观的核心,概括起来,以人为本就是"以人为中心,一切为了人,一切依靠人"[3]。也有学者认为人类的所有活动都是以人的安全、生

---

① 参见夏甄陶:《论以人为本》,《杭州师范学院学报》,2003 年第 3 期。

② 参见林德宏:《"以人为本"刍议》,《南京师范大学学报》,2003 年第 5 期。

③ 孙显元:《论"以人为本"》,《安徽大学学报》,2003 年第 1 期。

存、自尊、享受、发展等需要为出发点与归宿,这是以人为本的核心内容。还有的学者认为,以人为本就是"一切活动都要以人为出发点,以人为动力,以人为目的"①。那么"以人为本"的科学内涵究竟如何界定呢?

以人为本古已有之,"以人为本"的理念是中华民族五千年文明史中基本理念中的一个。在我国,以人为本的思想可以追溯到古代,古代以人为本的思想体现为一种"民本"思想。在我国古代文化中"民"就是人的最直接体现,"民"在先秦时期是国家的统治阶级,也是社会的主要劳动者。"民惟邦本,本固则邦宁"②,是中国古代"民本"思想的最初表达。从辞源学角度来看,在我国古代的《管子·霸言》中就体现了以人为本的思想,管子从确立和巩固霸业的需要出发,对人的价值给予了充分肯定,把以人为本看作是成就和巩固霸业的根本原则,具体内容为"以人为本,夫王霸之所始也,本乱则国危,本理则国固"③。意思就是说,要成就霸业,首先必须重视人才,只有人尽其才,国家才能强大,否则国家就会陷入危险境地。孔子则从"仁"的观念出发,提出"仁者爱人"④"因民之所利而利之"。⑤孟子的民本思想体现在其"仁政"的思想之中,孟子说:"民为贵,社稷次之,君为轻。是故得乎丘民而为天子。"⑥明清以后,一些思想家进一步把这一民本思想发展为民主的思想。但是我国古代的"民本"思想与我们今天所讲的"以人为本"有着本质意义上的区别。"民本"思想侧重从政权稳固的视角,目的是为了维护封建的统治秩序,带有一定的愚民性质。但是这一"民本"思想重视和肯定了人的价值与作用,具有时代的

---

① 王景英:《教育"以人为本"辨识》,《当代教育科学》,2003 年第 21 期。
② 周秉钧译注:《尚书·五子之歌篇》,岳麓书社,2001 年,第 51 页。
③ 孙波:《管子注释本·霸言》,华夏出版社,2000 年,第 159 页。
④ 幺峻洲:《论语说解·颜渊篇》,齐鲁书社,2003 年,第 224 页。
⑤ 同上,第 405 页。
⑥ 王常泽译注:《孟子·尽心下篇》,山西古籍出版社,2003 年,第 235 页。

进步意义。

在西方,早在古希腊时期,苏格拉底就提出"认识你自己",普罗泰戈拉是智者学派的代表,他对以人为本有着深刻认识,他说人是衡量世间一切事物的尺度,是衡量世间存在物的尺度,也是衡量世间不存在物的尺度。而真正意义上的"以人为本"的价值理念,肇始于文艺复兴运动中兴起的"人本主义"思想。文艺复兴运动是一次伟大的反封建的思想运动,其主题就是反对宗教神学对人的思想奴役,追求人的彻底解放,从而充分高扬和肯定人的价值、地位和尊严等。后通过17—18世纪的启蒙运动,最终确立了"人"的至高无上的价值和地位。突出人的核心价值,主张人是世界的中心和存在的尺度,肯定人的自由和价值。而20世纪在现代西方兴起的人学思潮则进一步探讨了涉及人的存在问题、人性问题、异化问题、自由问题和人类的发展前途问题,也正是基于对这些问题的深入研究,使得现代西方哲学走向了人学的发展路向。①这就大大激发了人的创造性,从而推动了整个人类社会的进步。从思想本质的角度来看西方人本主义思想,仍然局限于资本主义的价值观与唯心主义的社会历史观,对人的认识自始至终都没有达到科学的高度。但是西方人本主义思想在一定程度上对"以人为本"的合理因素有所体现,对我们提出"以人为本"的价值理念具有借鉴意义。

(二)马克思的"以人为本"思想的主要特征

马克思主义自始至终都渗透着人文关怀和人文精神。马克思主义视域中的"以人为本"思想与西方的人本主义和我国古代的"民本"思想有一定的区别。马克思的"以人为本"的思想属于马克思主义哲学范畴的内容,尤其是

---

① 参见欧阳谦:《20世纪西方人学思想导论》,中国人民大学出版社,2002年,第5~6页。

在马克思的人学理论中有着深刻体现。马克思主义哲学从实践的、现实的人出发，把人看作认识主体、社会历史主体和实践主体。马克思的"以人为本"的思想主要蕴含在马克思的人学理论当中。而马克思人学理论的重要内涵就充分体现为它突出强调人的主体性、人的尊严和价值、人的全面发展。马克思主义哲学的重要组成部分就是人学理论，马克思人学理论研究的出发点和归宿都是现实的人，简单地说，人学就是"人的哲学"。尽管马克思没有明确提出完整的人学理论体系，但从他的著作中可以揭示出人学理论的基本框架。马克思从唯物史观出发关注人的问题，形成了丰富的人学思想理论。马克思的人学理论内容十分丰富，涉及人的本质、人的价值、人的需要、人的全面发展等问题。在马克思的人学理论中，马克思从现实的活生生的人出发，来揭示"以人为本"的科学内涵，把人的本质看作是"以人为本"的核心，把人的主体性作为"以人为本"的内在属性，把人的价值看作"以人为本"的价值尺度，把人的自由而全面的发展作为"以人为本"的最终归宿，这就为真正实现"以人为本"奠定了科学理论基础。

马克思在批判和吸收以往哲学思想的基础上，从"现实的人"出发，突出强调在社会实践中充分发挥人的创造性，促进人的自由与全面发展。所谓"现实的人"，如果借用马克思的观点而言，即是处在特定条件下的、用经验能够观察到的、发展过程中的、真实的、活生生的人。在这里，"真实的人"构成了马克思"以人为本"思想的逻辑前提。正是在"真实的人"的基础上，马克思的人学理论深刻揭示了马克思"以人为本"的科学内涵。

第一，马克思"以人为本"思想的核心是人的本质问题。研究人必须从本质意义上对人进行思考，人的本质问题在马克思人学理论中具有重要地位。人的本质问题是人的核心问题，对人的本质的揭示构成了马克思人学理论的逻辑起点。马克思对人进行了全面的诠释，人就是国家与社会，人就是人的世界。……人是一切社会关系的总和，人的本质不是单个人所固有的抽象物，人不是蛰居于世界之外的抽象的存在物，这些都是马克思的观点。实际上，人通过社会实践和生产劳动，在改造了自然界的同时，也创造了社会关系的社会本身，任何人的发展都离不开他所依存的社会与社会关系。而一切教育活动的逻辑出发点和归宿都只能是人，我们考察主体间性视域的思想政治教育主客体关系同样离不开人，因为思想政治教育活动首先是人与人之间的交往实践关系。

在马克思主义产生之前，对于人的本质存在着许多不同的理论观点。宗教神学家站在唯心主义的立场大力宣传上帝造人，宗教神学家认为人的灵魂才是人的本质，同样人的本质受上帝意志主宰。康德说人自身有个使他与万物有别的能力，这就是理性。黑格尔说人是一种具有思维能力的动物，人天生就是形而上学家，人所以为人，动物之所以为动物最主要的原因就是人是思维着的理性，人的本质就是绝对理念。费尔巴哈说人的本质是爱和宗教。马克思从历史唯物主义出发，肯定了客观存在的人是现实的、活生生的、有血有肉的人。费尔巴哈说人是社会的基本组成要素，唯有人的存在社会才会存在。人生活在一定社会关系中，不是孤立的、抽象的人，因此会受到社会关系的制约，是"现实的人"。作为双重的生命存在，人一方面表现为自然生命，另一方面又表现为超自然的生命。人的生命最根本的生存方式便是人的劳动，关于人的类本质主要体现为人的有意识的自由的活动。

马克思的观点认为劳动是人维持自身肉体生存发展需要的一种必要手段。生产生活是人类生活的直接体现。人是群居动物，具有明显的类特征。人的自由的、有意识的各种实践活动都体现了人的类特征，人具有显著的社会性，这是人的本质的最突出特征。马克思立足现实性的视角，对主体间关系的多样性与复杂性进行了探讨。马克思认为人的本质是社会关系的总和，是一种关系性的存在,人不仅是意识的主体,更是交往实践的主体,马克思将人的本质进行了科学的概括,即"从现实性的角度来说,人的本质是一切社会关系的总和,它绝对不是单个人所具有的抽象物",这一概括包括多重含义:其一,社会性是人的本质的最高体现。人是作为多种属性的统一体而存在的,这些属性包括自然属性、社会属性、精神属性等。人性发展的最高形态主要体现为人的精神属性,人存在的前提与基础主要依赖于人的自然属性,社会性是人之为人的本质属性。在人的一切属性中,只有社会性才是最根本、最本质的属性。人的本质是社会属性,而非自然属性。社会性不但能够将人同其他一切事物相区别,而且也会将作为不同个体的人的差异性区别开来。其二,社会性在人的所有属性当中居于主导性地位,对于人的其他属性具有决定性作用。关于人的其他属性的具体表现形式及其发展规律,从根本上说,都是由这一属性所决定的。人的社会生活实践活动与人的社会关系是衡量人与动物之间的区别,衡量人的本质的最主要尺度。正是在这个意义上,马克思才说:"人的本质是人的真正的社会联系。"①

因此,人的现实本质是由社会关系所最终决定的,社会属性是人的最本质的属性特征。人的本质体现为一切社会关系的总和。人的社会生活包括了众多的领域,具体有政治、经济、宗教、文化等,呈现出明显的多方面与复杂多样性特点。所以在众多领域生存下的人的社会关系呈现出丰富多彩的特征,涵盖了生产关系、地缘关系、法律关系、血缘关系、民族关系等。一个人或社会阶级、集团、阶层要想从社会生活中获得属于自己的本质性的规定,必定离不开其所处的各种社会关系。唯有站在整体化的高度,立足人的全部社会关系的掌控,才会更加精准地阐释人的本质。人的本质并不是一成不变的,它

---

① 《马克思恩格斯全集》(第42卷),人民出版社,1979年,第24页。

也会随着历史的发展而发展,人的本质具有鲜明的历史性与具体性。这是由生产力的发展决定生产关系的发展决定的,相应的生产关系发生变化必定使相关联的社会关系也随之改变。因此,作为社会关系总和的人的本质也具有具体性和历史性,而非永恒不变的。总之,人的本质不在于人的生物性,而在于人的社会性;不是某一方面的社会关系,而是社会关系的总和。

马克思关于人的本质的科学认识,对于我们探讨主体间性视域的思想政治教育主客体关系建构原则具有重要启示意义。人的类本质是人有意识的活动,人的实践活动是有目的的活动,它受人的意志的支配而体现了人的能动性。人的能动性在实践活动中主要体现为实践的自主性与创造性。人的生活离不开一定的社会关系,人的本质是一切社会关系的总和,人是生活在社会中的人,人的本质就在于其社会性。可见马克思是从最一般意义上规定主体间的关系,即认为人与人的关系是建立在个体主体性基础上的现实性、能动性的社会关系。现实生活中的人,通过生产关系形成了丰富多彩的人际关系,而要对主体间性的交往做到全面化的掌握,离不开对人所处的复杂社会关系做全面细致的考察,只有这样才能全面理解现实的主体间性。马克思哲学中尽管对主体间性概念没有明确性的阐述,但是综观马克思有关人的本质意义的阐述,主体间性思想是马克思哲学的题中应有之义。

第二,马克思"以人为本"的内在属性是人的主体性。主体间性视域的思想政治教育主客体关系以人的主体性为基础,主体性是主体间性视域的思想政治教育主客体关系提出的理论基础,也是主体间性视域的思想政治教育主客体关系产生的理论源头。马克思主义认为,主体性是人的本质属性,从某种意义上来说,思想政治教育所讲的发展人就是发展人的主体性,着力发挥人的主体性是思想政治教育自身的内在要求。而人的主体性只有通过人的各种社会交往实践关系才能最终形成。

马克思认为所谓的主体必定处于一定的历史条件下,能够能动的、有意识的、有目的地进行改造世界、认识世界活动的人。马克思是从主体和客体、认识和实践等关系中理解人的主体性的,认为离开实践的观点,就不可能真正理解人的主体性。马克思阐明客体与主体具有一种对象性联系,主体确证自身的主体性主要通过作为客体的对象来实现。人的实践本性是人的主体性的主要体现,人的主体性的最基本的特征主要表现为人具有自为性、为我性,具有能动性、创造性及自主性。人与其他物种的最大区别主要根源于人具有自我意识性。为我性作为主体的基本特征,只有借助自我意识才能得到体现。人的主体性的最基本特征表现为人的自我意识,人的自我意识是衡量主体在对象性的实践活动中的为我性的主要根据。自我意识首先表现为一种精神现象,它只有从人的生理机体分化出来的意义上才能生成。自我意识是伴随着人的反思能力而出现的,因为它标志着能够被意识到的对象性关系的生成,当人类的意识能够以自身为对象时,便出现了自我意识。自我意识的出现与人类意识能力的发展是并行前进的。自我意识与意识能力是人的基本属性,这种属性使人成为具备能动作用于自然对象的人,进而使人得以同对象性世界相区别开来。客体与主体实现了分化,在自我意识的前提下,主体具有能动的、有目的的、有意识的实践活动,进而实现了对自然的改造,不断适应自身发展的需要。

社会是人类所有的实践活动展开的基础,人类之间的社会交往是语言得以产生的催化剂,语言的诞生又进一步促进了人类思维的进步,思维上的进步带动了人整体意识能力的提升。人借助一定的媒介与对象世界发生关系或是展开活动,人的主体性特征主要是通过人的有意识性的实践活动展现出来的,所以对意识能力的认识就是认识主体性的一个切入口。意识是人脑的属性,意识不仅仅是人所具有的一个简单属性,意识的产生与人的机体的生命活动息息相关。同样人的机体生命活动也会随着人类意识的发展、社会的发展而不断产生根本性的变化，显现出人与其他生命相区别的能动性特征。人类意识与人的社会性存在、人的生理机体的存在具有紧密的联系，这两种存在构成了人作为主体能动性的客观基础。从这一视角来看，人的主体性特征，根本上就表现为人的主观能动性与人的客观实在性相统一：其一，主观能动性体现的途径主要借助意识活动的计划性、目的性、创造性、预见性，同时人的内在动机也会促进人的主观能动性。人总是在一定的动机条件下展开一定的有目的性活动，内在动机也是促进人类为实现一定目的而制定一系列相应计划的内动力。人类活动体现出的计划性与目的性从本质而言都带有明显的意向性，意向性是由人的生存本能与发展倾向所决定的。因而意向性体现的又是人们的客观实在性。其二，尽管主观能动性体现在一定的计划性、目的性、创造性中，但是这一切都要以人的客观实践活动为基础，具备一定的物质基础与客观条件是人类各种实践活动得以展开的前提。因此从主观能动性向现实性转化这一意义上来讲，它和客观实在性是统一的。马克思尤其关注自觉能动意义上人的主体性。认为主体的自觉能动性首先体现在主体为"自我"所建构的对象性关系和对象性活动中，表现为人在其实践活动中把自身的本质力量贯穿于客体的自觉、积极的创造性活动中，同时对象性世界又是主体实践活动的产物，为"主体"而存在，是主体的本质力量的确证。主体的本质力量正是在主体的自觉的社会实践中生成，在主体间能动的交往实践中积极适应特定的生活方式和社会语言的学习，以及强制性社会规范的教育和训练中而逐渐获得和强化的。正是在自觉的能动性的社会实践中，主体的本质力量得以现实化和客观化。主体的能动性主要表现为人的各种实践活动不受外在物或他人局限，人不是被动的存在。马克思认为人的现实活动是能动的感性活动，人在实践活动中具有能动性，人在自由自觉的实践活动中所表现出来的能动性就是主体对客体的支配、控制、协调等属性。

马克思对主体能动性进行了多层次的阐述：首先，主体能动性表现为主体在主客体关系中呈现出一种自觉性。马克思指出，动物的活动不具有意识性，动物与其生命活动呈现出同一的关系。动物无法将自身同自己的生命活动相区别。……人有能力将自我的生命活动转化为意志与意识的对象。人的一切活动都是意识的行为。有意识的生命活动是人与动物之间存在本质性区别的重要标准。①人的自觉意识从本质上来说其实属于一种主体意识、自我意识，人的自觉意识是主客体对象性关系成立的前提条件。人具有自觉能动性，是人之所以为人的重要标志，由此人与自然、动物区分开来，形成了人与自然之间的主客体关系；开始把自己同自己的实践活动分开，形成了人与自身之间的主客体关系；开始把他人对象化，由此人的自我与他人对象之间的主客体关系形成。

其次，主体能动性换而言之就是主体的选择性。人的一切活动都呈现出一种有选择性。主体的目的性与客体的复杂性决定了主体的选择性。马克思阐述人类的活动是以人自身的"内在的尺度"与"物种的尺度"展开的，换言之，人的活动立足主体的需求、价值、目的，以及客体的规律。人的能动性通过人的认识体现出来，选择是主体认识活动的关键环节与反应过程的主导形式。为满足自我发展的需要，人类通过积极的活动，作用于外界物。这一过程具有明显的反复性，因此使人们在头脑中深深铭记住了这种"满足需要"，经过长时间的实践活动，人与兽逐步"从理论的高度"将能够满足自身需要的外界物，与别的外界物实现区别。②

---

① 参见《马克思恩格斯全集》（第42卷），人民出版社，1979年，第96页。

② 参见《马克思恩格斯全集》（第19卷），人民出版社，1963年，第405页。

再次,主体能动性还表现为主体的创造性。主体能动性的最高表现形式就是人的创造性。马克思认为劳动是具有创造性的、积极的一种人类活动,马克思还认为主体能动性是创造性的生活,这种创造性是从全部才能的自由发展中产生的,列宁认为,人的意识不仅反映世界,而且创造世界。创造是对现实的一种超越,在实践活动中,主体深受活动客体的局限与约束,努力创造条件去改变环境是主体的一种本能,进而实现创造世界的最高目标。马克思对人类现今生存的自然环境进行了阐述,他认为现今的生存环境与上古时候就存在的自然界已经有了本质性的区别,这种区别主要体现为先进的生存环境已经被人类化,参与了人的主体创造,呈现出"人化自然",自然被人这个主体对象化了,现今的自然环境经过了人的本质力量的改造,属于人的自然。人类在实践过程中实现了对世界的创造, 这一点说明人是有意识的类存在物。从本质上而言人通过实践活动创造了自然界,创造了人类社会历史、创造了人本身。人的主体性并不是与生俱来的,人的正常状态表现为人的活动与他自身的意识相协调,并且这种意识从主体自身产生出来,即体现为一种创造性,人的主体性越强与动物之间的区别也就越明显。①

最后,主体性还体现为作为活动主体的人本身所具有的一种自主性。主体的能动性更多地体现了主体的能力,而主体的自主性则更多地体现了主体的权利。这些就是关于人的主体性的重要内容,人的主体性是人作为活动主体的自为性。马克思认为,主体在自主的劳动中,占有自己的全面的本质。人的主体性的逻辑延伸表现为一种主体自为性。自为以自主作为前提条件,从根源上来说自主的目的就是自为,自主是围绕自为来展开的。人的一切活动都始终伴随着主体的自为性,这些在活动过程的目的上都有所体现。人类的

---

① 参见《马克思恩格斯全集》(第20卷),人民出版社,1971年,第536页。

活动都围绕着一定的目的而展开，为了实现预定的目标人会为之不断地努力。进一步来说主体活动的目的是从主体的需要出发的。

总之，马克思批判了旧唯物主义和唯心主义在主体性认识上的错误，把它们统一于人的社会实践活动之中，从而科学地解决了人的主体性问题。马克思十分重视人的主体地位，批判了人的异化现象，使人上升到作为主体的人的高度。认为人始终是主体，人类社会的发展是人的社会实践活动所为，历史的形成从某种角度而言即追求着自己目的的人的活动。

尽管我们说主体间性视域的思想政治教育主客体关系，是对主体性思想政治教育的合理修正和超越，但主体间性视域的思想政治教育主客体关系，并没有否定和取代人的主体性，而只是在充分肯定教育者的主体性的同时，更加注重受教育者的主体性，绝不是不要主体性。主体间性所体现的是主体与主体之间的平等交往实践关系，但主体间实现交往的前提是主体首先是一个始终保持独立性的个体，真正的主体间交往并不会使个体的主体性地位受到威胁。思想政治教育过程中必须着力发挥人的主体性，既包含着发挥思想政治教育者的主体性，同时还要积极调动受教育者的主体性。在思想政治教育进程中，教育者的主体性和受教育者的主体性共存于统一体中，相互影响，相互作用，唯有如此才会真正实现思想政治教育的根本宗旨，并逐步增强思想政治教育的实际效果。要想充分调动和发挥受教育者在整个思想政治教育活动过程中的主体性，相关的教育者就要积极发挥自身的激励与引导性作用，反之，在思想政治教育过程中教育者的主体性也是借助受教育者的主动配合才能得以体现。正是在教育者与受教育者的平等性交往基础上，受教育者的主体性得到了提升与发展，教育者的主体性也得到了丰富和提高。因此从这种意义上来讲，马克思关于人的主体性理论，为我们全面理解主体间性视域的思想政治教育主客体关系提供了可以借鉴的理论资源。

第三,马克思"以人为本"的价值尺度是人的价值。在马克思的哲学体系中,对人的价值的研究占有重要地位。马克思成功应用辩证思维对人的价值关系体现出的客观规律性进行了揭示,认为人的价值是人的本质的具体展开与丰富,人的价值关系具有历史性与客观性,并且会随同社会的向前发展而呈现出一定的发展性,人的价值的实现离不开人的社会关系,最终通过人的实践活动展现出人的价值,离开了人的社会关系和人的实践活动本身,人的价值就不存在。创造性是人的价值的突出特性,人类的价值活动其实就是改造世界的对象性活动。马克思说人的价值集中表现为个体自由自觉的实践活动,这是马克思评价人的发展程度的重要标准,它构成了马克思人的价值尺度的核心。马克思认为人的价值及其实现包含两个规定性:首先,人的价值是人的潜能实现的过程,也就是人通过对象性活动从必然走向自由的过程;其次,人的价值的最高目标在于每个人获得自由而全面的发展,这也是整个社会历史发展的终极目标。把人作为世界万物的中心,把世界归结到人的价值意义上来思考,是对人的主体性的肯定,这也是人的价值得以最终确立和实现的基础。从马克思关于人的价值理论可以看出,人的价值只有在人的各种社会关系中,通过人与人之间的交往实践活动才能彰显出来。倘若离开了人的社会关系和社会交往实践,就不可能存在真正意义上的人的价值,也不可能从根本上实现人的价值。因此,从这个意义上来讲,马克思关于人的价值理论构成了主体间性视域的思想政治教育主客体关系的重要理论基础。思想政治教育的根本目的也是为了最终实现主体的价值和意义,即实现人的自由而全面发展。

第四,马克思"以人为本"思想的归宿是实现人的自由而全面的发展。人的全面发展不是自然而然能实现的,需要不断地推进。只有坚持"以人为本"才能逐步实现人的自由全面发展,而实现人的全面发展的前提是实现人的自由,因此使人"成为自己的主人,即自由的人"是马克思主义"以人为本"思想的集中概括。①马克思主义者将人的全面发展定为终生奋斗的理想目标,"以人为本"的思想与马克思主义者的终极发展相契合。在马克思看来,"以人为本"首先意味着对人的生命本体价值的尊重。马克思曾说:"全部人类历史的第一个前提无疑是有生命的个人的存在。"②可见立足人的生命本体价值是马克思主义的哲学思想。

从本质上而言,马克思人学研究的主要内容就是人的发展,如何实现人的全面发展是马克思主义为之奋斗的终极目标。在马克思的人学理论中,人的全面发展有其特定的内涵。人的全面发展是相对于人的片面发展而言的。恩格斯就曾指出,旧式分工使人片面发展,要使人获得全面发展就必须消灭使人终身束缚于一种职能的旧式分工。马克思始终对存在着阶级分化与阶级对立的资产阶级旧社会存在着强烈的质疑和批判态度,马克思认为只有推翻阶级的存在,重新形成一个联合体,如此人的全面发展才有实现的可能。马克思理论中的人的全面发展从本质上来说就是要实现人的完整性,要实现人的主体对自我本质的全面占有。人的全面发展体现为人能够自由、完整地发展,这里面包含着多重含义,具体指人的活动的发展、能力发展、需求发展、个体自由的发展、人的社会关系的发展。马克思人学中的人的全面发展包含了人的和谐发展、自由发展和全面发展等方面,揭示了人类社会发展的一般规律,体现了人类对自身发展和社会发展的美好向往。马克思认为,人的全面发展首先表现为人的活动的全面发展。"人通过劳动展现了人的活动的全面发展",正是人的劳动才促进了人的各方面能力的整体发展,人可以适应不同的劳动需求,把不同的社会职能当作交替的活动方式。人的活动的全面发

---

① 参见《马克思恩格斯全集》(第 21 卷),人民出版社,1979 年,第 76 页。
② 《马克思恩格斯选集》(第一卷),人民出版社,1995 年,第 67 页。

展也表现为人的需要和能力的全面发展。需要是人的本性,需要是人进行各种活动的出发点与内在动力。一个人必定会为他的需要而进行各种活动,如果一个人不具备从事这种活动的能力,那么从某种意义上来说这个人就是闲置的。①

要满足人的某种需要,人必须要具备一定的能力,能力是需要实现的前提条件,是主体和客体之间对象性关系得以建立的必要条件。从根本上来看,人的主体性发展是人的全面发展的主要内容和重要尺度,人的发展与人的主体性是一致的。主体性是人的自由而全面发展的本质特征,要充分实现人的全面发展,就要大力促进人的主体性的自由张扬。全面教育对于促进人的全面发展具有至关重要的作用,当然包括思想政治教育,思想政治教育的主要功能就是培养全面发展的人,而非单纯传授知识和规范。思想政治教育对人的精神和意义世界的构建有重要的积极作用,这些作用主要体现为能够促进人们树立正确的人生观、世界观、价值观,为实现人的全面发展提供精神层面的支柱。思想政治教育对促进人的全面发展有着重要的作用。它贯穿人的全面发展的整个过程,人的全面发展特别是人的各项素质和能力的发展不是天生的,后天培养对于人的全面发展也有重要的作用,例如社会实践、思想政治教育等都是实现人的全面发展必不可少的途径。

学界普遍赞同马克思"实践唯物主义"同马克思人学理论相契合,有观点认为马克思人学理论其实就是"马克思主义实践人学"。马克思人学所指的实践,既包括物质生产(交往),也包含精神生产(交往)。这样看来,思想政治教育就是人的一种实践活动,是人的生活方式。从某种角度而言,思想政治教育其实是关于人的精神生产方面的实践,属于人类精神生活的一种方式。

---

① 参见《马克思恩格斯全集》(第 3 卷),人民出版社,1960 年,第 286 页。

在马克思的人学视野中,实践是人的存在方式,现实的人的实践活动构成了人之为人的根源。也就是说,人存在的过程就是人的实践过程,实践是人的根本存在方式。思想政治教育作为人的实践活动的重要组成部分,那么思想政治教育必然也就成为人的现实生活的表现形式之一,构成了人之所以存在的重要维度。因此这就决定了思想政治教育也成了人存在与发展的重要方式。思想政治教育的对象是现实的、实践着的个人,马克思的人学理论科学揭示了人的生存与发展的一般规律,对于建构思想政治教育在主体间性视域下的主客体关系具有重要启示。思想政治教育是成就个体理想道德人格的教育,人学是关于人的自我意识和自我觉醒的理论。这意味着人学与思想政治教育之间有着必然的联系,我们必须从人学视角去深刻把握思想政治教育实践活动与思想政治教育主客体关系。只有这样,我们才能为主体间性视域的思想政治教育主客体关系建构原则寻找到丰富的理论基础。从马克思的人学理论可以看出,人是一种关系性的存在,人是在关系中生成与存在的,人的价值追求和意义追寻也需要在人与人的关系中才能实现。这就要求思想政治教育必须把主客体间的关系性存在作为研究重点。马克思主义人学在主体关系上的探讨,为主体间性视域的思想政治教育主客体关系提供了科学的理论指导和方法论基础,从而为思想政治教育学研究开辟了新的视域。

首先,马克思的人学理论从人的本质出发探讨人与社会的关系的理论与方法,是确立主体间性视域的思想政治教育主客体关系的理论前提和方法论基础。人的实践本质决定了主体间性视域的思想政治教育主客体关系存在的根本意义,就是通过主体间的交往实践最终实现人的本质。

其次,马克思人学理论中对人的主体性、人的价值和人的全面发展的充分肯定,是确立主体间性视域的思想政治教育主客体关系的理论价值和最终目的。主体间性视域的思想政治教育主客体关系,不仅没有否定个体的主体性和人的价值,而且把实现人的自由而全面发展作为其终极目的。

尤其值得一提的是,作为马克思主义的继任者,中国共产党继承和发展了马克思关于人的全面发展的理论,不断发展和实践着"以人为本"的价值观念。毛泽东运用历史唯物主义观点,从一个崭新的视角将全心全意为人民服务作为中国共产党的工作宗旨,并从群众的立场为出发点,创造性地提出了以群众为中心的群众方针路线,至此,把我国古代的民本思想发展到了一个新的台阶。他明确指出:"人民,只有人民,才是创造世界历史的动力"①。邓小平确立了具有鲜明的中国特色的社会主义发展观, 立足社会主义的全面发展,立足社会主义人的全面发展。邓小平的社会主义本质论,深刻阐明了社会主义促进人的解放和实现人的全面发展的价值追求。因此可以说在社会主义条件下,人的全面自由发展就是社会主义发展的内在本质。江泽民则将这一重含义提升到了社会主义本质的高度来进行认识。"三个代表"重要思想的提出更是体现了"以人为本"的理论观念。"三个代表"思想从逻辑的角度引申必定体现为以人为本。江泽民指出,推进人民的物质文化发展与推进人们整体素质的提高都是我们工作的着眼点,唯有如此才会积极推动人的全面发展。②在党的十六届三中全会上,党中央明确提出了"以人为本"的科学发展观,进一步对"以人为本"进行了诠释,以人为本即要绝对尊重人民的利益,维护人民的利益是一切发展的制高点。党的十八大报告再次强调必须更加自觉地把以人为本作为深入贯彻落实科学发展观的核心立场。科学发展观的实质就是确立人民的中心地位与主体性地位,即发展依靠人民实现发展,以满足人民的需求作为发展的目的,发展成果要与人民共享,是对"以人为

---

① 《毛泽东选集》(第三卷),人民出版社,1991 年,第 1031 页。

② 参见江泽民:《论"三个代表"》,中央文献出版社,2001 年,第 179~181 页。

本"价值观念的进一步创新和发展。

综合古今中外对"以人为本"思想的研究,结合当代国内学界对"以人为本"内涵的诸多界定。笔者认为,"以人为本"主要有如下含义:第一,"现实的人"是以人为本思想的基本立足点。以人为本的"人"不是抽象的,而是活生生的、从事具体实践活动的、现实的人。"现实的人"具有物质与社会两方面需要,是全面发展的人。人展开各种实践活动必定处于一定的社会关系中,孤立于社会实践活动之外的人是根本不存在的。人的本质内涵与存在受人的实践决定,人存在的外延与形式受社会关系限制,二者缺一不可。

第二,以人为本重视人的主体地位。人的存在的主体性特征是把握以人为本的关键。人是一种具有主观能动性的现实存在物,人会依据自我发展的需要自觉进行自我的完善、发展与创造,这些都是人之所以成为社会发展的主体的根本性因素。马克思认为历史发展的过程从本质上来说就是人的劳动发展过程,"人的本质体现为人的真正的社会关系,因此与人相关的社会本质、社会关系都在人的积极实现自己本质的过程中被创造、生产出来"①。有关人的主体性地位的认可就是对人的存在目的的肯定,同时也使以人为本的原则获得了进一步的肯定,以人为本充分肯定了人的主体地位。所以,以人为本就是以确立人的主体性为前提的,充分肯定了社会发展过程中人的历史主体地位。

第三,以人为本强调对人的尊重。人具有鲜明的自主性,具有独立化的品质与尊严,每个人都有属于自我的独特个性,人的发展是自由的。对人的尊重,体现了人性化的关怀与支持,蕴含着对人的生命、人的利益、权利、个性、尊严和自由的尊重。所有这一切都是理解人、尊重人的具体表现。以人为

---

① 参见《1844年经济学哲学手稿》,人民出版社,2000年,第170页。

本确切地说就是要把人当作人,这里的人既指他人也指自己,既要尊重他人又要尊重自己。

第四,以人为本将人的需要满足与价值满足提升了高度。人的存在绝对有意义与价值,以人为本对这一点给予了充分的肯定。人具有生成意义与创造价值的意义,是人作为主体的重要内涵体现。人的价值与生成意义不是天生的,是人有目的地从事一定的社会实践活动所产生出来的。价值的产生以主体从客体那里获得某种需求为前提条件。人是一切价值的核心,一切以人的角度为出发点,要立足人的全面需求,积极推动人的整体发展是以人为本的终极价值目标。

二、思想政治教育层面上的"以人为本"

"从本质上而言,思想政治教育工作就是以人为中心展开的工作,以人为本是思想政治教育工作的重要原则。思想政治教育工作是一项内涵十分丰富的工作,具体内容包含对人进行教育、鼓舞、引导、鞭策,同时还要对人进行理解、尊重、帮助、关心。"①所以,坚持"以人为本"的价值理念是思想政治教育健康发展的重要保证。

从"以人为本"的价值理念出发,首先应该承认人的生命具有唯一性,具有至高无上的价值和意义。思想政治教育作为完善人性的教育活动,理应以尊重和珍惜生命的价值为底线,但是思想政治教育课程中常见的却是忘我工作、无私奉献的道德榜样;我们每个人是为了社会而存在的,是属于社会的人,甚至生命在社会需要的时候也要奉献出来。尽管为了社会奉献自己甚至

---

① 《胡锦涛在全国宣传思想工作会议上的讲话》,《人民日报》,2003 年 12 月 8 日。

宝贵的生命,这是实现人的生命从有限到无限的超越,是人生价值的体现。但片面强调奉献而忽略个人可能会走向极端的错误。这种思想政治教育思维方式还一定程度地存在着,现实生活中忽视人的生命的教育观念还在相当范围内存在。在有些人看来,人的社会价值和生命本体价值是对立的,个人的生命与道义相比是微不足道的,这充分反映了他们对生命本体价值的忽视。人应该是双重生命的存在。人的生命不仅是生物学意义上的,人的生命本质还在于其情感、思维与丰富的精神活动。人追求生命的自由,探寻生命的意义,表达生命的活力,向往生命的精神升华,体现了人的超越本性。思想政治教育者人本理念的缺失,思想政治教育管理的非人性化、技术化,造成我国思想政治教育实效性低下。劳凯声曾深有感触地说:"让受教育者获取一定的知识并不是教育的根本目的,教育主要立足于教会人们怎样去探索世界,使受教育者形成广博的人文情怀,能够造福社会,造福人类。"[1]檀传宝认为:"人生的意义、人生的终极始终是缠绕每个人的一大难题。道德教育实践中人们既已不再关心'大道理',那么对这些难题实际上是绕道而行的。然而包括终极关怀在内的许多人生课题又具有不可回避的性质,缺乏自觉的、系统的德育去关注它,在这一方面,个体会由于自发或盲目而导致失败。"[2]诚然,思想政治教育具有规范的功能,但思想政治教育决不能以规范人为目的,我们的思想政治教育缺乏"以人为本"建构教育制度及活动方式的基本价值,直接导致了思想政治教育某些环节所存在的"无人化"的弊端。我们在思想政治教育、管理实践过程中应对人的尊严、价值、主体性、自由、人权等给予应有的尊重,这种尊重本身就体现了对受教育者的人文关怀。

主体间性视域的思想政治教育主客体关系,贯彻"以人为本"的价值理

---

[1] 肖川:《教育的理想与信念》,岳麓书社,2002年,序言第2页。
[2] 檀传宝:《信仰教育与道德教育》,教育科学出版社,1999年,第6页。

念,强调了对人的尊重,对人的价值和个体主体性的肯定。对人的尊重,强调人是社会的主体,而不是被控制的对象,人有自己的尊严。在这里人的自由、个性、生命本身、权益等都获得了全面的尊重,这些都是尊重人的具体表现。作为独立的人格主体,最本质的根源即人是创造价值的,人在有目的性的各种活动中创造了人的价值。以人为本充分肯定了人的价值存在,并积极为人创造出更多的价值创造条件。人作为世界上唯一能够进行自我创造的能动存在,成为创造人类的一切历史与生活的主体,确立了人在社会发展过程中的主体性地位,人成为社会的根本。"有主体性的人会呈现出如下特征,自立、自尊、自律、自强,明晰自我存在的价值……自己是自己的主人,而对主体性的呼唤,就是对真正人的呼唤。"①贯彻以人为本的价值理念就是要高扬人的主体性,努力唤醒人的自我创造意识,充分调动人的能动性和主动性。把以人为本作为主体间性视域的思想政治教育主客体关系的核心理念,体现了主体间性视域的思想政治教育主客体关系所内在地蕴含的尊重人和促进人的自由全面发展的价值理念。

从上述关于"以人为本"内涵的阐述,我们认为,思想政治教育层面上的"以人为本"是以人为中心的,即一切以人为根本出发点,关心人、尊重人、发展人,努力满足人的现实需求,使人的主体性得到最大化发展,调动人的主体性意识,推动人的全面发展。要想实现全面把握思想政治教育意义上的"以人为本"的科学内涵,需要从以下方面入手:

第一,"现实的人"是思想政治教育层面上"以人为本"的立足点。思想政治教育必须以现实生活为切入点,唯有将受教育者放置于现实生活世界当中才会取得教育的成效。思想政治教育对象是活生生的、有思想、有个性的生

---

① 褚洪启:《对主体性的呼唤就是对人的呼唤》,《教育研究》,1995 年第 10 期。

命个体。思想政治教育倘若偏离了"现实的人"这一主体,其实效性就会大打折扣。因此,这就要求我们在思想政治教育过程中,把教育对象看作具有独立个性和主体性的人,紧密联系受教育者的生活实际和思想实际,超越那种忽视教育对象的主体性、一味采用灌输说教的教育模式,更加重视受教育者的主体地位和主体性,切实增强教育的针对性和实效性。

第二,充分发挥人的主体性是思想政治教育层面上"以人为本"的内在要求。人的主体性主要通过现实的人在一定的社会实践活动中呈现出的自主性、创造性、能动性展现出来,这是马克思的思想。思想政治教育在受教育者与教育者之间形成了一种人与人之间的关系,受教育的人与教育的人都存在主体性。受教育者在思想政治教育过程中不仅是实践的主体,也是价值主体和发展的主体。现代思想政治教育更加重视发挥人的主体性,同时积极调动受教育者的主体性,是现代思想政治教育发展变革的基本目标之一。思想政治教育的根本目的就是要提高人们的思想觉悟,进而能够提升人在社会主义事业中的主体性地位,提升人的历史使命感,积极成为社会主义建设的践行者。同时充分调动受教育者的主体性是思想政治教育的根本性目的,要实现这一目的必须与教育者的主体性相配合,教育者要做好相关的激励引导工作,有效促进受教育者思想品德的发展,提升受教育者自我发展的能动性意识。从当前思想政治教育的环境看,社会环境对人的思想的影响不断加剧,这就要求我们在思想政治教育过程中必须发挥人的主体性,着力提高人的自主判断、自主选择和行为能力。"站在生命本体性的角度认识人的可能发展,人的存在的更根本性的力量更多地表现为人的能动性。"①历史的经验与教训给了我们太多启示:社会的进步与个人的发展都是以"以人为本"为前提和

---

① 黎君:《论"人的可能"与教育》,《南京师大学报》,2002 年第 2 期。

基础的,唯有人的主体地位获得充分的尊重,唯有人的主体性获得充分的调动与发挥,才会真正实现人与社会的共同发展。"尊重主体性教育是人类社会发展的必然选择,我国实行的主体性教育符合时代发展的潮流。"要提升思想政治教育的效果,就要立足教育者与受教育者主体性的发挥与调动。教育者是思想政治教育过程中的主体,在思想政治教育过程中起着主导性作用,因此只有发挥教育者的主体性,才能实现相应的主体功能。另外,传统的思想政治教育往往把受教育者视为纯粹的客体,严重制约了受教育者的主体性发挥。客观而言,受教育者与教育者均为思想政治教育的参与者,他们都具有主体性,二者在地位上是平等的,他们相互作用,相互影响。受教育者的主体性与教育者的主体性之间相互促进,受教育者主体性的发挥离不开教育者的科学引导与激励。反之,教育者的主体性的发挥必定要依靠受教育者的主体性发挥来实现。只有这样,思想政治教育的最后宗旨才会真正得以实现。因此,从思想政治教育的层面来谈以人为本,归根到底是"以生为本",而"以生为本"的核心是提升学生作为主体的主体性,唤起学生的主体意识。

第三,肯定和满足人的合理需要是思想政治教育层面上"以人为本"的根本指向。人的现实需要是人类社会存在与发展的动因和基础,人类的一切社会实践活动以及人的全部历史活动都是围绕着人的现实需求展开的。社会要实现发展必须以人的发展为基础,社会的发展要围绕人的合理需求得到满足为归宿。利益是人进行一切活动的驱动力,这是马克思的观点。显而易见,人的内在本质特性决定了人的需求。人的需求是人一切生命活动得以展开的最直接动力,同时也是众多社会关系得以产生和发展的根本动因所在;人的客观需要,尤其是内在需要,构成了个体发展的出发点和内驱力,人的客观需要进一步促进了人的行动与思想的发展。从本质而言,思想政治教育工作的核心就是做好人的工作,以人的现实需要为着眼点,实现人的创造性发展。人的需要同思想政治教育两者之间呈现出一种相互影响的关系。思想政治教育的发展与产生同样与人的内在需求发展紧密相关。思想政治教育对实现人的内在需要也具有至关重要的作用,对于人的需求呈现出一种协调作用。马克思思想中的人的需要理论成为思想政治教育的重要理论根据。可见思想政治教育层面上的"以人为本",就是要承认和尊重主体的合理需要,特别要尊重受教育者的合理需求,要积极努力创设条件满足受教育者的合理需求。要从物质与精神两个层面对受教育者进行合理的奖励,积极为满足受教育者的合理需要创造环境与条件。

第四,促进人的自由全面发展是思想政治教育层面上"以人为本"的最终目的。马克思认为:"要想实现人的全面发展,必须要有机地将人的体育、智育发展同生产劳动结合起来,如此,不仅是一种有效的方法,并且还是唯一的途径。"[1]马克思在《资本论》中明确指出,代替资本主义社会的新型社会,在形式上必将是一个"立足于人能够自由、全面发展的社会"[2]。我国思想政治教育的根本任务,就是要适应社会主义现代化建设的需要,培养"四有"公民。一句话,即促进人的全面发展。尊重人的价值是实现人的全面发展的前提条件,社会要对个人给予充分的满足与尊重,完善推进人的全面发展实现的客观条件。当然思想政治教育必须要尊重人的个性发展,与此同时一定要对个体发展做好积极的引导,努力为个体的良好发展建设铺设条件。为此我们应该把"以人为本"思想贯彻于思想政治教育过程始终,把对人的价值的尊重作为思想政治教育必须遵循的理念,将人的全面发展确定为思想政治教育的终极目标。

---

① 《马克思恩格斯全集》(第23卷),人民出版社,1979年,第530页。
② 《资本论》(第一卷),人民出版社,1972年,第649页。

三、以人为本：主体间性视域的思想政治教育主客体关系建构的价值指向

　　"以人为本"对思想政治教育提出了人本学的哲学命题，思想政治教育必须坚持马克思主义人本思想，确立"人之为人"的教育原则，思想政治教育如果仅仅停留在观念的"更迭"与口号的"轮换"上，势必导致以人为本的本体论命题上的"远道"现象；思想政治教育理论基础如果不建立在"以人为本"之上，则势必陷入形而上学。主体间性视域的思想政治教育主客体关系，以主体间性哲学作为自己的哲学基础，主体间性哲学对其最大启示就是用人的方式来思考人、理解人。因此，主体间性视域的思想政治教育主客体关系，必然坚持以人为本的根本价值指向。主体间性视域的思想政治教育主客体关系强调以人为本，旨在从人的整体性视角去认识人、关怀人、发展人，体现了对人的生存和发展方式的高度关注、对人的尊严价值以及人的物质生活条件的充分肯定。

　　首先，主体间性视域的思想政治教育主客体关系，体现了对人的生存与发展方式的引领。马克思主义认为，个人的生存与发展状况与其交往实践形态有着密切的关系。马克思提出了关于社会发展的三种形态的理论，"早期的社会形态呈现出一种较强的人的依赖关系，早期社会形态中，人的能力被局限于相对狭窄的领域内发展着。第二大社会形态呈现出了显著的物的依赖性，在此基础上人的独立性得以显现，第二大社会形态中，形成了较为广泛的社会关系。第三大形态是建立在个人全面发展基础上的自由个性"[①]。与此

---

　　① 《马克思恩格斯全集》（第 46 卷上），人民出版社，1979 年，第 104 页。

相适应,人的存在和发展形式也是从人的依赖关系,发展到以物的依赖性为基础的人的独立性,继而向自由个性的联合体的否定之否定的过程。当前,思想政治教育在主体间性视域下的主客体关系强调,教育者在对受教育者个体主体性进行积极塑造的基础上,还应引导学生从"占有性"向"共生性"的根本转变,将培养个性自由的人作为其价值追求,引导个体全面发展。

其次,主体间性视域的思想政治教育主客体关系,体现了对生命整体性的肯定。个体生命是整体性的存在,但生命的各个部分却共存于一个生命体内共同发展。马克思认为人通过一种全面的形式,完全占有自己的本质。唯有实现个体生命的整体性,他才能占有自己的本质。主体间性视域的思想政治教育主客体关系关注生命的整体性存在,"把学生确实当成是一个完整的生命体……把教育看作生命与生命的交往的过程"①。它关注的根本点是促进个体生命的最终价值实现。一个整体的人的发展过程从本质来说就是受教育者的个体生命全方位显现的过程。所以思想政治教育在主体间性视域下的主客体关系,更关注受教育者生命价值和生活质量的升华。主体间性视域的思想政治教育主客体关系谋求生命个体的内在和谐,旨在促进受教育者个体德性的养成,并最终指向个体生命的道德选择和道德实践。

再次,主体间性视域的思想政治教育主客体关系,也体现了对个体主体性的认可与尊重。个体的主体性地位在思想政治教育领域获得了充分的尊重与肯定,这都为促进人的思想政治素质的提升创造了前提条件。人的主体性地位的确定是保障人的主体性得以充分发展的重要基础。即受教育者的主体性地位得以确认,才会有接下来的主体性的充分发展。传统计划经济往往只关注群体利益,个体的主体性得不到充分的尊重,因此,受教育者的个性

---

① 叶澜主编:《"新基础教育"探索性研究报告集》,上海三联书店,1999年,第182页。

总是被压抑,没有获得彰显的空间。自我国进入社会主义市场经济以来,改变了以往的局面,个体的主体性地位被置于较高的地位,为推动人的主体性发展创造了条件,着眼于社会主义发展的实际,着眼于人的主体性的客观规律,实现了受教育者与教育者在地位上的平等,促进了双方之间良好的发展,从而使受教育者与教育者的主体性地位都得到了尊重与发展。主体间性视域的思想政治教育主客体关系,充分肯定了个体主体性的存在,而个体主体性主要表现为个体发展的自主性、能动性和超越性。人作为对象性的存在,对外部世界虽然具有依赖性,但却在与外部世界的关联中始终处于主体地位,并按照自己的目的和愿望来掌握外部世界,从而主动地掌控自己的命运与未来。在思想政治教育过程中,个体既是教育的对象,更是教育活动的主体。从这种意义上来看,主体间性视域的思想政治教育主客体关系的主要目标,就是通过对个体自我教育活动的价值引导和规范,把个体培养成具有独立意识和自主发展的主体。同时主体间性视域的思想政治教育主客体关系,要树立超越性价值理念,帮助个体实现对其现实存在状态的超越。简言之,即教育将现实的规定性赋予人类,是期望人这个主体能够对这种现实规定性进行突破。

最后,主体间性视域的思想政治教育主客体关系,体现了对个体独特性的肯定。差异性是人的生命存在的基本事实,因此主体间性视域的思想政治教育主客体关系,要尊重受教育者的独特个性和成长规律。人是一种生成性的存在,德性的生成来自个体的社会生活实践。苏霍姆林斯基曾指出:"每个孩子都是一个世界——完全特殊的、独一无二的世界。"[①]也有学者指出:"个体的生命都是独特的,这种独特性使得个体基于他的自我经验来理解生活世

---

① 《教育与艺术》,湖南教育出版社,1983 年,第 5 页。

界。学校道德教育必须回归学生的日常生活世界和生命世界。关注生命世界也就是关注个体的生命体验。"①主体间性视域的思想政治教育主客体关系,肯定现实生活中的个体生命,尊重个体生命的差异性与多样性,关注个体生命的发展。它意味着个体德性的生成来自生活中人与人的交往实践,只有在交往实践中个体才最终获得德性智慧。

总之,主体间性视域的思想政治教育主客体关系,坚持"以人为本"的核心价值指向,强调人是自我存在的根据,其核心是在肯定人和尊重人的前提下全面发展个体生命本身,使人在自我的生命意义世界和精神价值领域中,充分把握自己的主体性和独立性。

第二节　回归日常生活世界原则

人与外部世界的关系本质上是一种生活关系,人只有在日常生活世界中才能展开其思想与行动,展开其生命过程与价值意义。日常生活世界具有属人性,是人的生活世界,日常生活世界也具有社会性,体现着人与人之间的交往实践和社会关系。在思想政治教育活动过程中,作为交往主体的教育者与受教育者都属于日常生活世界,而且日常生活世界也是交往主体对话和理解展开场所(即实践场域)所在。个体德性的养成来自其活生生的日常生活世界,以及日常生活世界中人与人之间的交往实践活动,从而把德性的生成置于人与人之间的充分理解和对话之中,来启迪个体的道德智慧与意义世界。从这个角度来看,只有主体间性视域的思想政治教育主客体关系,

---

① 刘慧、朱小蔓:《多元社会中学校道德教育:关注学生个体的生命世界》,《教育研究》,2001 年第 9 期。

才有可能为个体"打开一个可能的生活世界,开辟一条个体德性养成之路"①。

一、何谓"生活世界"

生活世界是 20 世纪初现象学的奠基人胡塞尔率先提出的一个具有创造力、崭新的概念。生活世界的内涵有三重意思:第一,从狭义的角度来说就是指日常生活世界;第二,从人们参与实践的领域来说,即各种实践领域组成的世界;第三,从广义的角度来说,生活世界即同人相关的所有世界。②其基本含义是指人类个体和群体生活于其中的现实而具体的环境,以及先于科学和认识的世界。回归生活世界是胡塞尔在其著作《欧洲科学危机和超验现象学》中的观点。在胡塞尔看来,生活世界是相对于科学世界而言的,科学世界是生活世界理性化和客观化的产物,科学世界遮蔽了人们生活于其中的主观世界,致使人类的精神和意义世界产生危机,以及人与世界的统一性割裂。他指出要解决这一困境,必须从理性回归到生活世界之中去。生活世界是主体间性的产物,而非个体自我孤立存在的产物。因此,胡塞尔的"日常生活世界"深入到了生活世界概念的本质。从哲学层面来说,胡塞尔理论中的日常生活世界还被叫作"周围世界"。胡塞尔哲学有这样的观点,他认为:周围世界的地位只有深入到精神领域内才会得以彰显。每个人的生活都与其周围世界紧密相连,人的一切活动与担忧都在其自身的周围世界内发生,从哲学的角度而言,我们所说的周围世界隶属于精神领域范畴。实质上,我们常说的日常生活世界体现在日常生活的精神结构当中。它是一个主体性和先验意识的普遍性世界,它不同于客观的科学世界,也非主观的任意性世界。海德格尔将有关"生

---

① [德]哈贝马斯:《交往行动理论》(第 1 卷),洪佩郁、蔺青译,重庆出版社,1994 年,第 371 页。
② 参见张庆熊:《熊十力的新唯识论与胡塞尔的现象学》,上海人民出版社,1995 年,第 119~121 页。

活世界"的内涵与其哲学中的"此在"概念相融合,海德格尔认为"此在"就是指人的存在,而"此在"的本质属性就在于其共在性。世界是人存在的共同世界,海德格尔将"在之中"的本质解释为和他人共同存在的含义。海德格尔的"生活世界"是日常共在的世界,世界即指"此在"与存在者之间整体性的关系。人"融于"并生活于世界之中。

哈贝马斯引进并发展了这一概念,对其进行了系统的论述,并构成其"交往实践理性"的核心概念,并指出生活世界就是交往实践理性的环境。哈贝马斯认为,生活世界就是人类在社会秩序、文化传播方面的组成,还包括人类在相互交往过程中所需要的"资源"促成这些活动的世界。哈贝马斯认为个性、社会和文化是构成人的生活世界的三个基本要素。哈贝马斯理论中的文化,就是那些能够随时调用的知识存储,其文化的实质就是交往对象在某一特定范围内进行意见交流,尽一切努力对自己的观点进行解释。哈贝马斯理论中的文化社会,主要指那些合法的秩序,交往对象之间相互作用,对其他社会群体中的成员进行影响与调整,努力在彼此之间构建一致性,加强团结。哈贝马斯理论中的个性,主要指人获取行动、言语方面的功能资格与能力。哈贝马斯赋予生活世界以交往理性的意义,这种交往理性体现了生活世界的主体间性内涵。站在实践的层面看人类在生活世界里的交流与沟通,为人类的进一步交往提供了可能性条件,并且有助于促进人类的进一步发展,有助于人对自我的社会角色不断进行调整改进,进而加强人的自我认同。在哈贝马斯看来,生活世界体现了人们共同遵守的规范标准,从某种角度而言,它还决定了人的社会价值取向,注重生活世界是"主体间所共有的、有着共同先在背景的、通过话语活动建构的世界"①。认为生活世界的本质就是主体间性,

---

① 龚群:《道德乌托邦的重构——哈贝马斯交往伦理思想研究》,商务印书馆,2000 年,第84~85 页。

只有在主体间共享的生活世界视域内,交往行为主体才能就世界中的事物对话和理解达成共识。在西方思想家那里,生活世界是人的生存价值与意义世界的根源。当然他们把生活世界完全等同于人的精神世界是有失偏颇的。

结合胡塞尔和哈贝马斯对"生活世界"的认识,可以对相关的生活世界做如下总结:生活世界为人们的交往实践提供了地点,并能够为人们提供需要的生活经验及生活资料等。生活世界是客观存在的现实世界,体现了人的社会关系,是具有现实意义的世界,是物质与精神相统一的世界。生活世界包含着多种生活形式,也是日常生活与非日常生活相统一的世界,生活世界中的各种要素相互作用、相互影响,生活世界也是不断生成发展的。生活世界是一切人的个体生命和社会存在的基础。可见无论是海德格尔的"日常共在世界",还是哈贝马斯的交往理性世界,都把"生活世界"等同于"日常生活世界"。

马克思虽没有明确提出"生活世界"的概念,但从其思想可以看出,它所指的现实世界是与生活世界系同一概念。马克思认为,生活就是人为了生存和发展而进行的各种活动,生活世界就是现实的人的生活,即生活中的人本身。马克思的现实世界是"认识现实世界的中心,现实世界离不开人的存在,这个现实世界体现了人的价值与意义"①。在马克思看来,生活世界是具体、现实的世界,生活世界具有"人的属性特征",是人的自我与自然界的持续发展共同演变、生成的统一过程。生活化是生活世界的本质性特征,生活世界的发展依赖于人的生活实践的不断发展。马克思是从人的实践出发来界定生活世界的。马克思的现实世界涵盖了人的全部实践活动,人不仅依据某种"外在的尺度"组建生活世界,还以自身为"内在尺度"进行生活世界的组建。

---

① 李文阁:《回归现实生活世界》,中国社会科学文献出版社,2002 年,第 123 页。

马克思认为交往实践是生活世界的根本属性,生活世界具有实践的本质,经由实践,人实现了主体力量的对象化,生成了属人的世界。正如高清海所指出:"交往与人类的一切实践活动构建了人与人之间的存在关系,进而促进了对象世界与生活世界的产生。"①生活世界的具体样态是交往实践,生活世界本质上是一个主体间不断实现着交往的世界。这种交往实践对于生活世界的建构与个体生命价值意义生成具有重要意义。世界本身就是无数存在的集合体,人通过自我的物质力量使对象"人化",从而使得人与世界共存于生活世界之中。

总之,所谓生活世界是指人们生活于其中现实的、通过经验感知的世界,它构成了主体间进行交往实践活动的大环境或大背景。其内涵包含三层含义:一是生活世界是一个充满人的情感交流的世界;二是生活世界具有明显的现实性,绝非由符号性的理念组成;三是生活世界是主体建构的对象世界,生活世界是主体间不断敞开的、共在的现实世界。思想政治教育建基于生活世界之上,也是在人的"日常生活世界"中进行的,渗透、牵涉于其中,超不出其视域。生活世界为思想政治教育提供了实施的领域,为精神价值领域和意义世界的升华提供了主要阵营。

二、日常生活世界是思想政治教育主客体关系存在的现实根基

任何教育都发生在人的日常生活世界之中,教育实践活动展开的基础和背景就是人的日常生活世界,教育本身就构成了人的日常生活世界的一个重

---

① 高清海:《高清海哲学文存》,吉林人民出版社,1997年,第136~137页。

要部分。作为日常生活世界的组成部分，教育是一种特殊的生活实践过程。日常生活世界是思想政治教育的存在土壤，不管是社会意识形态建构，还是个体的德性生成与发展，都离不开日常生活世界。日常生活世界是思想政治教育主客体关系的现实根基，体现了思想政治教育主客体关系与日常生活世界本体性的关联。

因此，思想政治教育主客体关系的发展离不开人的现实生活世界。马克思认为思想政治教育展开的前提是具体与现实的，是真实的人的活动与真实的人的物质生活状况。思想政治教育的本质就是研究人的生活，思想政治教育贯穿于日常生活世界，思想政治教育的归宿与起点都要归属到日常生活世界。假如日常生活世界脱离了人的现实需要，则思想政治教育中的主客体关系也就不将存在。并且从思想政治教育实践的过程来说，由于受教者和教育者本身存在的各种差异性，尤其是他们日常生活环境的差异性，这就客观上造成了思想政治教育的困难性，导致了思想政治教育实效性不佳。日常生活世界与思想政治教育主客体关系的内在契合，为解决现阶段思想政治教育所遭遇的困境创造了可操作性策略。因而在思想政治教育工作展开前，教育者有必要深入了解受教育者的实际思想状况和生活状况，尤其是要从教育对象的日常生活环境入手，科学认识教育对象的生活实际与思想实际。而作为受教育者，也并非被动的，也有必要在了解教育者的日常生活环境的基础上，结合自身的需求做出理性的判断、选择和行动。因此从这种意义上来看，思想政治教育主客体关系本身就体现了教育者和受教者的基于日常生活世界基础上的主体间性。

(一)日常生活世界是思想政治教育主客体关系存在的基础

道德内在于日常生活世界之中,道德和道德教育离不开日常生活世界,生活过程与思想政治教育主客体交往互动过程是同一的。道德是日常生活世界的构成性规则,离开道德,人无法生活,生活世界也就不再是属人的日常生活世界。而日常生活世界是思想政治教育的基础性事实,日常生活世界是人的思想价值观念和社会道德产生的现实基础。日常生活是思想政治教育实践活动得以产生的基础,现实生活过程反映于意识形态中即思想政治教育产生的形式①。一定的社会意识形态是思想政治教育主客体关系交往互动的根本内容。恩格斯曾指出:"人们归根到底都是从他们进行生产和交往的经济关系中,吸取自己的道德观念的。"②日常生活世界是思想政治教育主客体关系展开的根本载体,思想政治教育过程中主客体关系的发展与体现都是在日常生活世界展开的。思想政治教育主客体关系的互动过程不是日常生活世界中一个独立的领域,而是存在于日常生活世界的内部。这就是说,道德不能脱离日常生活世界而孤立存在,它只能通过人的生活实践活动来呈现。人不能在日常生活世界之外去寻求道德,道德存在于现实生活世界的交往实践关系之中,存在于现实的人的交往实践活动中。要想对道德伦理做完整的掌握我们必须立足生活世界,道德融合在日常生活世界之中还体现在道德的存在方式上。在日常生活世界中,道德是一种赋予日常生活世界本身以价值和意义的精神性存在。日常生活中正因为有道德的存在才促进了生活本质得以显现,道德的存在会推进日常生活世界变得更加美好,更加符合真善美

---

① 参见《马克思恩格斯选集》(第一卷),人民出版社,1995年,第73页。
② 《马克思恩格斯全集》(第20卷),人民出版社,1971年,第102页。

178

的要求,因为"道德是通达美好生活的一种手段"①。应当指出的是,道德是为了实现人的美好生活而产生的,但人的日常生活本身并非是为了某种既定的道德,正如弗兰克纳所言:"道德是为了人而产生,但不能说人是为了体现道德而生存。"②

　　此外,日常生活世界是思想政治教育主客体关系实践得以可能的价值基础。日常生活世界与思想政治教育主客体关系是融为一体的,如若脱离日常生活世界本身,思想政治教育规范和社会价值原则也就成了抽象的原则和简单的教条。正如杜威所言:"道德不是同脱离实际的理想、目的和责任相关,而是同存在的事实性密切相关。"③个体只有在日常生活世界中,才会形成思想道德知识,产生思想意识和道德情感,并付诸具体的思想行为和道德实践行为。正如法国社会学家涂尔干所言:"只有生活本身才能为自己制定法则,在生活之外就根本不可能再有什么了。"④作为日常生活世界的构成性要素之一,道德本身就是在日常生活世界中,离开日常生活世界,也就无所谓道德,不存在离开日常生活世界的道德。道德的存在、发生、发展及道德价值的实现都离不开人生活于其中的日常生活世界。从某种意义上来看,道德就是生活,生活即道德。因此个体生活实践过程也就是个体之间彼此展开道德实践和思想道德学习的交往互动过程,关于道德展开的教育都立足现实生活世界,从某种角度而言日常生活世界展开的过程具体就体现为道德教育的展开过程。

---

　　① [加]贝克:《学会过美好生活——人的价值世界》,詹万生等译,中央编译出版社,1997 年,第7 页。

　　② [美]弗兰克纳:《善的求索——道德哲学导论》,黄伟合等译,辽宁人民出版社,1987 年,第247 页。

　　③ [美]杜威:《新旧个人主义——杜威文选》,孙有中等译,上海社会科学院出版社,1997 年,第105 页。

　　④ [法]爱弥尔·涂尔干:《道德教育》,陈光金等译,上海人民出版社,2001 年,第38 页。

正如蒲蕊指出：“生活是一种不具有明确目的意义的教育，而教育则是一种具有明确目的和意义的生活。”①

(二)日常生活世界是基于思想政治教育主客体互动中个体德性养成的基础

个体的德性是人们对在日常生活世界中交往实践活动本身的一种理性追求。德性产生于人与人现实实践活动的交往过程中，与日常生活世界呈现出一种共生共存的关系。一方面，主体间在交往实践活动中建构着日常生活世界本身的价值与意义。同时主体间在交往实践活动过程中影响着自我本身的生存状况。现实生活中的每个个体都具有自我独立的道德倾向，在个体的交往实践中个体间的道德倾向也相互发生作用。作为一种关系性的存在，日常生活世界反映的是在社会生产和交往实践中人们之间的交往关系和道德关联，反映了人类社会生活实践的基本要求和价值尺度。正是在生活实践过程中，基于在思想政治教育主客体的互动交往中个体逐渐养成了其内在德性，并不断展开着其道德行为。德性是日常生活世界里面的德性，德性与日常生活紧密相连，日常生活世界是其存在的场域，德性显现出的是一种具体而非抽象的特征，德性多源于实际的行为、生活、阅历及经验。②日常生活世界本质上具有“属人”性，生活本质上是人的生活，日常生活世界本身就具有德性的价值和意义。要想彻底实现对个体德性养成本质的把握，必须立足日常生活世界视域，展开思想政治教育主客体关系的建构。唯有如此德性才会发展为现实生活中能够进行自我生成的一种实践智慧。我们无法想象在日

---

① 蒲蕊：《教育与生活》，《教育研究与实验》，2001年第2期。
② 参见方克立主编：《贺麟新儒学著作辑要——儒家思想的新进展》，中国广播电视出版社，1995年，第446页。

常生活世界和主客体关系交往互动之外德性习得与养成的可能性。日常生活世界是德性得以诞生成长的根基,德性的养成是基于日常生活世界基础上进行的。

(三)日常生活世界是思想政治教育主客体关系彰显的基础

日常生活世界既是人参与其中的世界,也是个人与他人共生的、主体间的生活世界,因此,主体间性是日常生活世界的重要特征之一。主体间的交往实践发生在日常生活世界之中,日常生活世界为现实世界人们的交往沟通与实践活动提供场所,日常生活世界从本质来说就是人类"交往实践"的一种特定场域。对于一个独立的个体来说日常生活世界是一个既定的世界。个体面对日常生活世界本身,无法做出自主性的选择。日常交往实践不能离开日常生活世界这一场域,与此同时,交往实践本身又在建构着日常生活世界的价值指向。主体在交往实践的过程中展开生活必须有一个特定的场域,而日常生活世界为主体的交往实践行为提供了既定的活动领域,使交往实践主体脱离其日常生活世界范畴。日常生活世界具有明显的开放性与丰富性,这些特性都为思想政治教育过程中的主客体之间实现对话与理解创造了条件。哈贝马斯指出:"日常生活世界永远都是现实的,日常生活世界组建了现实活动的场景。"①哈贝马斯认为,人是现实生活世界中的人,人只有在日常生活世界中才被赋予人之为人的全部。个体与日常生活世界的关系本质上是一种生活关系,人在日常生活世界中展开着其人生历程,彰显着其人生的意义与价值。著名教育家陶行知认为:"有效的教育必定立足于现实生活,生活是学校教育展开的中心,同样,书本也是以现实生活为中心的。没有生活做中

---

① [德]哈贝马斯:《交往行动理论》(第2卷),洪佩郁、蔺青译,重庆出版社,1994年,第171页。

心的教育是死教育。没有生活做中心的学校是死学校。没有生活做中心的书本死书本。在死教育、死学校、死书本里鬼混的人是死人。"[1]思想政治教育主客体关系不是将这一教育实践活动完全消解在日常生活世界里,而是依托日常生活世界本身来展开主客体之间的互动关系。在日常生活世界中,受教育者要真正成长、发展和完善,就必然会有种种的疑难问题和矛盾冲突,而这正构成了建构思想政治教育主客体关系的逻辑起点。只有在日常生活世界中,确切地说只有在面临各种利益矛盾和道德冲突中,我们才能判断一个人的言行是否道德。也唯有在日常生活世界中透过主体间的相互沟通与交往,以及各种实践活动才会促进个体道德情操、道德品质稳定性的形成。脱离了主体间的交往实践关系和主体面对的日常生活世界本身,也就无所谓道德问题。

(四)日常生活世界也是思想政治教育主客体关系展开的现实场域

人类的交往实践活动、生活方式在不同的个体之间存在差异,因此教育也要依据不同的差异性采取对应性的措施,进而使日常生活世界制约着思想政治教育对未来生活价值和意义的理想追求。另外,日常生活世界中的文化,尤其是物质文化,为主体间性视域的思想政治教育主客体之间的沟通与交往创造了有利的物质性条件。思想政治教育活动不可能离开人的日常生活世界来建构可能性生活,人的现实生活世界场域为思想政治教育主客体关系展开提供了足够的开放性空间。人的德性的养成发生在真实生活世界的偶然性的情景中。生活的教育在于个体理想道德人格和德性的养成,它不可能完全脱离日常生活世界,健全的理想人格只有通过发生于日常生活世界中的社

---

① 陶行知:《陶行知教育名篇》,教育科学出版社,2006年,第72页。

会交往实践才会真正得以建构,并不断完善。所以主体价值的实现与确立必定要通过日常生活世界来完成。日常生活世界是先于个体存在的主体间展开对话与理解的文化场域,也是主体间交往实践活动得以可能的价值依托。思想政治教育主客体关系以日常生活世界作为其存在的基础性场域, 也就是说思想政治教育的目的和思想政治教育主客体关系的互动内容都源于日常生活世界本身。思想政治教育要从抽象的理想主义回到现实生活世界,从日常生活世界出发来理解和解释主体的思想现状、道德境界和价值取向,并在此基础上提升教育主体自身的思想道德境界。

三、回归日常生活世界:主体间性视域的思想政治教育主客体关系建构的现实要求

作为一种特殊的交往实践活动, 思想政治教育彰显了主体间性的本质属性。主体间性视域的思想政治教育主客体关系,面向日常生活世界的现实要求,实质上就是要立足现实生活世界,构建主体间性视域的思想政治教育主客体关系, 并且要以日常生活世界为视域观照主体间性视域的思想政治教育主客体关系,让主体间性视域的思想政治教育主客体关系,通过现实生活世界而深度展开。日常生活世界为人的发展提供了全面的资源和机会,主体间性视域的思想政治教育主客体关系,必须面向现实生活世界而展开。

（一）主体间性视域的思想政治教育主客体关系建构的目标立足日常生活世界

日常生活世界是促进主体间性视域的思想政治教育主客体关系形成的基础性领域,思想政治教育活动必须坚持从现实生活世界出发。伟大的法国

思想家雨果曾说:要想达到圣人的标准,具有一定的高度要求,因此,圣人属于一种特殊情形,但是做一个"正直的人"则相对容易得多,这是对做人的普遍性要求,做一个"正直的人"是做人的常规化轨道。"正直的人"是从道德价值的角度而言的,这是对日常生活世界中个体的普遍道德规范。所以,要想提升思想政治教育的实效性,就必须奠定现实生活世界的坚实根基,必须切实放弃那些不切实际的过于理想化的教育目标,抛弃那种严重忽视人的有限理性的"完人教育"模式。必须使思想政治教育主客体关系从那种抽象的理想主义和"高、大、全"目标的准则归属到人的现实生活世界里面。务必要使主体间性视域的思想政治教育主客体关系确定的目标,向培养具备良好的道德品质与完善的理想道德人格的社会主义的合格建设者与可靠接班人的教育目标方向转化。

冯契先生坦言:"理想化人格的对象绝不是高高在上的圣人,绝对是建立在平民化的基础上,是大部分人通过一定的奋斗与努力都可以实现的。"[①]有一点要明确,对主体间性视域的思想政治教育主客体关系发展目标的回归与转化,绝对不是降低思想政治教育的标准,而是将现实日常生活世界作为立足点,提升人的思想品德境界,促进人的道德境界向更高层次的提升。张澍军认为:"社会运行发展的平稳过程中,可以将社会群体划分为三类:一类是社会先进分子;一类是广泛的中间分子;一类是少数的落后分子。"[②]有关主体间性视域的思想政治教育主客体关系建构目标的实践基点究竟应放在何种层面,是我们需要积极思考的课题。长久以来,"英雄标准"与"圣人道德"一直被作为道德追求的最高境界,将那种"神仙"式人物作为人们的道德行为楷模。

---

① 冯契:《认识世界和认识自己》,《冯契文集》(第 1 卷),华东师范大学出版社,1996 年,第 60 页。

② 张澍军:《德育哲学引论》,人民出版社,2002 年,第 63 页。

其中有些标准无论在理论上和实践上都根本不会为任何人所做到；有些标准，即使可以为少部分人所做到，也不可能为大众所普遍地践行。正是"要求人去做的，往往高不可攀；而应当去做的，却又往往失之规范"①。正是由于教育目标定位缺乏大众基础，从而造成思想政治教育的实效性低下，甚至造成了人们对思想政治教育本身产生逆反情绪和心理。为此，关于主体间性视域的思想政治教育主客体关系建构发展，我们必须以现实生活为着眼点，唯有如此才会促进其终极目标的实现。一般而言，大众的思想政治动向是衡量社会文明发展水平的根本标志之一，而这也关乎整个社会的安危和人类历史发展进步的基本走向。

（二）日常生活世界是主体间性视域的思想政治教育主客体关系互动内容的主要来源

日常生活世界决定了社会大众的政治方向、思想观念与道德价值规范等，是开展思想政治教育的基本依据和实现思想政治教育目标的重要前提。我们主张从日常生活世界中选取主体间性视域的思想政治教育主客体关系的互动内容，要求在主体间性视域的思想政治教育主客体关系互动内容的选择上，一方面要考虑互动内容选择的方向性，也就是说主体间性视域的思想政治教育主客体关系的互动内容是否符合思想政治教育的总体价值追求和价值取向；另一方面要看互动内容选择的可接受性，也就是说主体间性视域的思想政治教育主客体关系的互动内容能否为受教育者所普遍接受，什么样的教育互动内容设计容易被受教育者所认同和接纳，进而构成其德性的重要组成部分。在具体选择上，我们确立主体间性视域的思想政治教育主客体关

---

① 张澍军：《德育哲学引论》，人民出版社，2002年，第63页。

系互动内容的主题,应从现实生活中人们面临的各种思想道德价值困境、理论难点、社会焦点问题出发来选择和确定。主体间性视域的思想政治教育主客体关系的互动内容设置,要遵循日常生活世界本身的逻辑来构建,紧紧贴近受教育者的生活实践过程和思想发展规律来设计,而不仅仅是从知识体系本身的逻辑出发来组织,应注重从受教育者日常生活世界的空间范围出发,全面选取和确定思想政治教育主客体关系的互动内容。总之,主体间性视域的思想政治教育主客体关系的互动内容,必须取材于现实生活世界。我们之所以主张主体间性视域的思想政治教育主客体关系互动要从日常生活世界中取材,是因为从日常生活世界中选取思想政治教育主客体互动的内容具有以下优势:

第一,主体间性视域的思想政治教育主客体关系的互动内容,只有取材于日常生活世界,才能保证思想政治教育交往实践活动在发展方向上的合理性。所谓的真理是人们在对世界的改造与认识过程中产生的,真理必定是符合科学的,真理产生于人们对事物发展过程客观性规律的科学化掌握。自古以来,人们就把真理看作是认识所追求的目标,追求真理是人类社会不断进步的重要动力。思想政治教育要在人的发展和社会发展中发挥作用,其教育互动的内容就应该具有真理性。只有那些源于日常生活世界的需要,并经过现实证明的教育互动内容,才能保证主体间性视域的思想政治教育主客体关系发展的合理性。这也是思想政治教育能为人所真心接受的理论前提。从历史发展的历程来看,不管是哪一种社会主流意识形态,其自身必定会显现出一定的先进性、科学性、真理性。主体间性视域的思想政治教育主客体关系是以马克思主义理论为指导的,其核心内容都是经过实践检验的,是具有先进性与科学性的真理,这一点已经获得了普遍的证明。对于马克思主义,邓小平曾说:"我对马克思主义充满信念,马克思主义是科学的真理,仅源于这一点支持肯定马克思主义的人必定会越来越多。"①

第二,主体间性视域的思想政治教育主客体关系的互动内容,只有取材于日常生活世界,才能保证所传授的思想道德与社会价值规范是充满生命气息的,是有血有肉的、鲜活的。始终处于不断的运动变化发展中是日常生活世界的基本特征。主体间性视域的思想政治教育主客体关系互动的内容会随着新的社会生活领域的不断产生而不断扩大。及时关注这些领域对社会主流意识形态和人们思想道德价值观念提出的新要求、新挑战,并给予及时的回应和指引;另外,已有的思想政治教育主客体关系发展领域的具体内容也要随日常生活世界的变化发展而适时进行调整,以保持教育互动内容的鲜活性与生命力。比如对思想政治教育主客体关系互动内容之一的政治教育而言,其在当代的教育内容无疑与在革命战争年代的教育内容已经有了很大的不同。在革命战争年代,政治是一种革命的政治,政治教育的内容要为革命服务,无产阶级革命的理论无疑是政治教育的主导内容。在现代社会条件下,政治已经表现为一种富有经济建设性的政治,政治教育的内容也必然表现为要为社会主义经济建设服务。所以主体间性视域的思想政治教育主客体关系的互动内容,只有取材于现实生活世界,才能保证其生命活力。

第三,主体间性视域的思想政治教育主客体关系的互动内容,只有取材于日常生活世界,才易于被受教育者认同和接受。能否被受教育者认同和接受,是主体间性视域的思想政治教育主客体关系能否最终建构和实现的基础。那种忽视受教育者自身需要的思想政治教育主客体关系,是根本无法实现受教育者德性的主动生成和完善的。如果要激发受教育者的主动参与意识,就必须使主体间性视域的思想政治教育主客体关系的互动内容和受教育

---

① 《邓小平文选》(第三卷),人民出版社,1993年,第382页。

者已有的生活经验紧密相连。个体的人生经历与生活经验是教育活动和彼此理解的基础。"有意义的学习"理论所强调的就是要把教育内容与学习者个体生活经验和人生经历相关联。①它既符合学习者自身的需要，又与学习者的心理结构、人生经历、生活经验相匹配。唯有如此才能有效调动受教育者的学习热情，促进受教育者真正从内在兴趣与需求的角度接受学习，进而大大提升受教育者自身学习的积极性与自觉性；也才能使学习者从自身日常生活世界的直观中体验生活世界，促进学习者将学习成果向智慧与生活经验方向转化，并能够将这些收获真实地应用于自己的生命活动与日常生活世界。主体间性视域的思想政治教育主客体关系的互动内容，只有取材于日常生活世界，才能和受教育者已有的人生经验和生活经历建立内在关联。因为取材于日常生活世界的教育者与受教育者之间的互动内容，直接构成了受教育者与教育者个体的人生经验和生活经历的重要内容。

（三）主体间性视域的思想政治教育主客体关系必须积极涉入日常生活世界，实现对日常生活世界的批判性把握

思想政治教育本身具有鲜明的意识形态价值立场，具有知识传授和价值引领的双重功能。这种鲜明的意识形态价值引领立场之所以让人产生与其日常生活世界的严重距离感，究其原因主要是思想政治教育面对日常生活世界的各种问题严重缺乏解释力，其所倡导的主流意识形态价值往往被日常生活世界诘问得哑口无言。为此，主体间性视域的思想政治教育主客体关系必须积极涉入日常生活世界，围绕人们的批判性思维的培养，实现对日常生活世界的批判性把握。思想政治教育主客体关系要回归日常生活世界，就是要

---

① 参见鲁洁：《道德教育的当代论域》，人民出版社，2005年，第301页。

还原思想政治教育主客体关系与日常生活世界共生共存的本来状态，实现思想政治教育主客体关系的关涉对象、关注问题、叙事话语等与日常生活世界的无缝衔接，达致思想政治教育者与受教育者之间的问题共知、情感共鸣与价值共识。随着人们主体性的发挥和主体性的逐渐增强，必须改变以往在思想政治教育主客体关系上从教育者对受教育者的单向性 "价值输出" 到 "价值接受"，再到 "价值认同" 的模式，价值引领的过程应该包含着对既有价值的深刻反思、理性审视和批判过程。思想政治教育的批判反思功能不应该被其辩护功能所消解，思想政治教育的精神价值和意义世界建构功能也不应该被其知识建构功能所消解。思想政治教育主客体关系回归日常生活世界，不是要消解日常生活世界本身，而是要以科学合理的价值观念体系为指导，以充分的客观现实和审慎的辨识能力为依据，借助回归和融入日常生活世界的方式来省察和探究日常生活，以此来促进日常生活世界同思想政治教育主客体关系的沟通、融合、对话，促进思想政治教育对日常生活世界的建构与引领、适应与超越。

当然，主体间性视域的思想政治教育主客体关系必须要在日常生活世界与可能性生活之间保持必要的张力，以日常生活世界为根基，把日常生活世界作为其实践展开的重要场域，努力创造更加幸福美好的可能性生活。在主体间的对话沟通，达成理解是日常生活世界真正本质得以体现的前提。所以我们必须彻底改变过去重理论单向灌输而轻日常生活世界中主体间相互体验，以及重道德理论认知学习而轻道德实践能力养成的价值观念。主体间性视域的思想政治教育主客体关系，借助主体间平等交流与沟通对话的平台，使生活化的交流能够在教育者与受教育者之间真正形成。教育者在主体间的交往实践过程中，不再拥有绝对权威的地位，教育者与受教育者之间成为平等交往的教育主体。从日常生活世界的层面来看，主体间性视域的思想政治教育主客体关系就是要进行教育教学生活的重塑，从受教育者的日常生活世界出发，关注他们当下的生活状态与生存境遇，并在此基础上建构其个体的理想性道德人格。

第三节　自主建构原则

杜威指出："教育本身不是一件'告知'和被告知的事情，而是一个主动的过程。"[①]同样，个体的发展也是一个自主实践和自主建构的过程。它不是一个赋予和被赋予的过程，而是个体需要通过主体性交往实践活动来实现。因此人的发展过程本质上就是一种建立在交往实践基础上的自主建构过程。

一、自主建构及其思想政治教育价值

虽然早在古希腊时代人类就有了对"自我"的认识萌芽。但人类真正对"自我"的思考是从法国哲学家笛卡尔开始的。在否定上帝意识的前提下，笛卡尔充分肯定了自我的主体性意识，最终奠定了"主—客"二分的思维方式。康德指出：自我包含了两个自我，一是作为思维主体的自我，一是作为经验感觉客体的自我。可见，"自我"内在地包含着主体的自我与客体的自我。从这一理论视角出发，我们认为自主建构本质上就是作为主体的自我对作为客体的自我的认识和超越，它所体现的是主体的自我与客体的自我之间的

---

① ［美］杜威：《民主主义与教育》，王承绪译，人民教育出版社，2001年，第46页。

关系。鲁洁认为:"人的主体性的生成与发展,内在地包括了主体对自我的反思与建构。"①自由自觉的实践活动是个体主体性德性品质生成、发展的基础,个体德性是借助自由的实践活动而自主建构的。离开了个体的自主建构,个体德性的生成与发展就成了无源之水、无本之木。从马克思主义唯物史观的视域来看,人的德性生成与发展是人的自主建构的过程,自主建构是人的德性生成与发展的基本机制。现代认识论主张,简单地将外部世界的知识向头脑"移植"的过程并不能称之为主体的认识过程,而是主体把客体的信息转化和内化的过程,认识的建构就是一个物质与观念活动相互作用的过程。这一建构的特点表明,认识的过程不是直观地反映,而是主体对客体的能动建构的双向运动。皮亚杰的认知发生论指出,儿童德性智慧的发展是以儿童自身的实践活动为中介来实现的,认识是"在社会实践活动基础上主体图式通话的建构,是一个主动建构的过程"②。

在思想政治教育中,所谓自主建构是指个体的主体性道德人格为自主生成和建构,而非外部力量所赋予的。任何道德都蕴涵着一定社会生活中人与人、人与社会之间的某种应有的要求,只有通过社会生活实践,个体才能切实认知、把握和内化这些基本要求。自我的确立和发展离不开一定的社会关系,自我价值界定的前提是自我对于社会的价值,脱离社会与他人的自我价值是虚无的和不现实的。道德价值的理解和实现在于通过社会交往实践内化道德规范和道德原则,从而为道德人格的养成提供基础。但是道德实践活动不能脱离社会关系和交往实践而孤立存在,道德实践活动本质上是一种社会性和"交往–对象化活动"。从本质上看,在思想政治教育中,受教育者德性的建构

---

① 鲁洁:《教育:人对人自我建构的实践活动》,《教育研究》,1998 年第 9 期。

② [瑞士]皮亚杰:《发生认识论原理》,王宪钢等译,商务印书馆,1981 年,第 22 页。

过程是教育者与受教育者的双向建构活动。

主体性道德人格是个体自主建构的结果，自主建构构成了主体性理想道德人格建构的内在机制。作为社会性存在而言，人具有两重性，一方面作为自然性存在，人受到自然法则的支配，在这种存在形式中，人没有自由可言；另一方面作为理性的存在，人为自我立法，自主性地建构自我。这也就是人所具有的实践理性，它使人能自主地按理性法则来规范自我的行为。人的两重性为人的自主建构确立了可能性，也为人对德性的追寻奠定了坚实基础。①理想道德人格是主体在道德实践过程中，通过对道德规范的认知和选择自主建构而实现的。也就是说，理想道德人格的实现，不仅是道德主体主动追求的结果，也是个体内在道德品质的生成过程。麦金太尔指出："美德必定被理解为这样的品质：将使我们能够应对、战胜我们所遭遇的各种危险、各种伤害以及各种诱惑，从而在对善的追求中支持我们，而且还将以对善的认识与自我认识充实我们。"②个体理想道德人格的生成离不开社会生活实践，学习者不是被动接受，而是要对各种信息主动整理和加工。正像弗洛姆所说："人是一个富有活力和特殊结构的实体。"③人本质上不是被赋予和被决定的，人是自主生成和自主建构的。自主是作为理性人的本质体现，是人在生活实践中的理性自主，即人对自我立法。道德的本质意义在于生成和完善德性，主体自由是德性养成的根本前提。道德理想人格生成于个体日常生活世界之中，在人与人的交往实践过程中，使得个体自主建构并最终实践道德智慧。

---

① 参见金生鈜：《个人自主性与公民的德性教育》，《教育研究与实验》，2001 年第 1 期，第 8 页。

② ［美］麦金太尔：《德性之后》，龚群等译，中国科学出版社，1995 年，第 277 页。

③ ［美］埃里希·弗洛姆：《为自己的人》，孙依依译，生活·读书·新知三联书店，1981 年，第 114 页。

受教育者道德品质的生成与发展是一个主动建构的过程。思想政治教育作为一种对主体外在的影响,对道德品质的发展所起的作用是有限的。道德实践活动是在主体的道德意识和判断基础上展开的,个体的道德品质在本质上是主体与其他个体在社会交往中建构的。因此在思想政治教育主客体关系中,如果否定或忽视受教育者自主建构道德品质的可能性,任何道德规范都会成为虚设,受教育者也就不会从这种规范中领悟到道德的内在意蕴,个体的道德品质也就无从生成、发展与完善。从本质意义上来看,思想政治教育是一种人的自主建构的实践活动。教育是受教育者和教育者之间通过交往实践而展开的受教育者自主建构的实践活动。[①]思想政治教育作为教育活动的一种,具有与教育实践活动同样的内在结构。在马克思看来,人的实践有两种含义:一是主体改造客体的活动;二是个体的创造性活动。真正的实践是指人通过自身的实践力量,以自我全面发展为目的的自主创造性活动。也就是说,人的实践活动表现为改造客观世界和主观世界的活动。这种实践活动本身既是主观改造客观,也是主体自我创造的活动。因此,教育本质上是一种个体自主建构的实践活动。人的自主建构过程表现为主体对客观精神的主动占有。在这一过程中,个体不断批判和超越自我,表现出高扬的主体性和创造性,使个体在受教育中不断创造和发展着精神世界。所以教育实践活动不仅发展和完善了人,而且也创造了精神文化世界。教育本质上就是"我"的建构活动,外部世界只有为"我"认同和内化,才能最终形成"我"的精神。[②]而要真正实现受教育者理想道德人格的自主建构,一方面,培养受教育者的主体性意识是主体性理想道德人格自主建构的前提和基础,让受教育者充分意识到自己是思想政治教育活动的特殊性"主体",也是理想道德人格

① 参见冯建军:《现代教育原理》,南京师范大学出版社,2001年,第28页。
② 参见张应强:《高等教育现代化的反思与建构》,黑龙江教育出版社,2000年,第223页。

发展建构的"主体";另一方面,提升受教育者的需要层次是主体性理想道德人格建构的内在动力,离开了合理的道德需要就不会有道德行为的主动和自觉。

二、自主建构:主体间性视域的思想政治教育主客体关系建构的本质

(一)建构主义理论视域中的教育主客体关系

思想政治教育过程中的受教育者和教育者的地位、角色加之交往关系都受教育模式、教育理念的影响。建构主义理论所蕴含的教育理念与教学模式,构成了思想政治教育主客体关系的特殊背景。建构主义理论从受教育者的视角对教育教学做了进一步的研究分析,建构主义理论对传统的教育模式进行了改变,对传统的以知识为中心的教育教学方式进行了转变,以崭新的视角为教育主客体关系的发展提供了新的策略途径。建构主义理论彻底颠覆了传统的教育教学理念,必然对思想政治教育主客体关系有着独特的诠释视角。从建构主义理论角度对思想政治教育关系进行深入探讨,必将会促进思想政治教育的发展与改革,同时也为主体间性视域的思想政治教育主客体关系创造新的建构思路。要想深入理解思想政治教育主客体关系在建构主义领域呈现出一种怎样的发展状态,对建构主义做积极的钻研与分析是一种必然要求,这是主体间性视域的思想政治教育主客体关系建构的重要理论借鉴。

建构主义是融合了哲学、现象学、教育学、社会学和心理学等学科的研究成果而形成的一种非常庞杂的社会科学理论,其思想理论渊源可以追溯

到皮亚杰的认知心理学。建构主义理论对 20 世纪人文科学和社会科学的发展都产生过重要影响。作为一种庞杂的哲学文化思潮，建构主义在不同领域中有着不同的内涵诠释。从认识论意义上来看，建构主义认为事物是通过社会建构而成的，因此这一理论得以命名"建构主义"。格林斯基则强调，"建构主义所关注的是人类作为实践者在知识创造中所扮演的角色，从这一意义上来说，它更像是一种方法论"①。但是范菊华认为建构主义是结构主义的一种形式，是一种社会科学形态，也有学者认为建构主义是诸多哲学思潮的共识。在教育学领域中，学者们对有关建构主义的诠释存在不同的认识。有的学者持这样的观点：建构主义是研究知识的本质是什么与知识获得的历程的一种信念（Tobin and Tippins，1993）；有的学者认为建构主义是一种知识理论，这种知识理论是动态发展的知识理论（Von Glasersfeld，1995）；还有的学者持这样的观点：建构主义是一种学习理论（Cobb，1998）。尽管建构主义不同的流派观点各自有所侧重，但他们之间也有些共同的主张：①知识是被具有认知能力的主体主动建构的结果，而非被动接受的；②认知能力不在于发现客观存在的世界，而在于能适应环境，以及组织起自我所经验的世界。基于上述观点，笔者认为建构主义是关于知识的本质和知识获得过程的一种理论，它认为知识不是与生俱来的、等候学习者的发现，而是学习者主动建构的，而且与学习者的生活经验、文化背景及价值取向等密切相关。知识的获得过程是通过具有认知能力的个体对于自我所经验的世界的主动组织。

建构主义的学习理论指出，面对客观存在的世界，我们每个人决定如何理解世界及赋予其何种意义。我们每个人借助自我已有的经验基础来解释和建构现实，以便形成自我看待现实世界的看法。因此知识并非对现实世界

---

① 金俊岐、胡笑雨：《建构主义视野中的科学史》，《科学技术与辩证法》，2003 年第 10 期。

的唯一的、准确的解释,也并非问题的最终答案,而是人们当前对客观世界的一种较为可靠的假设和诠释。人们关于外部世界的认识与诠释,很大程度上受自身的受教育程度、价值取向、自身经历等影响。学习者对知识的学习过程,主要是他们对知识本身不断建构的过程,借助教育者与受教育者之间的对话、理解与合作,进而创造人们生活世界的意义。"建构本身渗透着主体的主观意志和情趣,知识的建构是借助主体的利益、需要、情趣、胸襟和价值观而实现的。"[①]如今的建构主义者重视教育教学过程中教育者与受教育者及受教育者之间的互动影响,个体对外部世界的诠释与认识都是建立在自身的生活经验的基础上的,基于每个人的具体情况存在差异,因此对世界的认识与诠释就相应地存在差异。教育者与受教育者及受教育者之间的合作会由于相互之间对外部世界的认同存在差异,而变得更加丰富与全面。

在整个教育实施的过程中,教育者会突破自身的局限,通过与他者的相互交往与沟通进而丰富完善自我的认识。因此教育过程中的对话与合作是教育者、受教育者实现相互认识的关键性途径,如此对于学习上的广泛迁移十分有益,同时受教育者与教育者之间展开的各种问题讨论、协商、合作,教育者与受教育者的智慧与思维被整个教育共同体所分享,共同完成了对外部世界的意义建构。从教育过程来看,建构主义者否认了传统教育活动中教育者的权威和中心地位,从受教育者的学习活动出发开展教学研究,形成了其基本的教学理念。认为受教育者对外部世界的信息会主动进行选择、加工和接受,而非被动地接受教育者的刺激和训导;知识本身的意义是借助受教育者与教育者之间的既有经验,经过反复的、双向互动过程而建构起来,而非单纯由外部信息所决定。它强调受教育者是认识主体和意义世界的主动建构

---

① 肖川:《"建构知识"之意含》,《北京大学教育评论》,2004 年第 1 期。

者,受教育者接受教育的最终目的就是对知识的意义建构。当然建构主义虽然强调受教育者对知识意义的主动建构,但是它并不因此就否认或忽视教育者在受教育者知识意义建构过程中的作用,而是承认受教育者在主动建构过程中,仍然会遇到各种问题,需要教育者以不同的方式对受教育者的意义建构给予积极的引导和"隐性控制",以便促进受教育者高效率、顺利地完成知识意义的建构任务。

教育理念和教育模式对教育者与受教育者地位、角色,以及交往实践关系的发展有重要的影响。从某种角度而言,建构主义对传统的教育教学理念进行变革与更新,必将对教育主客体关系有着独特的诠释。在传统的教育过程中,教育教学主要是依赖教育者的预先设计、控制、计划来展开教学,教育者在整个教育教学过程处于绝对的主体性地位。一切教育实践活动均由教育者发起、实施和评价,受教育者只是教育者的作用和控制对象。建构主义者则认为教育者要以"引导"代替"教育",提倡对话性教育方式,而不应该以传授知识和控制受教育者作为主要任务。在建构主义理论中,教育者所扮演的角色主要是为受教育者的自主学习和自由探索创设有利的教育环境,引导受教育者朝着有利于意义建构的方向发展。教育者是教育的实施者、协作者,因此教育者必须在受教育者学习的过程中充分发挥好自我角色的职责,在教育过程中能够做好合理的引导,积极加强与受教育者之间的沟通与合作,构建平等、民主、互动型的主客体关系,并最终实现真正意义上的"教学相长"。

这样,传统的"师传生受"的教育理念在建构主义理论领域实现了自身的变革与重新发展,教育过程中受教育者的被动角色被改变,从而使得受教育者成了教育过程中拥有自我选择权和自我决定权的独立个体。在教育过程中,受教育者成了知识意义的主动建构者,教育实践活动的积极参与者和实际控制者,也成了德性生成的重要力量。受教育者群体不仅是个体知识建构的重要基础, 同时受教育者群体还是知识建构的主体。在传统教育理念下,教育者利用其对知识的掌握和对受教育者的直接控制,建立了教育者的权威地位,教育者处于较高的社会地位,是施教者的角色,起着支配性的和主动的作用。受教育者则处于被动的、受教育的"下位"或弱势地位。受教育者在被动的情况下所体验到的往往是教育者的控制与征服, 教育者与受教育者之间就特别容易产生分歧与矛盾。建构主义理论对传统的教育模式进行了较大的变革与更新, 使传统教育理念下的教育主客体关系实现了转化与突破,坚定立足科学的认知结构的建设,确立了受教育者在知识建构过程中的主体地位,对教育者的角色也进行了重新定位,积极从传统教育模式下的灌输者向知识建构的合作者和引导者方向转化、发展。

在受教育者知识和意义建构的过程中, 教育者与受教育者的关系是建立在对话、理解基础上的平等合作关系。建构主义理论下的教育过程是主体与客体之间的有效互动,以及合作与理解,而绝非是简单的主体对客体的反映。认识的过程就是受教育者在教育者的积极引导下实现着意义建构的过程。在教育过程中,受教育者扮演着独立的主体性角色,是知识意义建构的主体。但是由于受教育者在年龄、学习经验、人生阅历和知识积累等方面的劣势, 教育者的引导和帮助则是受教育者顺利实现知识意义建构的必要条件。教育者对受教育者的引导和帮助作用贯穿于受教育者自我知识意义建构的全过程。

建构主义理论视野中的教育主客体关系, 实质上是一种社会性的交往实践关系。教育过程是受教育者在教育者引导和帮助下自主完成的,教育者对受教育者知识建构的作用是以隐性的方式发挥的, 这就极大地缓解了受教育者对教育者及硬性教育制度的对立情绪, 使得受教育者产生了自主进行知识意义建构的内驱力。在这一教育过程中,教育者对受教育者知识建构的引导和帮助作用是通过对教育资料的控制来实现的。教育者的主要任务是设计教育环境、创建教育信息资源和编制教育教学课件,向受教育者提供教育教学资料和提供相关的具有价值的教育教学建设性意见,积极促进受教育者自身意义世界的生成与完善。教育者的角色发生了根本性变化,他已经不再是教育实践活动的控制者、灌输者和支配者,而变成了受教育者知识建构活动的协作者和辅助者。尽管教育者的"教"在建构主义教育过程中仍然发挥着重要作用,受教育者的"学"依然很难离开教育者的引导和帮助,但是与传统的灌输式教育教学相比,建构主义解构了教育主客体之交往中教育者的单向灌输,以往教育者依靠强制力对受教育者进行改造的状况得到了根本改观,教育者的任务不再是对受教育者进行"灌输""填鸭"和考试"训练",而是借助控制教育资源和信息来引导和帮助受教育者开展知识意义建构,从而成为受教育者的引导者与协作者。

同时教育者不再局限于通过对教育资源的控制来对受教育者进行掌控,而是同受教育者沟通合作,形成良性的互动作用。由于受教育者在思维方式、知识储备和人生经验等方面不够成熟,他们在知识意义建构的过程中必然会遇到各种各样的问题。在这种情况下,教育者必须以协助者的身份出现,与受教育者进行讨论协商,对受教育者进行引导、帮助,使得受教育者顺利完成自我的知识意义建构。教育者与受教育者之间的交往贯穿于受教育者知识意义建构的全过程。通过教育者与受教育者、受教育者与受教育者之间的交流与沟通,尤其是通过与教育者的直接交流,受教育者不仅完成了知识建构,而且他们在人生观、价值观、道德观等层面都有了认识上的提升,并且将这种知识建构贯穿于具体的日常生活世界实践中,体现在社会文化与社会生活等领域,并在此基础上完成了自我德性和情感的建构过程。在后一种层面上，受教育者的自主建构不再局限于知识的增长，更彰显了自我意识、情感的发展和完善以及德性的生成。主客体之间的交往成了受教育者意义世界建构的重要组成部分，通过建构主义中的主客体交往，受教育者获得了全面的发展，彻底突破了传统教育模式中以知识传授为主的观念，教育活动真正成了"人"的教育，真正成为提升人、发展人、完善人的活动。

建构主义理论认为，教育者与受教育者显现出来的互动关系也是一种知识构建的体现。哈贝马斯说人类的共识促成了真理的产生，共识是由所有参与讨论者基于平等而真诚的人际关系基础，在自由的公共空间中展开的充分讨论所实现的。整个教育过程中都显现出了互动关系，这种互动既体现在受教育者与教育者之间，也体现在受教育者群体之间的心灵沟通，在彼此互动和交流中，每个个体都是理解者，他们既不能彻底放弃自我的理解，又要站在被理解者的立场上去理解与自我理解相左的观点，从而在相互对话、理解和沟通的基础上拓展着自我的视域，并最终完成知识意义建构。教育者和受教育者之间的互动合作，有利于提升教育主客体对彼此感受和观点的理解，有效提升了个体的认识能力和水平。教育实践活动过程也因为教育者与受教育者双方的互动交往，呈现出一种开放包容的特性，有效促进整个"教育群体"中个体的成长。

在建构主义理论指导下的教育教学其实是受教育者与教育者密切合作、互动交流，并致力于自我建构、自我发展、自我完善的实践活动，而非单纯的"上施下效"的活动。教育活动过程就是通过主体间性的教育主客体关系，使得教育者与受教育者摆脱知识的控制，成为知识的主人。使得教育者所关注的不仅仅是知识的传授，还有受教育者的灵魂净化、人文关怀、人格塑造和德性生成。借助知识发展，受教育者获得自身的全面发展，由知识性生存达致智慧性生活，从而最终实现人性的升华和意义世界的建构，使教育真正成为意义建构、德性生成与完善的实践活动。建构主义视野中的教育主客体关系从本质上是在平等、民主的教育环境中,受教育者与教育者的能动性都会得到充分的调动与激发,并且双方可以形成较为积极的互动与交流形成,还能够形成认知上的共识、思维上的同步、情感上的共鸣,从崭新的视角促成了教育者知识意义自主建构的交往实践关系的形成。建构主义理论将教育过程中的主客体互动关系提升到了一个重要的位置,尊重受教育者在教育过程中的主体地位,推进受教育者的自主建构。建构主义视野中的教育主客体关系不仅对传统的教育价值理念产生了深刻影响,更是站在新的视野对教育的目的进行了重新审视与定位。以自我发展为中心的教育过程,受教者不再仅仅关注自身智力的提升,知识储备的发展,更关注自我通过获取知识这种方式来实现自我人性的提升和自由全面发展。但由于受传统的社会文化的影响,现实生活中的教育实践活动的根本目的是获取大量的知识,从而忽视教育中更为根本的目的,即实现受教育者情感、人格与德性的生成与完善。教育活动不能离开知识发展和智力提高,但更要关注主体在教育活动中表现出来的对智慧的不懈追求,以及主体精神发展和意义世界的建构。

建构主义理论为我们研究主体间性视域的思想政治教育主客体关系建构,分析思想政治教育主客体关系的本质提供了理论借鉴。“灌输式”教育模式曾经是我国思想政治理论教育的特色和优势,但是仅仅有灌输是远远不够的。教育者必须认识到,受教育者是教育实践活动的主体,教育主要依赖于内部生成,而非仅仅外部灌输。思想政治教育是受教育者积极主动建构意义世界和内在德性的过程,受教育者自主选择接受教育信息资源,以自己的视角理解教育资源信息,重构自我的知识意义世界和德性结构。思想政治教育需要构建主客体之间的一种平等、民主的关系,在教育者与受教育者之间相互合作与沟通的基础上实现受教育者的德性生成与知识意义建构。

(二)主体间性视域的思想政治教育主客体关系中的个体自主建构

思想政治教育本身就体现了主体间性的关系,而主体性理想道德人格就是在交往实践过程中,以个人主体性为基础,通过主体间性的相互交往、相互沟通而形成的人格的道德规定性。它着重强调主体在普遍交往的基础上充分发挥主体性作用,在自主建构的基础上最终形成理想性道德人格。

第一,主体间性视域的思想政治教育主客体关系中,个体自主建构的彰显。道德品质的生成与发展是主体主动建构的过程,也是一个与主体的需要和兴趣相互关联的过程。个人道德实践生活以个体的思想道德品质的自主完善和建构为基础,理想道德人格的生成最终要通过主体自主建构来实现。皮亚杰认为个体对知识获取是通过主体和外部世界建立联系,在相互作用的基础上逐渐建构起来的;认识具有明显的自主性特征,认识的建构与发展其实就是一个不断积极建构的过程,它并不受外部教学条件的支配。①因此,主体间性视域的思想政治教育主客体关系,要尊重受教育者的自主实践的权利,使他们能够保持自主和自由状态,从而为受教育者的主体性发展创造环境和条件。

一方面,教育者对受教育者在教育过程中的角色进行重新定位,要确定受教育者的主动建构者地位。通过思想政治教育以后,会大大提升受教育者无限发展的可能性、处在时刻变化中的人。这种可能性构成了受教育者自主建构的契机和基础。"人的生活世界并非遵循一种被赋予的过程,自然界完

---

① 参见肖川:《主体性道德人格教育》,北京师范大学出版社,2002年,第159页。

成了人的一半,另一半留给人自我去完成。"①受教育者本身并不是一成不变的,而是不断发展变化,并且具有独立个性的生命体,现实的生活实践和交往实践是个体生成性形成的基础。胡塞尔曾经说:"最为值得重视的世界是我们的日常生活世界。"②"个体通过批判性考察别人的观点来学习,通过对话与交流产生新见解。"③因为一切学习过程都是个体主动建构的过程,受教育者是具有创造性的实践主体,具有主动探索未知世界的能力。在传统的思想政治教育过程中,受教育者往往被看成是被动的接受者,是教育者填充的"容器"。受教育者的学习主体性在主体间性视域的思想政治教育主客体关系中获得了充分的发展与尊重,借助主体间的对话、交往和理解而实现自主建构。"只有当主体同环境中的人们相互作用时,学习实践才能激起自我内部的发展过程。"④

另一方面,从思想政治教育过程来看,受教育者学习的过程,就是他们基于自身的文化知识结构和生命体验等对所学内容进行选择和整合,并将其内化为自己信念的过程。任何文化知识要转化为受教育者的精神资源,都必须经过主体的内化过程。作为能动性的主体,受教育者总是依据自己的价值判断,对外部信息进行选择和加工,"所有客体要能为主体所掌握都必须经过主体已有心智结构的筛选"⑤。在这一过程中,智力因素和非智力因素共同参与实践自主建构的任务。也就是在这一过程中,学生的认知、情感和意志得以生成和完善,这也正是受教育者自主建构的动力之源。交往实践促进了主体

①　[德]O.F.博尔诺夫:《教育人类学》,李其龙等译,华东师范大学出版社,1999年,第35页。

②　[德]胡塞尔:《欧洲科学危机和超验现象学》,张庆熊译,上海译文出版社,1998年,第26~27页。

③　[美]莱斯大利·P.斯特弗等编:《教育中的建构主义》,高文等译,华东师范大学出版社,2002年,第2页。

④　郭裕建:《"学与教"的社会建构主义观点述评》,《心理科学》,2002年第1期。

⑤　鲁洁:《教育:人对人自我建构的实践活动》,《教育研究》,1998年第9期。

间性视域的思想政治教育主客体关系中受教育者的智力场景的形成,在其中所展示的就是典型的"主—主"结构。

第二,在主体间性视域的思想政治教育主客体关系的建构过程中,呈现出教育者主动引导和受教育者自主建构相统一的关系。尽管个体的道德品质是主体自主建构的结果,但不同层次的实践活动对个体道德品质发展的作用是不同的。对思想政治教育实践活动来说,在充分肯定受教育者道德品质的生成与发展是主体自主建构的同时,更要特别强调思想政治教育活动和教育者对于受教育者道德品质生成与发展的主动性价值引导。主动性的价值引导是教育实践活动的内在属性,教育过程的每个环节都呈现着价值引导的因素。在主体间性视域的思想政治教育主客体关系的建构过程中,呈现出教育者主动引导和受教育者自主建构相统一的关系。从本质上来说,主体间性视域的思想政治教育主客体关系,体现了教育活动的内在属性。在英语语境中,教育一词有"生长"的意思,而在德语语境中,则有"引导"的含义。[①]

著名教育哲学家彼得斯指出:"教育实践活动已先在地认为有价值的东西就应该被赋予这一准则包含其中。"[②]他认为教育实践活动包含以下标准:一是有意识地使受教育者的心灵发生变化;二是受教育者的心灵变化也是有目标的,而非任意的;三是受教育者能基于已有的知识结构和生活经验来理解和接受教育活动;四是知识和技能必须以符合道德性的方式来传授。可见主动性的价值引导是教育实践活动的内在属性。"教育实践活动所呈现的是一个意义世界。教育实践活动负载着文化意义和社会价值,教育实践活动就是把人类的历史经验、生活实践与受教育者的生活世界紧密结合起来。"[③]思

---

① 参见邹进:《现代德国文化教育学》,山西教育出版社,1992年,第30页。

② 瞿葆奎主编:《教育学文集·德育》,人民教育出版社,1989年,第527页。

③ 金生鈜:《理解与教育——走向哲学解释学的教育哲学导论》,教育科学出版社,1997年,第82页。

想政治教育过程中,主动性价值引导只有建立在对人类历史经验的深入把握和对受教育者潜能的全面了解基础上,才能真正实现对受教育者的价值性引导。价值性引导意味着教育实践活动是有目标的,所有教育实践活动都是为达到特定的教育目的而展开的。

在学校思想政治教育活动中,教师对学生的道德品质生成负有道义上的责任,他们肩负着引导学生不断追求高尚的道德品质的责任。教育实践活动本质上内蕴着教育者的主动性价值引导活动,这种价值性引导内含着教育者的主观旨趣和价值预设。在这一教育实践活动中,由于受教育者是处于自主建构中的现实的个体,因此这种价值引导不同于"控制"和"奴役"。思想政治教育活动离不开主客体的共同作用,这一点已经从思想政治教育活动的实践中体现出来。思想政治教育者是思想政治教育的发动者、承担者与实施者,是在经过一定的专业教育,按照一定的计划与目的实施教育的人。[①]思想政治教育就是统治阶级运用主流意识形态掌握群众的一种重要方式,其本质就是一定社会主流思想价值观念体系的代表者,是浓缩了的社会主流思想价值取向体系。所以,在思想政治教育过程中作为其中的教育者对于社会教育价值具有重要的引导性作用。思想政治教育过程中教育者对受教育者的教育,就是以特定意识形态为核心的价值观念体系对受教育者的思想道德品质进行积极的建构与影响。所以说主动性价值对于思想政治教育而言是对其进行引导的存在与社会性基点,是思想政治教育本质的基本维度之一。

从总体来看,个体德性建构体现了受教育者作为现实的个人与外部世界的一种关系。思想政治教育过程的本质就是受教育者在教育者的主动性价值引导下自主建构其德性的过程。而在思想政治教育过程中,教育者的价值

---

① 参见张耀灿等:《现代思想政治教育学》,人民出版社,2006 年,第 236 页。

引导与受教育者的自主建构活动从主体性活动的角度而言具有很大的区别，从双方在思想政治教育过程中的作用与地位来看就存在明显的差异。教育者的价值引导在思想政治教育活动中是受教育者德性自主建构顺利进行的条件，思想政治教育活动的出发点和归宿都要着眼于受教育者的自主建构活动。正如鲁洁所说："教育过程的客观规律是：教师主导作用的实现，其结果必然是学生主动性的充分发挥；离开了学生的主动性，教师的主导作用就失去了它的对象和归宿。"①可见受教育者自主建构与教育者的主动性价值引导呈现出一种统一性贯穿于思想政治教育活动的全部过程。

思想政治教育在主体间性视域下的主客体关系中，呈现出教育者主动引导和受教育者自主建构相统一的关系。而其主动性价值引导主要通过对思想政治教育的目标设定、教育内容选择以及教育情境创设来实现。恩格斯认为在社会历史范畴内，一切事情的产生都是在一定的目的与意识的引导下进行的。作为主体德性生成和精神自主建构的过程，思想政治教育在主体间性视域下的主客体关系，要生成和完善的是人的德性品质，而这是意义世界展开的过程，其关注的是价值观念问题，指向的是人的精神价值和意义世界。个体道德品质的生成就是在教育者的主动性价值引导下，受教育者自主理解社会道德知识、价值规范并纳入主体德性品质结构的过程。杜威认为："个体的天赋能力是德性生成与发展的起点，但是这些不是目的本身，而外部的环境条件是人的各种内在可能性得以发展不可取代的手段。"②也就是说，思想政治教育情景的创设离不开教育者主导性、能动性的充分发挥。主体性理想道德人格体现了教育者的主动价值引导与受教育者自主建构之间相辅相成的关系。在主体间性视域的思想政治教育主客体关系中，教育者以受教育者

---

① 南京师范大学教育系编：《教育学》，人民教育出版社，1994年，第102~103页。

② 转引自褚洪启：《杜威教育思想引论》，湖南教育出版社，1998年，第125页。

为立足点,积极为提升教育效果的展开创设问题情境,主动引导受教育者在批判和反思的基础上建构个体的认知、情感和道德人格结构。主体间性视域的思想政治教育主客体关系,就是从人的实际需要出发,以日常生活世界的意义情境创设为基础,通过理解、对话来生成和完善道德品质,养成个体的主体性理想道德人格,实现人的自由而全面发展。离开了人与人、人与社会的交往实践来谈道德人格是毫无意义的。道德人格的生成和完善过程"是一个非常个人化的过程,同时又是一个建设相互影响的社会关系的过程"①。可见主体性理想道德人格包含着主体间的因素,是主体间的相互对话、沟通和理解,它深刻体现了人与人之间的主体间性关系。

第四节　互利共赢原则

恩格斯曾认为,人类活动都是基于一定的意识在有目的基础上展开的,人类从事的一切活动必定都和一定的目的意图相挂钩。②这就是说人的一切活动,特别是社会实践活动都有着实践主体自己的价值选择和目的性追求。思想政治教育主客体关系发展的历史告诉我们,倘若没有明确合理的教育目的与目标,教育者与受教育者的思想政治教育主客体关系就很难健康化发展,有可能造成教育者对受教育者进行控制与约束,我们在这方面也曾经有过比较深刻的教训。

---

① 　联合国教科文组织报告:《教育——财富蕴藏其中》,教育科学出版社,1996 年,第 86 页。

② 　参见《马克思恩格斯选集》(第四卷),人民出版社,1995 年,第 247 页。

一、思想政治教育主客体关系发展的目的

目的是指"想要达到的地点或境地,以及想要得到的结果"①。促进思想政治教育过程中受教育者与教育者双方关系的发展与完善,就是思想政治教育主客体关系发展的最终目的。在整个思想政治教育活动中,其目的就是思想政治教育活动中主体与客体,尤其是在受教育者理想道德人格形成与发展过程中的地位和作用形态,它在整个思想政治教育过程中是主客体关系中的关键性问题。有关思想政治教育主客体关系发展的目的究竟是什么? 不同的学者从不同的视角做了研究。比如有学者从政治学角度,指出思想政治教育主客体关系发展的主要宗旨就是为了实现教育者借助国家和社会意识形态教化完成受教育者的政治认同和主流价值共识,从而来维护和实现统治阶级的意识形态控制和政治统治。认为思想政治教育主客体关系发展的目的在于通过教育者的主导性教育活动"实现统治阶级的思想控制和精神主导"②。有学者则从社会学角度指出,思想政治教育主客体关系发展的目的是借助教育者的主导性教育实践活动"促进个体社会化,从而维护社会稳定和实现社会整合"③。还有学者从管理学角度指出,思想政治教育主客体关系发展的目的在于加强和实现社会管理。这些研究突出了思想政治教育主客体关系发展的外在价值和目标,有其合理性。但是在一定程度上却忽视了思想政治教育主客体关系发展的内在价值和目标,即其具有的"属人性"的价值。

值得一提的是,在尚没有形成主体间性视域的思想政治教育主客体关系

---

① 《现代汉语词典》,商务印书馆,1983 年,第 809 页。

② 李新颜:《思想政治教育目的论》,首都师范大学硕士学位论文,2002 年。

③ 李辽宁:《当代中国思想政治教育意识形态功能研究》,武汉大学出版社,2006 年,第 26 页。

之前,关于思想政治教育主客体关系发展的目的,究竟是教育者本位和社会本位? 还是受教育者本位和个人本位? 长期以来,在国内一直存在两种相互竞争的思想政治教育主客体关系发展目的论。为了能更好地理解主体间性视域的思想政治教育主客体关系发展的价值取向和目的, 首先应正确理解和对待这两种不同的思想政治教育主体客体关系发展目的论。

第一,有关教育者本位和社会本位的思想政治教育主客体关系发展目的观。在现代社会发展过程中,整个社会愈来愈强调国家稳定和社会和谐稳定发展,不断取得进步的主流价值取向,因此"社会性思想政治教育"成了现代思想政治教育的明显特色。体现了思想政治教育主客体关系发展的一种社会价值取向, 即教育者本位同社会本位的现代思想政治教育主客体关系发展方向。这种价值取向必然要求思想政治教育主客体关系发展必须植根于现实社会,以社会整体价值和国家稳定为本位,以此来规约全体社会成员的思想价值观念与外在行为, 从而使思想政治教育主客体关系发展本身从社会发展需要和整体利益中获得资源支撑和根本动力。强调思想政治教育主客体关系发展的根本价值,就在于服务国家稳定与社会需要,反映和促进社会稳定与社会进步,从而特别注重教育目的的一致性和普遍性。这一目的观的主要特征是以国家社会和教育者为根本"基点",从社会整体利益出发来界定思想政治教育的目的, 从而认为思想政治教育主客体关系发展的根本出发点和落脚点就在于满足国家稳定与社会政治、经济、文化等整体发展需要和根本利益。

社会本位与教育者本位的思想政治教育主客体关系发展的目的观,是对社会整体利益需要和进步发展的一种现实承诺。它一味地以国家稳定和社会整体利益需要, 积极调动思想政治教育者在教育过程中的引导和主导性价值,借助思想政治教育实践,尤其是受教育者的道德人格、行为规范和政治认同等的严格规划和设计安排，从而规定着思想政治教育的具体实现模式与过程。教育者本位与社会本位相统一的思想政治教育主客体关系的价值取向促进了思想政治教育相关使命与任务的确立，即实现受教育者的社会化，突出强调思想政治教育主体客体关系中教育者的地位和作用。这一目的观有其合理性，但在这种价值观的引导下，思想政治教育却往往仅凸显了其所具有的工具性价值，使得思想政治教育本身成了满足和实现国家稳定与社会利益需求的一种手段，从而丧失了其独立存在的生存论地位和意义价值。思想政治教育活动纯粹成了在国家主导尤其是教育者主导和控制下实施社会主流意识形态传播的工具和手段，这在一定程度上导致了思想政治教育俨然成为对受教育者实施控制并最终导致受教育者异化的一种工具，从而使得思想政治教育主客体关系发展背离了其应有的全面的目的性和价值性。

第二，个体本位与受教育者本位的思想政治教育主客体关系发展目的观。这一思想政治教育主客体关系发展的目的观主张，思想政治教育主客体关系要实现真正的发展必须以受教育者的个体道德本性为基点，以受教育者的个体性自由、价值和尊严为核心，充分肯定、尊重和发挥受教育者的主体性地位和作用，依据受教育者个体发展和完善的精神价值需求来规划和设计思想政治教育活动，藉此来提升受教育者个体的生命质量、生存意义与精神价值，促进受教育者个体的个性自由、全面发展和理想道德人格完善。持此论调的学者认为思想政治教育主客体关系发展的终极目的也是着眼于个体的发展，即立足受教育者的个性与理性，促进个体的人自由发展，并非以国家与社会利益为着眼点。"教化不是把人当作表现一定道德和实现其他目的的工具，而是无论处于什么样的场合与时间下，都绝对尊重人的价值与个体发展。"①个体本位和受教育者本位的发展目的观为思想政治教育主客体关系发展创造了新的视角，表现出了对思想政治教育主客体关系中存在的一味强调教育者的地位和作用的不同意见，而忽视受教育者的主体性地位和作用，从而一味强制单向灌输模式而忽视受教育者自主建构的积极意义。但如果对受教育者个人的主体性强调过度，就又容易引起思想政治教育主客体关系发展中的相对主义，一定程度上有消解教育者在整个思想政治教育过程中的价值与作用的风险。从本质上来看，思想政治教育主客体关系发展的目的要围绕促进受教育者个人价值、需要和尊严提升来展开，但倘若脱离了现实社会就无法讨论独立的个体，更无法谈论思想政治教育主客体关系本身发展及思想政治教育活动发展。综观国内思想政治教育主体客体关系发展的历史经验，社会本位与教育者本位比个体本位与受教育者本位更有害于社会发展和进步。诚如张楚廷先生所言："我们曾处在极端的'社会本位'之下，它具有的破坏力，如果不是历史的教导还难以想象。"②为此主体间性视域的思想政治教育主客体关系，期望能在教育者本位和社会本位与个体本位和受教育者本位之间保持必要的张力，寻求彼此间的动态平衡。

　　新中国成立以来，我国思想政治教育主客体关系发展的目标整体上主要表现为明显的社会本位与教育者本位的价值取向，对思想政治教育促进人自由全面发展的个体价值和受教育者的主体性地位和作用重视不足。但是在思想政治教育主客体关系发展的进程中，倘若受教育者的个体价值与主体性地位及作用得不到应有的尊重与重视，则思想政治教育的根本价值就不能真正得到体现，尤其是促进人的自由而全面发展的终极价值就得不到最终实现。

---

① 金生鈜：《教育目的中的个人本位论与社会本位论的对立与历史统一》，《华南师范大学学报》，2000 年第 2 期。

② 张楚廷：《大学学术权力》，《南开教育论丛》，1993 年第 3 期。

自20世纪90年代以来,对思想政治教育主客体关系发展的目标探讨,也开始关注思想政治教育主客体关系中受教育者个体的自由全面发展和受教育者在这一关系发展中所起的主体性作用的讨论和分析。尽管开始关注思想政治教育主客体关系中对受教育者的全面发展和受教育者主体性作用发挥的重要性,但在思想政治教育主客体关系中,由于长期以来我们强调的是将社会价值置于思想政治教育主客体关系发展中的最高位置,给予受教育者充分的尊重与个体发展的自由在这一关系中的地位和作用的价值观念尚未获得充分的重视。导致思想政治教育主客体关系的本质没有得到充分体现,以人为本的价值取向也没有真正得以实现,这就使思想政治教育主客体关系发展的两种目的观之间产生割裂,从而严重影响了思想政治教育的实效性。

目标是人的实践活动的灵魂所在,它贯穿于人们实践活动的始终,并规定着实践活动的方向与价值。在思想政治教育过程中建构主客体互动关系,促进主客体关系的发展是头等重要的问题,是人们对思想政治教育主客体关系发展预期结果的主动性、主观性设定,彰显了主体在思想政治教育主客体关系发展过程中的价值倾向。目标在思想政治教育活动过程中起着主动性引领和规范的作用,制约着思想政治教育实践活动的途径形式及具体内容,并且决定着思想政治教育最终取得的效果。确立明晰的思想政治教育主客体关系发展目标,对思想政治教育主客体关系发展趋势具有决定性作用,假如目标不存在,则思想政治教育主客体的统一关系就会遭到破坏。思想政治教育主客体关系要想实现真正的发展,必须要确立发展的目标,如此才会真正推动思想政治教育主旨的最终实现。明确思想政治教育主客体关系发展目标,对于有效调动思想政治教育过程中主客体的能动性有重要作用,并且明确的目标有利于进一步掌握思想政治教育实际展开的效果。思想政治教育主客体关系发展目标的逻辑起点，应该是从思想政治教育本体论以及受教者精神世界的自主建构维度出发，体现对受教育者人性的关怀和人的自由、尊严与生命价值的充分尊重。但是传统的思想政治教育主客体关系发展偏离了"使人成其为人"的根本目的，将受教育者看作整个社会因果关系链条中的一个简单环节，从而使他们放弃了对可能性生活和人生终极价值的自主性选择与追求。社会道德教育也并非有目的地唤醒人的道德良知，而是一味地强调如何教化受教育者去遵守某些空洞的、普遍性的社会道德规范和道德原则，从而把受教育者教化成一个"好人"和"听话"者。受教育者根本无法从中体悟到道德的本真性价值所在，其所生成的道德品质也就成了无源之水、无本之木。

首先，有关受教育者在教育中的价值与地位在传统的思想政治教育主客体关系发展中没有得到充分的肯定与尊重。传统的思想政治教育往往立足国家与社会的发展，把受教育者看作是社会、教育者、国家压制、约束的对象。所以国家稳定与社会整体利益是传统的思想政治教育主客体关系发展目标的出发点，它以社会的政治、经济、文化等发展需要作为思想政治教育的立场与落脚点，思想政治教育主客体关系建构的出发点与社会的根本出发点在某种意义上是同一的，思想政治教育主客体关系发展的目标也就成了社会发展的根本目标。在这一思维模式支配下所设置的思想政治教育主客体关系发展的目标，往往想当然地认为整个社会的整体要求涵盖了受教育者的个体性需要，思想政治教育过程中关于受教育者主体性价值没有获得应有的重视，包括思想政治教育过程中关于受教育者的本身发展及道德人格自主建构的积极价值都没有获得足够的重视。这种观点往往片面强调思想政治教育者的社会化功能和价值，贬低甚至完全否认了受教育者的主体性价值与功能，因此也就不能真正揭示思想政治教育主客体关系的本质属性。这样思想政治教育的主要目标,就成了怎样将社会既定的道德价值规范转化为个体的自觉意识和行为选择,思想政治教育的功能也就仅仅在于维护国家稳定、促进社会进步和实现集体利益。

这样一来,教育者对受教育者的控制性、束缚性就成了思想政治教育主客体关系的最根本特征,个体只能一味地遵从教育者灌输的既定的社会道德价值规范和主流意识形态。最终在思想政治教育主客体关系中,完全忽视了受教育者个体生命的价值与生存意义,从而使思想政治教育活动失去了自身存在的合理性基础,最终束缚了思想政治教育本身及思想政治教育主客体关系的发展,思想政治教育本身也被异化了,丧失了其本真性的存在。实际上,思想政治教育主客体关系的发展不能仅仅停留在教育者对受教育者的一味地约束和控制上,而应更多地关注受教育者在思想政治教育过程中本身能动性与主体性的价值,关注受教育者的精神价值需求和人生价值、意义的自主建构及自我实现。

其次,在传统的思想政治教育体系中受教育者没有获得足够的尊重,受教育者的现实需要被轻视忽略。从思想政治教育发展的历程来看,传统的思想政治教育与思想政治教育主客体关系界限不清,传统的思想政治教育以一种外在的统治力量的形式束缚控制受教育者个体,超越现实的社会导向和行为控制成了思想政治教育主客体关系的本性。社会功利性在传统的思想政治教育主客体关系发展中是一项相当关键性的指标,尤其是思想政治教育用来衡量思想政治教育效果的主要标准往往表现为其突出的、政治性的特征。在新中国成立后的很长一段时间内,我们一直强调思想政治教育的主要功能是为无产阶级的政治统治服务,"思想政治教育成了'政治视野'中严厉的思想控制"①。尽管思想政治教育需要适应社会稳定与发展的客观要求,并为社会制度的巩固与完善提供服务。但思想政治教育主客体关系作为一种有目的的教育实践关系,不仅反映社会发展和国家进步的现实要求,同时也是受教育者个体德性自我生成、发展与完善的客观需要。从本质上看,思想政治教育主客体关系发展的目标是受教育者个体在德性需求基础上形成的一种特殊的自主价值追求,是他们对自我德性未来发展与提升的自觉向往。思想政治教育主客体关系发展的目标所呈现的是一种"应然性"的精神价值关系,是受教育者个体的德性价值追求和人生完善的内在需要。相对于人的社会性和发展性而言,受教育者的道德需要是一种高层次的内在精神需要。道德需要构成了受教育者道德实践的源泉,离开了道德需要就不会有受教育者主动的道德内化和现实的道德行为。一切教育只有内化为受教育者的客观需要,才能真正收到教育的实际效果。因此只有充分尊重受教育者的个体道德价值需要,思想政治教育主客体关系发展的目标才能最终落实到受教育者个体自觉的道德实践行为上,思想政治教育活动的终极价值才能真正实现。

二、互利共赢:主体间性视域的思想政治教育主客体关系建构的目的

　　现代社会既要求人们具有社会适应性,又要有高度的社会使命感和责任感;既要关心个体生命质量的提升,也要关注社会的发展态势与自然的现实境遇;既要有较高的个人思想道德素养,还要有向他者开放的合作与共生意

---

　　①　冯建军:《人的道德主体性与主体道德教育》,《南京师大学报》(社会科学版),2002年第3期。

识。表现在思想政治教育主客体关系发展的价值取向上,应是社会价值取向与个人价值取向的统一与契合。主体间性视域的思想政治教育主客体关系的价值取向,即是这样一条作为"第三条道路"的互利共赢。思想政治教育在主体间性视域下的主客体关系传递着这样一种价值理念:在建构思想政治教育主体客体关系过程中,不应单纯从国家稳定、社会进步和教育者的角度对受教育者实施控制性、束缚性的"斧正"作用,不只是教育者实现社会教化的简单工具, 也并非是教育者对受教育者传播社会既定的思想道德价值体系和意识形态,把受教育者培养成墨守成规的社会"好好先生"。还应从尊重受教育者个体生命自由的存在论意义和价值的角度, 肯定受教育者个体自由、尊严与生命成长的内在需要,并使他们获得精神价值和意义世界的有力支撑,使他们懂得明辨善恶、是非和美丑,从而使得受教育者在一生中过着一种高尚的、充满意义的幸福生活。

思想政治教育活动本身不仅以促进整个社会的稳定、和谐发展为目的,而且还要有利于促进个人自我身心的健康发展。主体间性视域的思想政治教育主客体关系建构中,从突出社会整体利益需要转而兼顾个体的需要;从单一的社会整体取向到兼顾社会与个人两个方面转变; 从突出强调教育者的主导性地位和作用向更加注重受教育者的主体性地位和作用转变。其旨趣就是促进实现个人与社会、教育者与受教育者的"互利共赢"。思想政治教育要"成人""立人",这就意味着在思想政治教育主客体关系发展过程中,要让个体,特别是受教育者个体的独特性和主体性得以显现,而不是让受教育者个体的自由和价值淹没于整个世界之中。这里强调的是要关注受教育者个体和自我,关注他们的独特权利和在社会大背景下的独立性尊严与价值。但是个人又是生活在现实世界之中,生活在与他人、社会、文化、历史的普遍联系中,因此"成人""立人"又必然要求把个体"立"于与他人、社会、历史、文化的价值性关涉之中。

　　主体间性视域的思想政治教育主客体关系建构的目的到底是什么呢？简单地说就是实现个人与社会、教育者与受教育者的"互利共赢"。具体来说，在思想政治教育主客体关系发展建构过程中，既要培养受教育者的主体性理想道德人格和各种交往品质①，又要重视发挥教育者的引导性价值，积极调动受教育者的主体性，推进受教育者的人生能够自我觉醒，进而追求人与人、人与社会、人与自然及人与自身和谐相融的有意义的生存。

　　确切地来说人格既属于心理学范围，也与思想政治教育学存在密切联系。教育立足人的人格发展与完善，人格是衡量个体本质价值的一个重要尺度。②建构思想政治教育主客体关系的重要任务之一就是塑造个体理想道德人格，培养高尚的道德品质。何谓道德人格？目前学界尚未达成一致的观点。比如有学者认为，道德人格是"作为道德主体的人的资格、规格、品格的内在统一"③。也有学者认为，是"是人们在道德生活中所表现出来的人格特征"④。但比较一致的看法是，道德人格是人格在道德上的规定性，是社会成员作为道德主体的资格或品格，体现着个体在社会道德生活过程中所处的地位与所发挥的作用的统一。据此我们认为，道德人格是指个体内在的、稳定的德性智慧和人格品质，它是理性因素与非理性因素的有机结合。由于传统的思想政治教育主客体关系忽视了受教育者个体价值追求的多样性，不是从思想政治教育主客体关系中个体的主体性出发来考察。从而使得传统的思想政治教育在教育目标的设定上，整齐划一地一味强调其国家社会整体功能，尤其

---

　　①　"交往品质"在这里是个泛指，是包含思想、政治、道德品质在内的有益于个体良好交往和幸福生活的所有品质的总称。

　　②　参见邱柏生：《试论思想政治教育对培养创新品质的作用》，《思想理论教育》，2002 年第 12 期。

　　③　彭升等：《道德人格内涵新析》，《现代大学教育》，2003 年第 2 期。

　　④　马向真：《道德人格与自我同一性》，《学术论坛》，2004 年第 6 期。

是关注国家的稳定与社会的和谐,片面强调受教育者个体必须服从国家与社会利益。不仅忽视了个人正当的利益诉求与受教育者的合理需要,也忽视了受教育者自由个性和理想道德人格的培养,从而造成了思想政治教育过程中受教育者的真正主体性地位得不到发挥,因此造成了思想政治教育过程中的实效性普遍较低。主体性理想道德人格所彰显的是一种"应然性"的道德价值理想和对道德教育实践活动所做的意义世界的价值追求。主体间性视域的思想政治教育主客体关系建构的终极目的是受教育者主体性理想道德人格的生成、发展与完善。这一目标体现了对受教育者个体道德价值、人格尊严和自主建构的充分尊重,它对受教育者个体的社会行为和道德实践起着支配性的作用。

首先,受教育者的自由本性在主体性理想道德人格中获得了充分的尊重。人的自由本性是人的道德发源地,个体德性的生成、发展及完善都与人的自由本性存在很大的联系。不承认受教育者的自由本性,也就是否定了人的道德实践活动的可能性。主体性和自由本性是人之为人的根本所在,自由自主的生命活动是人的本质属性所在。自由对于生活实践的重要性,使我们认识到主体必须对自我的一切行为负责。"自由是全部精神存在的类的本质。"①任何的思想政治教育受教育者,都是在自主选择的思想道德行为中体现着个体的道德品质和道德境界,他们对社会价值观念和道德问题的自主判断和选择本身就是一种重要的自由生命实践活动。教育实践活动只有在充分尊重受教育者的自由的基础上而实施才是合理的,受教育者只有在自由之中,才能获得德性自主建构的教育。"任何对于人的自由包括道德自由的限制,都必将减少人们对道德价值的认同,减少人们通过社会实践而生成个体德性的可

① 《马克思恩格斯全集》(第 1 卷),人民出版社,1956 年,第 67 页。

能性。"①主体性理想道德人格的养成之所以可能,根源就在于它指向道德实践主体的自由本性并与人性的内在属性相契合。反过来,受教育者自由本性的彰显,也必须以他们的主体性理想道德人格的生成、发展与完善为基础。

其次,主体性理想道德人格使受教育者的主体性获得极大提升。康德曾指出,个体德性的生成来自人们的自由意志,主体可以自主地为自我立法,从而超越了外部世界的束缚,因此道德的最高境界是其自律性。从本质来看,主体间性视域的思想政治教育主客体关系的建构,就在于使受教育者的主体性在思想政治教育主客体关系中得到根本性的提升。在思想政治教育主客体关系中,受教育者主动参与自身思想道德素质的自主生成、建构和完善,从而养成真正的道德自信和道德自觉。主体性理想道德人格内在地包含着道德实践主体高度的道德自觉、良好的自主选择意识和道德选择能力。自主选择意识是主体明确意识到自我所具有的自主选择的自由和责任,并倾向于做出实践选择的某种意图。这种意识体现了道德实践主体的觉醒意识。道德自觉是主体在既有知识框架和生活实践经验的基础上,对社会道德实践行为是非善恶的认知能力,以及基于这一能力对社会生活中的道德问题所做的根本性把握。在主体性理想道德人格的框架中,道德实践主体的自主选择能力既构成了主体道德实践意义的源泉,又成为主体理想道德人格发展和完善的归宿和落脚点。主体性理想道德人格教育目的不仅体现了教育者对受教育者的独立自由本性和人格尊严的充分尊重,而且体现了对受教育者的实际需要和自主选择能力的观照。

这种主体性理想道德人格教育的目的观,强调受教育者在思想政治教育者的主动引导下展开积极的自主建构,强调受教育者的日常生活世界和知识

---

① 金生鈜:《个人自主性与公民的德性教育》,《教育研究与实验》,2001 年第 1 期。

经验体系应该在思想政治教育活动中受到高度关注。因此要促进思想政治教育主客体关系的和谐发展,教育者就必须将建构思想政治教育主客体关系的目标,建立在对受教育者的主体性、能动性的充分尊重,以及他们道德自觉意识和自主选择能力培养与提升的基础上。主体间性视域的思想政治教育主客体关系,把受教育者看成一个开放性的自主建构者。在思想政治教育主客体关系中,充分尊重受教育者独立性的生存与发展方式,强调受教育者自主生成的教育理念和主客体间对话、理解和互动的教育方法。积极引导受教育者通过自我的社会实践、生活经验和理性反思做出合理性决策。主体间性视域的思想政治教育主客体关系建构的目标,在教育者的主动引导下,使受教育者能实现理性的自主决策,从而达到受教育者真正的意志自由和价值自觉,使受教育者个体的自主性理想道德人格最终得以生成和完善。因而主体间性视域的思想政治教育主客体关系为思想政治教育过程中教育者同受教育者双方之间的良好互动、交流、对话和理解奠立基础。

最后,主体性理想道德人格体现了受教育者的独立性、自觉性和自由性。人格表现为人的内在属性和外在行为的总和,从根本上体现了人的存在论特质。马克思指出:"人格的本质表现为人的社会特质。"①而人的社会特质就是社会关系的体现,表现为人在处理各种社会关系时的价值取向和行为选择。主体性理想道德人格作为受教育者个体生命独立自由的生存方式,使受教育者的道德实践根植于理性精神、价值旨趣和坚定信念具有了可能性。从某种意义上来看,个体道德实践的价值源泉、评价尺度都来自受教育者的自主选择,主体性理想道德人格是受教育者自主选择、自主创造和自主建构的结果。因此主体性理想道德人格首先体现了受教育者的独立性。在思想政治教育

---

① 《马克思恩格斯全集》(第 1 卷),人民出版社,1956 年,第 270 页。

主客体关系建构中,受教育者具有独立选择和承担责任能力,对自我的行为能够自主选择和自觉负责。在独立性基础上,主体性理想道德人格又体现着受教育者的自觉性。它不是受教育者个体自发和本能的自然冲动,而是渗透着理性价值的光芒,是受教育者把道德实践置于理性精神之上,是个体对人生价值和意义世界自觉追求和自主建构的意识,真正体现了受教育者个体的道德自律。正如苏霍姆林斯基所说:"一个少年,唯有具备健全化的人格,能够运用自身的精神力量促进自我不断向着更加进步的方向前进,他才会真正符合一个人的定义。"①不仅如此,主体性理想道德人格也体现了受教育者个体的自由性。主体性人格强调受教育者道德实践行为的选择是出于个体的自由意志,是从受教育者的内在尺度来引导自我发展,凭借其自由人格对社会道德生活做出审慎的选择。主体间性视域的思想政治教育主客体关系建构的目的之一就在于生成与完善受教育者的主体性理想道德人格,指向个体对未来美好幸福生活的追求。只有如此,人与人之间的交往实践关系才会发生根本性变化,也只有如此,受教育者个体的主体性理想道德人格才能最终生成和完善。

当然,尽管将主体间性视域下思想政治教育主客体关系建构的目标设定为生成和完善受教育者主体性理想道德人格。但是受教育者理想道德人格的生成与完善不是凭空产生的,而是建立在教育者与受教育者之间交往实践充分展开的基础上,在教育者的主动引领和指导的情况下,由受教育者自主选择、自主建构。可见受教育者主体性理想道德人格的建构与受教育者与教育者双方的沟通交往息息相关,后者是前者得以顺利实现的基础。受教育者在建构理想道德人格的同时,彰显了思想政治教育主客体关

---

① ［苏］苏霍姆林斯基:《给教师的建议》,杜殿坤译,教育科学出版社,1984年,第339页。

系的主体间性属性。

从人的内在发展属性来看，交往是人最基本的一种社会存在形式，每一个人的发展都取决于他直接和间接交往的所有人的发展。"世界上的每个人对自身而言都是存在的主体，这个主体与其他人共居于同一个世界，共同存在形式决定了人类的'共生活'。"①个体社会性的发展与完善，包括智力与非智力的发展，都离不开人与人之间的积极的交往实践和深度互动。可见交往品质对于受教育者来说尤为重要。受教育者只有通过交往实践，在彼此交互共生的状态中才能形成其社会性。只有通过交往实践才能使个人与他人、社会真正地融为一体，进而在这种相互融合的过程中获得生命的意义性体验，并最终形成和完善自己的个性品质。

主体间性视域的思想政治教育主客体关系建构的目的观，使受教育者社会的整体需求发展与个体的需求发展存在一致性，这些都使得受教育者的个体发展与社会、国家的发展呈现出一种相统一的关系。尤其是在关注社会整体需要和共同利益的同时，充分尊重和肯定受教育者个人的合理性利益诉求。换句话说，这种目的观归根结底都是为了使受教育者能够生活得更加美好。党的十六届六中全会将构建社会主义和谐社会确定为中国特色社会主义发展的基本策略，阐明了构建和谐社会是实现现代化建设繁荣发展的重要保障。党的十七大报告进一步强调了中国共产党全心全意为人民服务的宗旨，以人民的利益为出发点是我们党奋斗与工作的行为准则。可见主体间性视域的思想政治教育主客体关系建构，秉承了我们党的基本执政理念，其根本目的就在于让每一个个体都获得自由而全面的发展。当然在主体间性视域的思想政治教育主客体关系建构的目的中，我们既要激发教育者

---

① ［美］弗莱德·R.多尔迈：《主体性的黄昏》，万俊人等译，上海人民出版社，1992年，第62~63页。

在思想政治教育活动中的主导性价值,努力做好对受教育者的主体性道德人格建构进行引导,也要充分尊重受教育者的自由、尊严和价值,注重发挥受教育者的主体性地位和作用。

第五章
主体间性视域的思想政治教育主客体关系建构的路径

马克思认为思想与现实要具有相互迈进的特征，主体间性视域的思想政治教育主客体关系，尽管符合社会与时代发展的潮流要求，但仅仅局限于假设性的理论判断的基础上，其现实合理性还有待于进一步在实践中接受检验。只有将其有效地运用于思想政治教育实践活动并经得起实践的考验，才能实现这一理论本身应有的价值。否则理论就会流于形式和空谈。这里主要涉及"主体间性视域的思想政治教育主客体关系如何可能？"的问题。

在一定程度上，笔者只是在对传统的思想政治教育主客体关系理念进行反思和批判，所做的一种新的思想政治教育主客体关系发展模式的预见，表达一种全新的思想政治教育价值观念和理想，而不是对已经存在的事实做客观的描述。这就意味着从一种全新的教育理念演变成现实的教育实践活动，主体间性视域的思想政治教育主客体关系建构，还面临着一条漫长而艰难的道路要走。针对当前思想政治教育实施过程中遇到的难题，在具体的思想政治教育开展过程中，我们必须牢牢把握主体间性视域的思想政治教育主客体关系建构的关键环节和着力点。

第一节 着力转换思维方式

维特根斯坦认为隐藏于事物内部的问题较难解决，假设只抓住问题的表层，显然无济于事，因此要想使问题得到真正的解决，必须对事物的内部进行深度挖掘，只有将问题彻底暴露才会找到应对症结的措施，要达到这种目的我们在处理问题时一定要实现思维的转变……但是难以确立的正是这种新的思维形式。克罗韦尔是美国著名的教育家，他认为"教育正承受着严峻的挑战是去发现新的思维方式"①。主体间性视域的思想政治教育主客体关系建构的根本环节，是实现思想政治教育思维方式的重要转换与深刻变革。如果不对传统的思想政治教育思维方式采取变革措施，那么关于主体间性视域的思想政治教育主客体关系建构的最终目的就很难实现。

一、思想政治教育主客体关系的诠释方式受思维方式决定

具体来说，思维方式包含着思维功能与思维结构，思维过程其实就是思维内外部相互作用的结果。简言之，思维方式就是人们借助意识活动来把握外部世界所彰显出来的反思性或批判性能力。人类的认识和反思能力是人类不断实现自己本质的一种自我意识，是人类对自身与外部世界关系的批

---

① ［美］S.克罗韦尔：《思维的新方式：未来的挑战》，瞿葆奎主编、施良方等选编：《教育学文集·国际教育展望》，人民教育出版社，1993年，第330页。

判反思过程,它既形成了人们的世界观,也促进了人的思维方式的构成。思维方式展现了人类思维活动的特点及规律,与哲学范畴相关联。思维方式有其本身的特点:第一,思维方式具有一定的历史性。思维方式在某一特定的历史时期会呈现出一定的稳定性、会表现出定型化特征、是具有广泛性的思考问题的模式。第二,思维方式的形成离不开一定的知识背景,思维方式是人们思维活动的基本原则,它对人们的思维活动起着导向性的规范作用。思维方式标志着一定历史阶段上人的理性认识的发展方向,从整体上规范着人们分析问题、认识事物的基本思路,具有广泛的典范性。它并不具体规定人类思维活动的程序和模式。思维方式具有能动性,恩格斯把"思维着的精神"比成"地球上最美丽的花朵"。科学的思维方式能够指导人类的社会实践活动,推动事物不断向前发展。思维方式是以概念、判断、推理等理论形式表征的人的生存方式,是人们的思想意识在把握外部世界的过程中形成的特有的一种反思性、批判性能力。

思维方式在一定程度上决定了人们看待事物的方式和人们的行动方式。思维方式为人们的认识活动和实践活动提供指导性原则,规制着人们的行为方式和生活方式。一切理论和价值观念的创新往往都是以思维方式上的突破为切入点,因为新的思维方式的确立和运用往往会极大地拓展人们的理论视野,开阔人们的思维视域,并最终带来人们价值观念和理论的创新。总之,一切理论体系和价值观念创新都可以归结为思维方式的创新。作为思想政治教育主客体关系的最终建构,同样离不开人们思维方式的深刻转换与变革。思维方式决定了人们对思想政治教育和思想政治教育主客体关系的诠释方式。离开了正确的思维方式,就不会有正确的思想政治教育方法和方法论,也就不会有对思想政治教育主客体关系科学的理解。当今时代的发展变化和社会的不断进步对思想政治教育主客体关系的建构提出了全新的挑战,努力寻求反映时代精神之精华的哲学思想作为其理论指导,促进思想政治教育主客体关系之间的和谐发展与深度互动成为时代的新要求。思想政治教育主客体关系的建构只有在与时代精神相契合的哲学理论指导下才能最终得以实现。思想政治教育主客体关系发展适应时代发展和社会进步的趋势,其思维方式的变革必须有所突破。因此我们必须借助哲学思维方式的转变,积极引导思想政治教育过程中的主客体关系的构建。现阶段,思想政治教育者从不同视角对思想政治教育的实效性进行了深入探讨,并在教育内容、教育方法、教育手段等方面进行了大胆改革和尝试,但实际效果却往往不尽如人意。因此有必要从根本上转变传统的思想政治教育的思维方式。教育思维方式的现代转向,能使人们的思想政治教育观念发生根本变革,从而促使人们对思想政治教育主客体关系进行理论重构。

思维方式对思想政治教育活动起支配作用,高效的思想政治教育往往都离不开科学的思维方式的指导。一定的思维方式既体现了我们对思想政治教育主客体关系的诠释方式,也体现了对时代的发展变化与社会的全面进步的深刻把握。可以说,思维方式是整个思想政治教育的思想内核,建构思想政治教育主客体关系的根本环节就在于思维方式问题,尤其是对思想政治教育思维方式的诠释与理解。作为一种隐性的结构要素,思维方式在思想政治教育和思想政治教育主客体关系的建构中常常处于被忽略的地位。在思想政治教育过程中,人们往往关注的是思想政治教育的线性要素的变革,比如思想政治教育的方法或方法论、思想政治教育的手段、思想政治教育的环境等问题,很少会注意到思想政治教育方法或方法论、手段、环境等形式背后的思维方式问题。但实际上,思维方式对整个思想政治教育活动及其相关因素起着决定性作用,它构成了思想政治教育的根本和核心。思想政治教育在思维方式上的突破进一步拓宽了思想政治教育发展的疆域,也将最终使思想政治教育主客体关系获得科学的建构。

客观上应该承认,在长期的思想政治教育实践过程中,人们已经掌握了丰富的思想政治教育思维方式资源,这些思维方式曾经为思想政治教育主客体关系的发展建构和思想政治教育的实践展开做出过重要贡献。从时代进步和社会发展的历程来看,当一个社会进入急剧变革的时代,经济社会发展到新的阶段,人们往往需要重新审视社会发展的价值取向,逐步调整人们的思维方式和发展观念。同样面对当今时代的深刻变化与发展,面对思想政治教育本身的困境与难题,思想政治教育的思维方式也需要做出相应的转换与调整。因此,思想政治教育主客体关系发展要适应新时期、新阶段的客观要求,就有必要先从思想政治教育的思维方式入手。

二、转换思维方式:主体间性视域的思想政治教育主客体关系建构的根本环节

自笛卡尔之后,主客二分的思维方式逐渐占据了主流地位。这种对立性思维是以"对象性"视角看待外部世界,尤其强调主体对客体的占有、征服和控制,从而造成了自我与他者、人与自然的相互对立。这种对立性反映在教育实践活动中,就导致了教育过程中教育者与受教育者交往实践关系的异化。在主客二分的对象性思维方式下,教育者与受教育者之间的关系也形成了鲜明的主客体关系。在这种主客体关系中,教育者成了教育互动过程中的唯一主体,主宰着整个教育实践活动过程,受教育者则完全变成了"物化"客体,成为被控制和改造的对象。雅斯贝尔斯认为,人类认识自我和世界的方式有照料、教育和控制。当教育只是施行"控制"的时候,教育也就误入了歧

路。①传统的灌输式教育方式就是主客二分思维方式作用的必然后果。

从总体上来看,当前概念式的逻辑思维方式在思想政治教育过程中仍被广泛应用。思想政治教育过程即成了教育者向受教育者传授抽象的概念、规范、符号等的一种过程,而忽视甚至根本否定其背后负载的价值和意义。应该承认,这一思维方式曾经在推动社会主流价值的传承和意识形态的确立与认同,实现政治社会化,以及推动思想政治教育的发展方面起过重要作用。但是随着社会不断发展和日常生活世界的日趋复杂化,概念式、符号化的逻辑思维已经无法解决许多现实困境和问题。因此思维方式的变革与转换是思想政治教育及其主客体关系完善和发展的重要维度。实现思维方式的转向,对促进主体间性视域的思想政治教育主客体关系的发展与建构有重要的积极作用。

笔者认为,面对现阶段思想政治教育及其主客体关系发展中存在的突出困境和亟待解决的问题,重点需要我们实现下列思维方式上的重大转向:

第一,从对象性思维转向关系性思维。"对象性思维"②是建立在近代主体与客体两分的认识论基础上的一种思维方式,"关系性思维"则建基于交往理论基础上。对象性思维最根本特征就是对象化,它是一种主客对立的、物化了的、非此即彼的思维方式。这一思维方式把整个世界都看作由人所主宰、征服和利用的客观对象,人作为与客观世界的对立而存在于"世界之外"。不仅如此,它还把人与人之间的关系也对立化,在这一思维方式中,他人成了被"我"征服和利用的对象。从某种意义上来看,当前的思想政治教育仍然没有

①　参见[德]雅斯贝尔斯:《什么是教育》,邹进译,生活·读书·新知三联书店,1991 年,第 2~6 页。

②　有学者也把对象性思维称为"实体性思维""本体论思维"等。参见李子华:《教育思维方式的现代转向及其实践疑云》,《高等教育研究》,2009 年第 2 期;孙美堂:《从实体思维到实践思维——兼谈对存在的诠释》,《哲学动态》,2003 年第 9 期。

完全脱离近代认识论的主客二分的思维藩篱，人们往往以对象化思维方式来认识和解决思想政治教育中的困境与思想政治教育主客体关系。从某种意义上来看，思想政治教育中的"对象性"思维，恰恰是造成思想政治教育实效性较低的根源所在。只有在关系性思维中，我们才能真正理解思想政治教育的意义问题，在关系思维方式中，教育中的主客体以及教育活动过程并非孤立的，而是相互作用、相互影响、相互建构的。关系性思维的最根本特征是"关系性"，它强调主体间基于人的客观存在而建立起来的积极的对话、互动关系。它以"人"的方式来理解人的存在，是典型的"主体间性"的思维范畴。在这种思维方式下，思想政治教育的各个主体与客体，都在开放的教育情境中展开着彼此间的交往与对话，相互作用、相互影响。主体间性视域的思想政治教育主客体关系，是基于一定教育中介环节上的交往活动，它突出主体间的交往互动，重视人的主体性和主体间性，科学化处理教育者与受教育者之间的关系，而绝非将受教育者看作是客体来简单对待。所以实现思想政治教育思维方式从对象性向关系性转换，是主体间性视域的思想政治教育主客体关系建构的客观要求。

第二，从线性思维转向发散性思维。线性思维是指人们在认识和理解事物时，往往沿事物固定方向发展的单向性思维方式，这种思维方式往往呈现出静态性与简单化的特点。发散性思维则是沿事物不同方向发展的一种多向性的思维方式，这种思维方式更多地呈现出动态性与复杂化的特点。发散性思维是一种建立在世界普遍联系的哲学基础之上的适应事物发展复杂化的思维方式。目前，思想政治教育主客体关系发展难以满足社会发展和时代进步对人们提出的现实要求，其根源就在于教育中普遍存在的线性思维方式严重滞后于社会的飞速发展和时代的全面进步，以及受教育者的思想实际与客观需要。可以说，社会存在的诸种形式都是非线性和复杂性的，不仅如此,就连人自身也可以说是一种更为复杂的、非线性的生命存在。不可否认,线性思维方式曾在计划经济时代做出过重要贡献,但在全球化、信息化和网络化迅速发展的今天,人类社会生活的各个领域都发生了深刻的变化,人们的思想道德价值观念也呈现出多样化和多元化发展趋势。在思想政治教育主客体关系中的发散性思维,就是指在教育过程中更加注重非线性地、多维度地、发散性地来思考教育活动过程,以及受教育者思想观念中各部分之间的非对称性关系,以便提升思想政治教育的实际效果。这些都是主体间性视域的思想政治教育主客体关系建构理论的现实需要。客观地来看,在现实世界中,发散性往往是绝对的,而线性却是相对的。发散性思维是对线性思维的一种积极扬弃,线性思维是发散性思维的一种特殊形式,两者都会对思想政治教育活动本身和思想政治教育主客体关系的发展产生某种影响。因而在建构思想政治教育主客体关系中强调发散性思维方式,并不是对线性思维方式的简单否定。思想政治教育主客体关系建构过程中,在坚持线性思维的正面效应的前提下,更加重视发挥发散性思维的地位和作用,也是主体间性视域的思想政治教育主客体关系建构的客观需要。

第三,从封闭性思维转向开放性思维。封闭性思维是指在封闭、固定的循环中考察事物和事物发展,其立足点是面向自身和事物内部,思维习惯上体现为个体的自我封闭、僵化与故步自封。我们在面对思想政治教育问题时,仅仅侧重从思想政治教育活动及其主客体关系内部寻求解决办法,使得思想政治教育面对迅猛发展的社会和受教育者的思想巨变时显得十分被动,变得亦步亦趋,无法实现思想政治教育及其主客体关系发展的主动性和开放性。反之,开放性思维则坚持与外部世界进行多层次、发散性的交流,从而使人们的思维活动及时触及外部世界与事物的深刻变化,达到对外部世界与事物的科学认识。以开放性思维来观照思想政治教育及其主客体关系,就是要将思想政治教育主客体关系发展放在开放性视域来审视。首先,作为一种复杂的实践关系,思想政治教育主客体关系一直处于一种开放性环境过程中。特别是在当今的全球化时代,随着世界性交往和"世界历史"的形成与发展,建构思想政治教育主客体关系也要增强国际视野和全球意识,积极借鉴和吸收人类社会文明发展的一切先进文明成果。其次,建构思想政治教育主客体关系也要打破思想政治教育的学科壁垒,广泛借鉴和吸收社会先进的科学成果,以及其他哲学社会科学的研究成果。同时在研究中要不断拓展思想政治教育的理论广度与深度,深化思想政治教育理论本身的外延与内涵,为思想政治教育主客体关系创新与建构奠定理论基础。这就要求我们必须超越传统的思想政治教育主客体关系发展的一切思维定式,将思想政治教育主客体关系的发展建构放到全球化视野中去检验,不断适应开放性环境对思想政治教育及其主客体关系发展建构的新要求。这不仅是实现思想政治教育国际化的客观要求,也是建构思想政治教育在主体间性视域下的主客体关系的题中应有之义。最后,要高度关注受教育者思想道德发展的无限可能性,增强对受教育者自主发展与自主建构的信心。毕竟受教育者的发展路径并非是唯一的,为此思想政治教育者需要树立包容开放的良好心态,密切关注受教育者个体发展的新情况、新问题,了解他们的新需求,并积极采取新的教育举措。

第二节　重视理解与对话

主体间性视域的思想政治教育主客体关系,是教育者传授社会道德价值规范与受教育者形成价值认同与自我构建的过程,这一过程体现了教育者的外在价值规范引导和受教育者自主建构的相统一。主体间性视域的思想政治教育主客体关系主张,思想政治教育主客体关系要通过教育者与受教育者的交往实践来建构和实现。而在思想政治教育主客体间展开有效交往实践的过程中,有赖于思想政治教育主客体之间的理解、沟通和对话等方法来实现。

一、思想政治教育主客体关系发展及其转向

从哲学领域来看,思想政治教育主体和客体呈现出的互动过程与状态就是思想政治教育主客体关系。过程指的是事物存在的基本状态,也就是物质运动在空间上的广延性和时间上的持续性。恩格斯指出:"世界不是既成事物的集合体,而是过程的集合体。"①关于思想政治教育主客体关系的本质属性,国内学界有多种观点,著名教育家王逢贤指出:思想政治教育主客体关系表现出的是教育者立足受教育者的思想品德发展的特点,对受教育者的知、情、意、行等进行有组织有计划的影响,从而生成和完善思想品德的互动过程和状态。涂光辉则进一步把思想政治教育主客体关系发展概括为"三个阶段"的过程:①教育者对受教育者进行特定社会道德规范和价值观念的灌输,受教育者接受它并把它内化为个体的德性意识;②受教育者的德性反作用于社会道德规范并外化为个体德行;③在教育者与受教育者的交往实践基础上,实现教育者对受教育者的教育和再教育。传统的思想政治教育主客体关系强调受教育者对外在道德规范的后天习得,而忽视了受教育者个体对外在道德规范的主动选择性和实践性。把受教育者看作是社会道德规范的被动接

---

① 《马克思恩格斯选集》(第四卷),人民出版社,1995年,第244页。

受者,他们只是被动地接受外在社会道德规范和价值,从而使思想政治教育主客体关系变成了一种带有强制性的"灌输"过程和关系。传统的思想政治教育主客体关系,不仅影响了诸多教育者的思想政治教育观念和意识,也渗透于现实的思想政治教育活动与思想政治教育关系发展变化的整体进程当中。现代思想政治教育所存在的某些现实困境,就反映了传统的思想政治教育主客体关系发展过程中存在的一些主要弊端:

首先,思想政治教育主客体关系确定的目标不够具体。传统的思想政治教育主客体关系往往更加强调教育者对既定道德规范知识与主流价值观念的灌输和受教育者道德行为养成的主导性作用。在教育过程中往往仅仅重视思想政治教育主客体关系发展目标的社会性的外在价值,从而忽视了对受教育者个体生命价值的尊重,抽走了思想政治教育内容的人文价值内涵。这样的结果就是严重违背了思想政治教育的本质,不但不能促成受教育者的德性生成与完善,而且造成了受教育者的抵触情绪和道德行为的功利性倾向。

其次,思想政治教育内容缺乏灵活性,相对死板教条。思想政治教育在内容上不仅体现着较为广泛的社会主流道德准则和价值观念,还体现了相对具体的社会道德价值。从本质上而言,思想政治教育内容有着深厚的人文底蕴,其"视域"应该是一个充满意义和价值的生活世界。思想政治教育内容的这一特点决定了思想政治教育方式应该被受教育者所理解和接受。但是在传统的思想政治教育主客体关系中,教育者往往想当然地将社会价值和伦理道德规范作为受教育者服从的"真理"和被灌输的教条。比如现有的思想政治理论课教材中,往往充斥的是某种确定的"结论",而不是在分析的基础上提供多种"选择可能";教师对于学生中存在的思想政治教育难题或疑问,缺乏全面系统的分析,往往就是直接告诉学生面对这种困惑和疑问"应该怎么做"，而不是通过在与学生理性分析的基础上，提供给学生多种可能的选择，并使得学生清楚"为什么这样选择"。再比如现在某些学校对于思想政治理论课的考核，仍然沿用旧有的闭卷考试方式，考试题目中客观性题目占有相当的比重，其给出的答案往往也是唯一确定的。更有教师对于这种考核方式给出了辩护的充分理由——"如果不是闭卷考试，改为开卷考核，就更没有学生重视这门课了。"这其实相当于把思想政治教育理论课教学等同于一般的知识教育传授，抽走了其本应具有的丰富而深刻的人文内涵和价值意蕴。再加上由于受教育者与教育者之间存在的"视界"鸿沟，从而使得受教育者无法真正全面系统理解思想政治教育的内容。伽达默尔认为，理解是主体间的"视界"融合。思想政治教育主客体关系间的理解也就是教育者与受教育者之间的"视界"融合，同时也是受教育者的"视界"和具体的思想政治教育内容相融合。

最后，思想政治教育主客体关系形态的单一化。在传统的思想政治教育观念影响下，思想政治教育主客体关系发展中呈现出的往往是一种单子式的特征。思想政治教育主客体关系主要是在思想政治理论课堂上展开，换言之，思想政治理论课课堂是思想政治教育主客体关系发展建构的主平台。教育者往往采取比较单一的灌输方式，忽视了受教育者的主体性和在教育者积极引导下的受教育者的自主建构。教育者往往以权威者姿态向受教育者灌输既有的社会道德价值规范和主流价值观念，使思想政治教育主客体关系的本质流于形式化。在思想政治教育主客体关系发展过程中，必须注重发挥教育者的主体性、主导性，但也同样需要注重发挥受教育者的主体性，只有这样才能使得思想政治教育具有实质性的教育效果，也只有这样才能建构起和谐的思想政治教育主客体关系。主体间性视域的思想政治教育主客体关系正是从这个意义上提出的，在思想政治教育主客体关系中，要充分注重实现教育者价值的指引同受教育者的自主建构两者的统一。

思想政治教育主客体间的交往实践关系与主体间性的主客体关系都是属于教育者和受教育者关系。传统的思想政治教育主客体关系在具体实践发展中显现出了一定的局限性,学术界针对这种现状,对传统的思想政治教育的主客体关系进行了重新的认识与反思,对传统的思想政治教育主客体关系进行了转向,即转向为主体间性视域的思想政治教育主客体关系。思想政治教育主客体关系是借助于教育者和受教育者互动往来的实践活动来完成建构的,这也是主体间性视域的思想政治教育主客体关系的观点。主体间性视域的思想政治教育主客体关系体现了教育者外在价值规范引导和受教育者自主建构的统一。主体间性视域的思想政治教育主客体关系,就是教育者主导实施社会道德价值规范传授与受教育者自觉价值认同与自主构建的关系。主体间性视域的思想政治教育主客体关系与传统的思想政治教育主客体关系有着本质区别,从某种意义上来看,前者是对后者的一种"扬弃"。

传统的思想政治教育主客体关系认为,思想政治教育主客体关系其实就是在教育者的掌握控制下,有目的、有计划地把社会道德价值规范内化为受教育者德性的关系,体现的是教育者对受教育者的单向式灌输,而主体间性视域的思想政治教育主客体关系则表征为教育者与受教育者的双向对话、理解和沟通关系。这种思想政治教育主客体关系通过主客体间的交往实践和价值关系的确立来建构。它既强调尊重教育者的主导性价值引领作用和地位,又突出强调重视受教育者的自主建构和主体性地位与作用。这一关系状态对于受教育者来说是动态的、发展的,其目的在于以一种开放的胸襟来实现思想政治教育主客体间相互的理解与对话,并最终在德性生成和建构中实现主客体的共享。在主体间性视域的思想政治教育主客体关系建构过程中,其出发点是教育者及其主导性,但更直接的却是对受教育者及其主体性的尊重和充分发挥。

二、理解与对话:主体间性视域的思想政治教育主客体关系建构的关键

理解和对话是时代性的话语范畴, 也是现代教育研究的重点范畴之一。理解是人的一种认识过程,没有理解,事物就谈不上发展和进步。理解与对话同时也是人的存在方式之一,理解以语言的方式存在,而真正的语言就是人与人之间的对话。人与世界之间体现为一种对话关系,语言总是在对话中展开的。对话是一种人与人之间的交往关系,双方在交流中平等交换,相互接纳,从而产生了彼此间的理解。在对话中,人与人之间发现生存的价值和意义,意义就存在于这种对话过程和日常生活世界之中,而不是在文本之内。

思想政治教育的意义只有在受教育者的理解中才能生成, 理解是真正与思想政治教育实践产生意义联系的方式,离开了主体间的理解,思想政治教育要想取得成效必定会是天方夜谭。有关主体间性视域的思想政治教育主客体关系建构的过程是理解的过程, 思想政治教育主客体关系建构必须建立在理解的基础上。所以,理解是思想政治教育主客体关系建构的基础,离开了理解,就会严重阻碍思想政治教育主客体关系发展目的顺利抵达。理解在整个思想政治教育活动中居于中心地位, 它使得思想政治教育主客体关系变成了主体与主体间的关系,使得主客体关系具有了主体间性的意义。而从理解和对话的关系来看,对话是前提和基础,理解则是目的和结果。只有以理解为核心的对话才是真正有意义的对话;只有以对话为基础的理解

才是真正意义上的理解,对话是理解的最高层次。

(一)理解:主体间性视域的思想政治教育主客体关系建构的前提

伟大的哲学家马赫对理解是这样解释的,所谓的理解从本质上而言属于一种心理构建,它是基于理解者对他者在精神上的一种体验。狄尔泰说,自然需要说明,而人需要理解。[①]他认为理解是通过自我的体悟而把握其他人的人格。人对人的理解是人以全部精神去把握自我或他人的意义与价值。理解本身就是一种自我反省的过程,是理解者与被理解者之间在交往实践的基础上所建构的意义世界关系。因此,理解本质上体现了人与自身的关系。[②]理解是人类把握世界的最基本的一种方式,没有理解,人也就不再成其为人,理解就是人的存在本身。交往是一切社会行为的基本结构,而实现主体间的相互理解又是人类行为的根本结构。海德格尔认为理解是人对存在本身的理解,人只有在理解存在意义的基础上,才能澄明人生的价值与意义。因此理解的实质是理解者与被理解者之间精神性的交往实践关系。理解是一种关系和过程,理解不是主体对于客体的认识与把握,而是体现主体与客体间的互动交融过程,体现的是主客体双方的关系。

教育者同受教育者双方的相互理解是个体德性生成的基础,这是主体间性视域的思想政治教育主客体关系所强调的观点。没有理解就不会产生"善"的道德意识和行为。人的思想道德形成是人的个体性的动态发展过程,这个过程也是人理解的过程。人在理解中认识了意义世界,从而实现德性的内化。黑格尔认为自我本质上是社会自我,他通过有限自我与无限精神的统一实现

---

① 参见[英]里克曼:《狄尔泰》,殷晓蓉、吴晓明译,中国社会科学出版社,1989年。

② 参见金生鈜:《理解与教育——走向哲学解释学的教育哲学导论》,教育科学出版社,1997年。

着自我。塞尔曼认为主体间理解的过程本质上是主体社会化的过程,主体在这一过程中理解主体间的意义关系,而这种意义关系本质上就是道德关系。同时主体间的交往实践是通过相互间的理解实现彼此视界的融合。因此,思想政治教育主客体关系建构中离不开理解,个体德性的生成与发展离不开主体间的理解。在思想政治教育主客体关系建构中关注教育者与受教育者之间的理解,是思想政治教育走向理解人的教育之根本。而理解首先是一个意义关系范畴,它具有双重向度:"主—客"关系和"主—主"关系。因此,理解本身既受对象的制约又受主体间关系的制约,理解本质上是人生意义世界的建构过程。作为意义性存在,人如果失去了价值和意义引导,就失去了其存在的基础。因此理解在本质上是个体意义世界生成的过程。正如马克思所说:"任何一个对象对我的意义都以我的感觉所及的程度为限。"①这就为主体间的对话和交往提供了前提条件。

　　主体间性视域的思想政治教育主客体关系体现为一种理解的状态与过程,思想政治教育主客体关系必须建立在理解的基础上。思想政治教育的意义只有在受教育者的理解中才能生成,理解是真正与思想政治教育实践产生意义联系的方式,没有主体理解,任何思想政治教育都不会成立,也不会产生实效。因此思想政治教育主客体关系建构的基础就是理解,离开了理解,思想政治教育的目的就不能实现。正是在这个意义上,"当我们帮助他人在他们、我们和其他人的思维成果之间进行协调之时,我们的教学行为才发生作用"②。理解的过程是主体间双向交流的过程,这种意义联系只有通过理解才能真正把握。理解是主体间性视域的思想政治教育主客体关系得以顺利化建构的重要途径。理解使得受教育者的本质价值与意义得到了真正实现,缺

---

①　《1844 年经济学—哲学手稿》,刘丕坤译,人民出版社,1979 年,第 79 页。
②　[美]小威廉姆·E.多尔:《后现代课程观》,王红宇译,教育科学出版社,2000 年,第 257 页。

乏教育者同受教育者双方的相互理解,思想政治教育要想获得显著的效果是不现实的。思想政治教育实践过程中教育者和受教育者双方之间的理解有其本身的独特性,同时还具有普遍理解显现的共性。理解显现了一种人和人交往的形式,教育者与受教育者之间人格上是平等的,只有在平等的基础上,思想政治教育者与受教育者之间的理解才能真正实现。

(二)对话:主体间性视域的思想政治教育主客体关系建构的基本方法

对话是日常生活中一种常见的语言现象。《现代汉语词典》中对对话是这样诠释的:对话是在两个人或多个人之间进行的一种接触、谈判或谈话。本文所说的对话主要是指个体与个体之间进行的一种言语交流方式。巴赫金认为:"生活就其本质说是对话的。"①所谓独白就是从头至尾始终是自己一个人在自说自话。独白是对日常生活本质的背离,而对话则是超过两个人以上参与的对于某一话题的共同讨论。在讨论中,不同的人从各自的立场出发,以直接的第一人称的方式平等地、面对面地或发表自己的观点或倾听辩驳别人的主张,在相互协调和激发中扩大了对话各方的视界,最终深化对某一论题的认识。

与独白式的言说不同,对话指的是两个人以上共同参与的对于某个话题的讨论。这是对于"对话"的狭义理解。广义的对话是指在人与人之间,也包括人与自然、人与文本、人与自我的对话,甚至也可以不局限于语言的交际。对话是意义与意义之间的渗透与穿越。广义上的对话变现为一种"对话意识",对话的最终目的就是达成相互之间的理解与合作,实现共生,促进个体之间

---

① [苏联]巴赫金:《巴赫金全集》(第5卷),田春仁等译,河北教育出版社,2009年,第387页。

和睦相处,并形成共同创造的意识。①对话成为一种独特的意识或精神的体现,即对话意识。对话体现了一种民主的意识,对话的目的其实就是为了实现交流沟通,增进理解,实现共生并存,共同创造精神的意识。②这种意识可以支配人的一切非语言性和语言的相互交流活动,使之成为对话式的交流活动。假如没有对话意识,对话就不会真正实现,即使整个过程中应用了灵活多样的问答或是优美生动的语言。因此,对话最广泛的含义是一种"对话意识",对话的根本目的不是为了对话而对话,而是为了达到对话参与者之间的相互理解。

对话的概念有着十分丰富的内涵。从诠释学意义上看,"对话是对话主体在各自前理解结构的基础上,所达成的视界融合"③,它是对话主体双方相互理解、自我认识与反思的过程,被赋予了存在论、认识论或社会哲学的意义。著名教育哲学家雅斯贝尔斯认为:"对话是真理的敞亮与思想本身的实现,在对话过程中能够发现所思之物的逻辑与存在的意义。"④所以对话是指主体从各自的前理解出发,把语言作为媒介,借助交往与沟通来促进主体间达成视界融合的交往实践活动。从某种意义上讲,对话是主体间在相互平等基础上的语言沟通,对话过程意味着双方相互间的"敞亮与接纳",只有通过对话才能真正实现主体间的理解和沟通。对话同时也是个体生命存在的基本方式之一。人是一种社会性的动物,若离开了与他人的沟通,人就会陷入孤独和无助,甚至会感到丧失生活的意义与价值。巴赫金说,存在就预示着对话交往的发生。……整个过程都是一种手段,实现真正的对话才是主要宗旨。⑤

---

①② 参见滕守尧:《文化的边缘》,作家出版社,1997年,第177页。

③ 聂荣鑫:《走向对话:一种新的德育模式》,《思想理论教育》,2002年第2期。

④ [德]雅斯贝尔斯:《什么是教育》,邹进译,生活·读书·新知三联书店出版社,1991年,第12页。

⑤ 参见[苏联]巴赫金:《诗学与访谈》,田春仁等译,河北教育出版社,1998年,第340页。

人的存在方式具有语言性,倘若离开语言,我们既无法认识自我,也无法理解他者。人类自身和外部世界的一切关联都离不开语言的参与。所以语言是人生存方式的表征,而话语方式是个体生存方式的表征,从某种意义上来讲,改变话语方式就改变了个体的存在形式。作为一种时代意识的对话,使人类生活的各个领域都染上了"对话"色彩。人的存在具有语言性,无论意向、意识和文化都表现为一种语言的形式。伽达默尔认为,语言是对话的中介,理解本质上是一种语言过程。我们关于自身和世界的哪怕最简单的"感觉"也是由语言参与完成的。所以,语言不仅仅是交流的工具,也是人存在方式的表征。就个体而言,话语方式是个体生存姿态的表征,"失语"还是"言说"是两种完全不同的生存状态。从某种意义上来讲,倘若改变我们的话语方式也就改变了我们自己的生存状态。对话作为一种存在方式,是当今社会平等的公民身份在话语方式上的体现。失去了对话的机会、愿望和能力,也就丧失了作为民主社会中公民的真实资格。因此我们关注对话性话语方式,更深的层面是关注作为现代社会公民的生存方式,实现现代社会公民的平等权利与地位。对话的展开必定建立在人和人平等、信任、民主的交往实践关系上。对话关系把交往双方紧紧联系在一起,并在此基础上展开着彼此平等交流、真诚理解和灵魂融通。

不管是狭义还是广义,要想实现真正的对话,就要确立对话双方的主体性地位,对话双方要实现彼此尊重,建立双方平等关系,用马丁·布伯(Martin Buber)的话说就是"我—你"关系。"我—你"不是分析与被分析的关系,而是相互提问又互相应答、互为依存的关系。可见,主体间性是对话最为根本的特性,也是对话的精神实质所在。在对话过程中,更集中于价值倾向的探讨,并不单纯局限于客观事实的陈述。扮演别的角色是人在对话过程中为达成共识,获取真知必然应用的一种方式。人们在理解各种"扮演角色"关系的交往实践中,对自我的认识进一步提升,并且会从客体的角度来认识自我。在实践交往中人学会了规范自我的行为与思想, 促进自己与一定的体系相融合。人对自我的客体角色的认知是通过与别人的交往实现的。人的主体性与客体性统一存在于整个思维过程中,对话性特征体现于整个思维过程中。从某种角度而言人内在的客体角色与主体角色的对话就构成了思想。[1]这是反思与批判的结果,语言和自我参照是人类普遍具有的文化特征。

人具有显著的社会性,这种属性决定了人的存在必定以一种交往实践与对话来实现。对话是教育活动展开的基本方式之一,对话体现了教育的本质性特征,实现完全的对话性。教育范畴内的对话与传统意义上所说的方法技巧性对话不同,这种对话主要体现为一种精神层面的对话意识,并且融入现实的教育过程中, 并生成和创造着精神价值与意义世界的一种特殊实践活动。从主体间性视域来观照教育实践活动,对话构成了主体间性教育关系的本质特征。对话在主体间性视域的思想政治教育主客体关系建构中扮演着重要的角色,主体间性视域的思想政治教育主客体关系关注于教育者与受教育者之间的交往实践关系,而这种交往实践关系是借助于对话的形式来实现的。从主体间性视域来看,教育者同受教育者之间的互动理解与沟通就是思想政治教育主客体关系的表现形式,二者必须建立在教育者与受教育者对话的基础上。因此对话成了主体间性视域的思想政治教育主客体关系建构的桥梁。教育实践活动具体表现为一种有效的沟通与理解,一种平等的对话、交流等的共存共生过程,从本质而言就是以人为主体的相互作用、交流、沟通、影响的过程。在教育交往实践过程中,教育者与受教育者主体间借助于平等对话、沟通和理解,生成了主体间性,每一主体的进步发展都依赖于主体间

---

① 参见[英]里克曼:《狄尔泰》,殷晓蓉、吴晓明译,中国社会科学出版社,1989年。

良性关系的发展与建构。一方面,建立在平等对话基础上的主体间交往,是主体间性教育关系的前提条件。教育者与受教育者主体间性交往要求交往实践主体都应自觉地融入对话、沟通和理解的关系之中,教育主体的交往本质上就是一种相互对话、相互沟通、相互理解的过程,它意味着交往双方的尊重、承认和人格平等。另一方面,教育者与受教育者之间的对话与教育实践活动本身具有统一性。

对话的介入为重新理解教育者与受教育者关系和教育的本质提供了一个新的视角。借助对话,人与教育和生活世界建立起了意义联系。在对话中,自我意识到了他者存在的价值和意义,同时也不断提升自我的人生境界。教育不仅要向受教育者传授知识,更要引导他们去建构生存的意义,以实现教育的本真价值——即对人类精神家园的追寻。对话视野中的教育超越了纯粹知识形态的教育,体现了教育对人的生命的价值尊重和意义世界的建构。作为主体的一种生存方式,对话对于人的生存和教育都具有本体论价值。对话本身就是教育,其本身就内在地包含着教育的品质和目的。

教学活动与对话本来就是关联的,人类的教育发展史昭示着"对话"与教育实践活动的共生关系。一部教育史就是教育者与受教育者之间基于对话、理解和沟通的基础之上,传承文化、生成德性和意义世界的历史。科林伯格认为:"'对话'广泛存在于教育教学过程当中,良好的对话过程是实现优秀教学的必然途径。"[1]现代教育的迅猛发展为教育教学中的对话创造了有利的条件,在对话过程中可以促进各种观点与理论的发展,这是新世纪教育教学实现发展的必然要求。联合国教科文组织曾经指出:从某种角度而言,对话绝不单纯地体现为一种教学方式,一种教学策略,更是教育本身的体现。教

---

① 钟启泉:《对话与文本:教学规范的转型》,《教育研究》,2001 年第 3 期。

育中的对话,没有年代跨度,没有时间跨度,没有长幼跨度。所以,教育活动在本质上是一种对话式教育。对话不但构成了教育的主要形式、方法与途径,更是构成了教育的最重要品性与灵魂。对话本质上构成了教育的根本价值理念和精神,"离开了对话就无所谓交流;离开了交流也就没有真正意义上的教育"①。"在教学活动之中,教育者与受教育者间的对话是优秀教学的本质性标识。"②思想政治教育是一种培养人进而形成人的德性的活动,而对话是思想政治教育活动得以展开的过程和方式。个体德性的生成始终来自与他者之间的交流和对话,换而言之,主体间的对话正是个体心中的道德律建立起来的基础。③建立在对话基础上的思想政治教育主客体关系是主体间的相互"敞开与接纳",从而实现真正的道德自律。思想政治教育主客体关系展开的过程正是"教育者与受教育者间'听—说'关系的建构过程,也是个体德性的对话性展开过程"④。思想政治教育不是教育者对受教育者的单向灌输,而是主体间的互相倾听与言说。

总之,对话最根本的特性和精神实质就体现为主体间性。对话的本质特征是对"权威意识"的消解,对话就是要把人与人之间的关系还原为一种交往关系,即"我—你"关系。正是在这种"我—你"关系中,主体间性的意义才得以彰显出来。对话是主体间性视域的思想政治教育主客体关系得以彰显的重要平台,正是通过彼此对话,教育者与受教育者才达成了道德价值共识和社会价值规范的认同。思想政治教育主客体间的对话实质上就是主体间的关系本质,教育者与受教育者是平等的主体间关系;这种主体间关系是在理

---

① ［巴西］保罗·弗莱雷:《被压迫者教育学》,顾建新等译,华东师范大学出版社,2001年,第41页。

② 钟启泉:《对话与文本:教学规范的转型》,《教育研究》,2001年第3期。

③ 参见张世英:《哲学导论》,北京大学出版社,2002年,第284页。

④ 陈华兴:《教化和教化哲学》,《复旦学报》,1994年第6期。

解与对话的交往过程中形成的。主体间性视域的思想政治教育主客体关系意义上的对话内蕴着深刻内涵。

第一，主体间性视域的思想政治教育主客体关系意义上的对话，是平等主体间的交流。主体间性视域的思想政治教育主客体关系意义上的对话是一种平等的关系，对话中的教育者与受教育者是平等的"我—你"关系。对话发生在"我—你"的关系世界，个体只有进入这一关系世界才能彰显自我的生命意义。对话要求取消教育者的话语霸权，正像保罗·弗莱雷说，整个教学过程就是一个学生与教师共同成长的过程。在这一过程中，权威必须支持自由，而非反对自由。①只有在平等的基础上，主体间才能进行真正的对话和交流，从而达成相互理解的境界。主体间性视域的思想政治教育主客体关系中主体间的对话是一种平等关系。教育者与受教育者在人格上是平等的，是具有完整人格的"我—你"相遇。对话不仅表现为提问与回答、言说与倾听，更表现为双方心灵的沟通，只有沟通才算得上是真正意义上的对话。钟启泉指出："失去了沟通的教学是不可想象的。"②对话本质上就是对话双方的精神世界相互敞开，它不同于个人独白，独白不是"我—你"关系，也非精神意义世界的关联。教育者与受教育者之间通过对话，从而与他人产生情感共鸣，获得了自我身心发展的动力。教育者不再是知识权威的代言人，而是教育过程中的协调者与参与者。"人和人之间的交往必然体现为交往双方的对话与敞亮，人与人之间的交往关系构成了人类历史文化的中心部分。"③主体间性视域的思想政治教育主客体关系强调对话是以平等的主体间交往关系为前提的。当然教育主体在对话过程中仍能保持自我的独立性，同时又尊重他人

① 参见[巴西]保罗·弗莱雷：《被压迫者教育学》，顾建新译，华东师范大学出版社，2001年，第31页。
② 钟启泉：《对话与文本：教学规范的转型》，《教育研究》，2001年第3期。
③ [德]雅斯贝尔斯：《什么是教育》，邹进译，生活·读书·新知三联书店，1991年，第2页。

的独立性。

第二，对话在主体间性视域的思想政治教育主客体关系中，主要体现为一种开放性。从主体间性视域的思想政治教育主客体关系的角度来说对话既是充分表达自我想法和态度的过程，也是倾听对方言说的过程。这一对话表现为主体间相互敞开真实自我的过程。师生对话"是指师生双方的'敞开'和'接纳'，是双方共在和共同参与的关系"①。离开了开放性，对话双方就无法实现相互间的精神相融和灵魂沟通。当然要实现师生间的平等对话，最重要的是师生间的相互信任，这是开展对话的前提和基础，"人与人之间的关系只能存在于可以依赖的人之间"②。只有主体间确立了相互信任的关系，对话双方才能走进相互的精神世界，感受自我的尊严，也才能有主体间真正的对话。

第三，主体间性视域的思想政治教育主客体关系意义上的对话，是主体间的共同成长。思想政治教育意义上的对话是教育者与受教育者之间通过对话共同寻求真理的过程。对话是双方相互展开精神意义世界，展示自我独特的视角和人生经验的过程。对话不只是教育者帮助受教育者成长，也是教育者与受教育者之间共同成长的过程。教育的终极目标是把人的创造潜能和价值感"唤醒"。正如有学者指出："教育之为教育，在于它是一个人格的'唤醒'活动，这就是教育的核心之所在。"③德国著名教育家斯普朗格也指出："教育的核心是心灵的'唤醒'，其最终目的是将人的价值感唤醒"④，主体间性视域的思想政治教育主客体关系中的主体在对话过程中，相互接纳对方的知

---

① 金生鈜：《理解与教育》，教育科学出版社，1997年，第131页。

② 华东师大教育系、杭州大学教育系编译：《现代西方资产阶级教育思想流派论著选》，人民教育出版社，1980年，第313页。

③ 李宝庆：《课程改革：道家哲学的观点》，《教育研究》，2005年第12期。

④ 邹进：《现代德国文化教育学》，山西教育出版社，1994年，第73页。

识与智慧,他们在保持自我个性的同时,实现了生命意义与价值的共同提升。因此"对话具有建构德性和生成意义的功能。正是在与他人的对话中,才促成了崭新意义世界的生成"①。对话彰显了教育者与受教育者之间精神价值与意义世界的交流、沟通和共享,正如保罗·弗莱雷所说:"对话实现了教师与学生的角色变化,学生式教师、教师式学生都是在这种的对话过程中诞生的新术语。"②这种共生共长关系,也就是我们常说的对话中的教学相长关系。主体间性视域的思想政治教育主客体关系充分张扬了人的自由与价值,人的生命价值获得了充分的尊重,展现出了一种高度的平等性,促进了对话并使其发展成为个体自由和生命价值彰显的平台,并进一步提升了教育者与受教育者之间共同的生命价值。

随着民主进程的不断推进和经济全球化的日益凸现,对话逐渐成为一种席卷全球的强势话语。从政治领域到学术领域,从国际事务到人与人之间的关系,对话在人们各种目的的实现过程中发挥了重要作用。对话的功效逐步获得了广泛的认可,并逐步走进人的情感与认识领域,已经发展为人生存的基本方式与状态。对话对现阶段的精神价值进行了彰显,并加强了人在现实生存中各个领域之间的关系。当然对话功能的实现是以话语的有效性为基础的。哈贝马斯强调,如果没有"话语的有效性"作为基础,主体间的对话就不会发生,也不会真正有效。因此,在整个对话过程中,真实性是对话有效性的基本原则。思想政治教育的终极目的是要培养"真正的人",只有当思想政治教育活动过程教育者与受教育者的对话深深植根于受教育者的日常生活世界和生活实际时,受教育者才会生成交往与对话的原动力,并在这一动力驱使下产生沟通和对话的客观需要。

---

① 钟启泉:《社会建构主义:在对话与合作中学习》,《上海教育》,2001年第2期。
② [巴西]保罗·弗莱雷:《被压迫者教育学》,顾建新等译,华东师范大学出版社,2001年,第31页。

第三节　完善话语体系构建

　　话语在主体间性视域的思想政治教育主客体关系建构中扮演着重要角色,毕竟主体间的交往实践活动大都离不开一定的语言系统而展开。从话语体系的角度而言,思想政治教育就属于运用话语体现理论说服力的教育实践过程,即利用话语交往促进教育目的的实现,提高思想政治教育的实际效果。所以要想提升思想政治教育效果,出台一整套相对应的话语体系是十分必要的。受传统思想和价值观念的影响,当前思想政治教育活动所使用的话语体系,一定程度上背离了思想政治教育的内在发展规律和本真价值诉求,造成了现实思想政治教育活动的价值性错位与思想性缺失。尤其是随着全球化的深入发展,人们之间的交往方式日趋虚拟化、复杂化,给我国思想政治教育话语体系的构建增加了难度。现阶段的思想政治教育话语具有简单化、单一性的特征,这种状态已经与社会价值观念呈现出多样化发展的态势产生了一定的距离。因此大力推动思想政治教育话语体系的完善与重构,不断推动思想政治教育话语体系的创新发展,已经成为当前思想政治教育实践的迫切要求与现实召唤,也成为主体间性视域的思想政治教育主客体关系建构的重要环节。

一、思想政治教育话语是建构思想政治教育主客体关系的必要中介

（一）话语

有关话语的具体内涵一直存在着多种看法,话语系统是符号化的复杂系统。从词源学意义上来讲,汉语中的"话语"一词大多解释为"说话、讲演和论述等"。在西方语系中,话语(discourse)一词由前缀 dis(分离、穿越)加上拉丁文词根 coursus(行走、路线、)一起构成,具体意思就是对事物展开的演绎、推理、叙说。托多罗夫认为:"话语概念是语言应用之功能的对应物。"①可见,话语本身来自实践,它在实践中进行并在实践中生成,正如福柯所说:"话语是一种更为宏大的历史进程中的语言实践。"②作为一种具有具体指向的言语行为,话语广泛存在和应用于人类交往实践的各个领域中。话语体系既关键又重要,整个体系具有明显的复杂性。话语在反映社会关系与社会实体方面具有积极的作用,同时还能在某种程度上推动社会关系与社会实体的构建。不一样的话语在构建社会实体与社会关系上存在着一定的差异。话语的本质体现为一种语言实践,这种语言实践是在一定的语境、一定的语言规则下进行的,话语对于人的主体性地位的确立,反应与构建社会关系具有重要作用,话语系统具有明显的符号性特征。国外在话语领域内的研究取得了一定的成绩,涌现出大量的比较有价值的话语理论及研究学者。

---

① ［保加利亚］茨维坦·托多罗夫:《巴赫金:对话理论及其他》,蒋子华、张萍译,百花文艺出版社,2001 年,第 17 页。
② ［法］米歇尔·福柯:《知识考古学》,谢强等译,生活·读书·新知三联书店,2003 年,第 167 页。

一般而言,最早的话语研究要追溯到瑞士著名的语言研究家索绪尔,索绪尔的语言理论非常有名,这一理论主要阐述了两层含义,即能指和所指、语言与言语两者之间的关系。索绪尔阐明能指和所指关系具有任意性,话语符号表现为能指和所指之间形成关系的整体,简而言之即语言符号并不是特定的,而是具有任意性。总体来说就是能指和所指的关系是任意性的,可以任意进行组合。能指和所指呈现出一种符号关系,不存在实名性的关系,因此所指对应的对象没有实体意义,仅仅是一种观念。能指与所指,声音与概念,呈现出的都是二合一的关系。①而在言语和语言的关系上,索绪尔首先探讨了言语和语言的差异:"语言具有明确的对象性,处于言语活动事实的混杂的总体中。言语活动呈现出一种异质性,如此条件下的语言却呈现出一种同质性。"②也就是说,言语是不确定的,语言是确定的;言语是个人运用自己机能的行为,语言是社会控制的力量,是惯例的总和。当然索绪尔也十分重视语言和言语的相互联系,他认为:"要实现人们对言语的消化理解,并实现言语本身的功能,就一定要借助于语言;同样语言的产生也要依赖于言语。言语与语言呈现出一种相互作用相互统一的依存关系。言语借助于语言发挥作用,同时言语是语言产生的条件。"③

海德格尔是著名的大师级人物,他对语言进行深刻解释的基础上提出了语言学转向问题,强调了语言的"此在"地位,指出"语言破碎处,无物可存在,语言是存在之家"④。奥斯汀则强调了言语行为理论会对话语产生重要影响作用。奥斯汀说语言的功能体现在描述与言语行为两个方面。有关整个语言

---

① 参见陈嘉映:《索绪尔的几组基本概念》,《杭州师范学院学报》,2002 年第 2 期。

② [瑞士]索绪尔:《普通语言学教程》,高名凯译,商务印书馆,2008 年,第 36 页。

③ 同上,第 41 页。

④ [德]海德格尔:《在通向语言的途中》,孙周兴译,商务印书馆,2007 年,第 182 页。

情境中的所有言语行为,是我们一直努力要弄明白的实际现象。"言语行为的完成离不开语言,经验世界和语言的关系的意义都会通过言语行为得到反映,同时也能对认识的活动有所反映。"①国外学者对话语的研究主要集中在对批判性话语和非批判性话语的研究两种方法,其中前者占据主流地位。批判性话语的研究,以福柯为典型代表。福柯的话语理论涵盖话语—知识—权利、知识建构和话语、话语权、意识形态和话语等主要内容。围绕事物的客观性展开描述,尽量消除个体的主观因素,是非批判性的话语研究致力的主要目标。关于非批判性的话语研究,代表人物有辛克莱尔和库尔萨德、拉博、范歇尔等。②他们把话语作为一种纯粹的客观性描述方法,这对研究思想政治教育微观领域的话语有相当积极的意义。国外在公民教育话语、宗教话语、意识形态话语等方面的研究取得卓越的成绩,这些对于构建我国现阶段的思想政治教育话语体系具有重要的借鉴性作用。近年来,话语研究已经成为国内许多学科领域研究的一个热点问题,研究成果众多,著作、论文、学位论文近万部(篇),涉及哲学、语言学、文学、政治学等领域。这些研究为构建思想政治教育话语体系提供了丰富的理论研究依据,同时也在方法上开拓了研究空间。

关于怎样实现思想政治教育话语体系重构?国内学界进行了深入讨论,比较有代表性的是陈锡喜的观点,他指出:"要不断丰富新的理论术语,可以结合时代发展的潮流对学生与社会上的流行语进行选择,也可以立足传统意识形态话语对其进行重新审视,进而结合时代特征做出新的解读等。要对过时的与现代社会发展不相吻合的话语与旧范畴进行消除,要具有时代的敏感性,重新构建能够反映现实生活的新话语,对于已经融入人们日常生活世界

---

① J.Austin,Sense and Sensibilian,Oxford University Press,1962,p.52.

② 参见[英]诺曼·费尔克拉夫:《话语与社会变迁》,殷晓蓉译,华夏出版社,2003年,第2页。

的旧有范畴与语言,要结合时代的特征进行新的解读。"①并从四个方面对话语重构关键点进行了阐明。②这是对思想政治教育话语体系重构过程中需要依据的原则及坚持的方向做了进一步的明晰。周家荣认为,思想政治教育话语体系的建构必须要把握好以下几个方面,包括新的理论、语汇、概念等,要在思想政治教育话语体系建构过程中突出"新"意。③也有学者指出,从方式来说,思想政治教育话语要对以往的控制话语、劝导话语进行改变,要积极向对话话语方向转变。从内容来看,思想政治教育内容要紧贴社会、时代发展的脉搏、要将积极性情感因素融入其中。④还有学者认为,思想政治教育话语的建构要从当今社会公民意识、公共生活方面着手,同时提升理论话语本身的钻研等。这些成果为当前思想政治教育话语体系的重构提供了重要的参考价值。

人是语言的存在和文化的存在,人的本质是属于话语的,正如巴赫金所指出的:"话语就是人类生活的全部。"⑤人之所以成为人,就是因为其有语言,语言就是人的精神活动和生命活动本身。话语是人存在与发展的根本方式,它以沟通、交流等形式彰显了人的自由和本质属性。伽达默尔也认为,话语是人遭遇和理解世界的一种方式,表达了人与外部世界的一切关系。话语不仅是人的存在方式,同时也是教育实践活动的展开方式。人作为一种话语的存在物,教育活动也是一种话语性存在,教育实践活动的目的只能在话语中

---

① 陈锡喜等:《社会主义和谐社会的构建与社会主义意识形态的重构》,《理论探讨》,2007年第1期。

② 参见陈锡喜:《建设和谐文化需要重构马克思主义的话语体系》,《探索与争鸣》,2007年第5期。

③ 参见周家荣:《思想政治教育研究中的话语体系构建》,《重庆邮电学院学报》,2006年第6期。

④ 参见郭毅然:《交往理性与思想政治教育话语的更新》,《理论与改革》,2007年第1期。

⑤ [保加利亚]托多罗夫:《巴赫金、对话理论及其他》,蒋子华、张萍译,百花文艺出版社,2001年,第207页。

实现。教育实践活动发生在话语中,教育实践活动展示在话语体系中,从这一意义上来讲,话语特性就是教育实践活动的特性,有何种话语表达就有何种教育形式与之相对应。

(二)思想政治教育话语

马克思恩格斯认为:"语言是思想的生命进行表现的要素,语言实质上是思维本身的要素。"[①]作为主体思维能力的外在表现和人际交往的主要工具,话语体系在主体间性视域的思想政治教育主客体关系的生成与发展中扮演着重要角色,毕竟主体间的交往实践活动大都离不开一定的语言系统而展开。从话语体系的角度而言,思想政治教育属于运用话语体现理论说服力的教育实践过程,即利用话语交往促进教育目的的实现,提高思想政治教育的效果。思想政治教育话语是建构思想政治教育实践活动的重要载体,同时也是思想政治教育学科体系建构的重要载体,承担着传授、诠释和转换思想政治教育信息和内容的重要作用。因此思想政治教育应该拥有自己的一整套话语体系。而作为思想政治教育学科中的话语,思想政治教育话语具有双重属性,即意识形态性和非意识形态性(即一般的教育话语)。思想政治教育话语的特性主要表现在非意识形态和意识形态两个方面。相对一般的教育话语而言,思想政治教育话语与之存在着根本性的差异,对于一个国家或社会来说,真正对思想政治教育话语发展变化具有决定性作用往往是这个社会的统治阶级意识形态,或者是社会主导意识形态。对于思想政治教育话语来说,其具有的意识形态性始终占据主导性地位,这一点应该充分意识到,但思想政治教育话语的非意识形态性的一面同样应该引起我们的重视,切记不容忽视。

---

① 《马克思恩格斯全集》(第 42 卷),人民出版社,1979 年,第 129 页。

从理论界所认同的一般意义而言，所谓思想政治教育话语是指思想政治教育学科中的话语，它隶属于马克思主义理论一级学科的话语形态，同样也属于教育话语形态的一种。思想政治教育话语不仅仅是语言学意义上的"话语"，而且是具有明显思想政治教育学科性质，思想政治教育学科积极致力于构建思想政治教育话语体系。但我们应该充分认识到，思想政治教育的具体实践是思想政治教育话语得以产生的基础，思想政治教育话语能够积极推动思想政治教育主客体关系发展，对促进思想政治教育实践活动发展有关键性作用。思想政治教育主客体关系与思想政治教育实践活动的发展是思想政治教育话语得以构建的前提，并在这个活动关系中表征自身的定位与价值。我们认为，思想政治教育实践以及思想政治教育的目的必定要借助一定的话语体系为载体来实现，这个载体性的话语体系就是思想政治教育话语。思想政治教育话语反映了思想政治教育的内容，是能够促进教育主体间沟通、对话与理解的意义系统。从这一概念出发，思想政治教育话语的内涵包含以下三个方面：

第一，思想政治教育话语是以社会价值期待为标准的教育话语。思想政治教育发展的根本目的，以及思想政治教育活动本身所具有的意识形态性，从某种程度上决定了思想政治教育话语所表达的行为规范和社会价值体系，必须要科学反映一定社会的价值期待和价值导向，而非仅仅成为个体主观意志的体现。思想政治教育话语是思想政治教育内容的落实，以及思想政治教育目的和功能最终实现的重要载体和中介，换言之，这种目的和功能就是要在思想政治教育实践展开的活动中形成社会所期待的思想品德。因此思想政治教育话语是一种以社会价值期待为标准的教育话语。

第二，思想政治教育话语是实现教育者与受教育者沟通和理解的意义系统。作为主体间沟通和理解的重要载体与中介，话语的重要功能就是实现主体间有效的意义沟通和理解。沟通和理解是思想政治教育实践过程中教育者与受教育者之间的重要环节,能否实现有效的沟通和理解是提高思想政治教育实效性的关键所在。而有效的沟通和理解离不开必要的话语系统,思想政治教育话语为实现教育者和受教育者之间的互动合作,达成理解与共识搭建了平台,并最终实现思想政治教育目的。思想政治教育内容的传播离不开教育者和受教育者双方的互动交流。思想政治教育的着眼点其实就是人的思想,利用行政手段来解决思想范畴内的问题是不现实、不科学的,唯有提高教育者和受教育者的互动交流才会增强思想政治教育的效率。维特根斯坦认为:"思想与话语紧密相依,不可分离。"①这就充分说明了,人们的思想一开始就受到了某种话语的"纠缠"。

第三,实践话语和学科话语相统一是思想政治教育话语的属性特征。实践和理论相统一是思想政治教育学科本身的属性,这种属性同样使得思想政治教育话语具有实践话语和学科话语相统一的特征。思想政治教育话语体系的建构与话语功能的发挥以及思想政治教育的话语指向与话语属性都与思想政治教育的学科属性存在着紧密的联系。思想政治教育实践话语展示的则是以话语为中介的对思想政治教育实践活动阐述、推理演绎的过程。从其产生发展的过程来讲,思想政治教育学科话语就是对思想政治教育实践活动中丰富多彩、各式各样的话语元素的充分提炼和不断积淀,反过来,思想政治教育实践话语则是学科话语的具体呈现和演绎。

思想政治教育话语体系贯穿于思想政治教育权利与信息当中,也贯穿于思想政治教育实践活动中,具有明显的参与性。思想政治教育信息与内容的输送、传导、转换离不开思想政治教育话语这个重要载体。思想政治教育话

---

① [英]维特根斯坦:《哲学研究》,李步楼译,商务印书馆,2007年,第109页。

语体系还是评价教育主体行为、评价思想政治教育内容、评价社会思潮话语体系的发展性系统。要想顺利地展开思想政治教育实践活动,实现思想政治教育的既定目标和功能,要求我们必须充分发挥思想政治教育话语的积极作用,我们应该充分认识到思想政治教育话语体系在思想政治教育实践及其主客体关系发展过程中发挥着十分重要的作用。从一般意义上讲的思想政治教育话语权,都是指思想政治教育过程中教育者的话语权力,其实就是思想政治教育过程中教育者通过一定的教育实践活动对受教育者产生的影响和辐射力。话语权问题是思想政治教育的核心命题之一,福柯曾指出:"从某种角度而言话语是一定的权力的象征,话语效能的展开必定是在一定的权力的基础上进行的。"①思想政治教育话语受权力支配,体现于整个思想政治教育实践活动过程中。思想政治教育话语权包含多方面内容,受教育者的话语权、教育者的话语权及公共领域的话语权等都是其中的内容。

(三)思想政治教育话语间性

主体间性属于思想政治教育话语的自然属性。差异性与多样性也是话语本身的自然特性,而且话语的形成与发展离不开话语主体间的交往,不同主体正是借助彼此之间话语体系的交往关系而进行相互沟通、对话与理解,并最终实现交往。有学者从主体间性这一概念出发,提出了"话语间性"的概念,话语间性变为一种话语张力程度,这种张力存在于话语主体双方进行理解的过程当中。②话语间性对于研究思想政治教育话语的历史性和现实性都有着十分重要的作用。这样,研究思想政治教育话语体系的基础就是这种话语间性。从本质上来看,思想政治教育意义上的话语间性根源于教育者与受

---

① 转引自徐军义:《福柯的话语权利理论分析》,《文教资料》,2010 年第 35 期。
② 参见牟永福:《社会语言学视野下的话语困境及其话语治疗》,《学术月刊》,2007 年第 3 期。

教育者之间的身份、地位、生活经验等的差别性。话语间性具体包含两种关系：不同话语间的相互关系和主体间的话语关系。它着重强调主体间的话语权平等，它们共享话语方面的沟通、权力以及空间。话语间性进入思想政治教育话语体系研究领域，目的在于克服思想政治教育过程中教育者和受教育者之间存在的教育者话语霸权、话语不平等现象，旨在消除障碍，提高思想政治教育过程中教育者和受教育者之间话语交流与理解的效果。话语间性将话语主体间的平等性地位提到了较高的位置，主体间性视域条件下的思想政治教育者和受教育者具有平等的地位，这些构成了思想政治教育话语间性发展的前提条件。受教育者在思想政治教育话语间性下争取了更多的话语空间。思想政治教育话语间性促进了教育者与受教育者之间的话语地位平等，并最终实现了话语权在思想政治教育主客体关系发展过程中的合理分配，有效抑制了在话语空间领域教育者对受教育者的压抑与控制。

交往性是话语的基本属性，话语本身体现着主体间交往实践的过程。话语交往的本质是主体借助知识、情感、价值观念等的沟通和理解而实现主体间共识的活动，其所彰显的是主体间的视域融合、精神价值共享与意义世界沟通的关系。在思想政治教育实践过程中，话语促进了受教育者和教育者之间交往关系的形成，改变了以往思想政治教育过程中教育者的单向灌输状态，呈现出一种主体间性的交往实践关系。只有建立在教育者与受教育者彼此间平等尊重的基础上，双方之间相互沟通、交流和理解，才能最终实现承载于思想政治教育话语中的教育内容被受教育者所理解、认同和内化。但是预防"受教育者话语霸权"代替"教育者话语霸权"也是思想政治教育开展过程中需要注意的另一种极端现象。

二、重构话语体系:主体间性视域的思想政治教育主客体关系建构的重要环节

作为培养和提高人们思想道德素养和德性品质的教育实践活动，思想政治教育的根本宗旨是其教育活动的价值导向性和思想性。但是受传统思想和价值观念的影响,当前思想政治教育活动所使用的话语体系,一定程度上背离了思想政治教育的内在发展规律和本真价值诉求，造成了现实思想政治教育活动的价值性错位与思想性缺失。尤其是随着全球化的深入发展,人们之间的交往方式日趋普世化、多样化,给我国思想政治教育话语体系提出了新的要求。现阶段我国思想政治教育话语权被严重消解,根源就在于思想政治教育话语体系的严重滞后。由于话语体系滞后,使得我国思想政治教育话语权面临丧失,话语系统面临着崩溃的威胁。首先,滞后性成为传统的思想政治教育话语发展的一个严重阻力，传统的思想政治教育话语已经与当前思想政治教育发展相脱节,严重降低了思想政治教育实效性的发挥;其次,从解释力来看,传统的思想政治教育话语体系已经难以适应社会多元化思潮和多样化价值的话语表达。建构性是思想政治教育话语体系的一种自然特征，思想政治教育话语体系的形成离不开教育者与受教育者的共同参与。但是当前思想政治教育话语体系的发展,已经远远跟不上我国思想政治教育实践的发展变化,也就是说,话语体系本身严重滞后于教育实践的发展形势,这种现象既给思想政治教育主体间的对话、沟通、交流和理解造成了突出障碍,也导致了长期以来思想政治教育的实效性一直不高。

从实践的视角来看,随着文化多元化、价值多样化、信息社会化的深入发展,旧有的思想政治教育话语体系遭遇了比较严峻的挑战和冲击,这种相

对单一性、简单化的思想政治教育的话语体系与社会价值观念多元化的现实发展相互脱节、割裂。所以促进思想政治教育话语体系的重构和创新发展，成为思想政治教育实践活动与思想政治教育主客体关系建构的现实召唤。从这个意义上来看，思想政治教育话语体系的重构，对主体间性视域的思想政治教育主客体关系建构，提高思想政治教育的针对性与实效性有重要的促进作用。

（一）传统的思想政治教育话语体系功能日趋弱化

作为教育学科发展的一个重要分支，思想政治教育学学科独立性的表征就在于一整套特有的话语体系的确立，其中包含着思想政治教育话语的规范化、话语内容的科学化及话语范式的时代化。在思想政治教育过程中，主体用来表达某种思想政治教育价值的话语内容与形式的一个系统就是思想政治教育话语体系。话语是语言和思想的结合体。[①]话语由两部分组成：话语内容、即用以表达言说者的思想内容；话语形式、即用以表达演说者的思想形式，这就是语言。话语言说方式的差异彰显了不同的教育价值取向，反过来，教育价值取向的差异也催生了不同的话语表达方式，形成了不同的话语价值蕴涵。思想政治教育话语体系必须彰显思想政治教育"以人为本"的价值理念，满足思想政治教育提高受教育者品德素养和德性品质的基本要求。因而建构于教育价值理念条件下的思想政治教育话语体系，必须使思想政治教育充分契合其创新发展的规律，并使其充满人性的价值与光辉。从当前思想政治教育话语体系的功能效果来看已经呈现出一种弱化趋势，其弱化趋势的主要表征有以下三个方面：

---

① 参见范晓：《语言、言语和话语》，《汉语学习》，1994 年第 2 期。

第一，思想政治教育话语体系中工具理性的越位。受现代社会工具理性过分张扬的影响，唯理性在思想政治教育活动中占有相当大的份额，唯理性对于提升思想政治教育中的"以人为本"的价值诉求极为不利。工具理性过度张扬是唯理性在思想政治教育话语体系中所体现出来的突出特征。工具理性是指人们为达到一个明确的目的而采用所有有效手段所体现出来的一种特质，也表现为人们以算计为手段，通过价值中立来实现特定目的的能力。思想政治教育活动过程中，虽然离不开一定的工具性话语的运用，但是思想政治教育本质上是教育者为了使受教育者发生预期变化，有目的，有计划地将特定的社会道德价值规范与思想政治观念向受教育者个体德性的实践活动转化的过程。思想政治教育属于一种教育实践活动，具有一定的特殊性，它与普遍的知识教育活动存在区别，主要在于思想政治教育本身呈现出显著的价值理性。在思想政治教育活动中，我们确实不能忽视思想政治教育话语体系的工具理性价值，但这种工具理性的过度张扬一定程度上把思想政治教育的价值理性湮没了，比如某大学的教授为了激励学生的奋斗精神和拼搏能力，警告学生"在40岁之前如果赚不到四千万元，就不要回来见我"。再比如国内某电视台的相亲节目中充斥着"要和我牵手，至少给我二十万元""宁愿在宝马车里哭，也不愿在自行车上笑"等话语表达，这严重影响了对青少年的思想政治教育和价值观教育，背离了其对受教育者德性生成与意义世界建构的思想政治教育目的。这种工具性话语泛滥必然导致思想政治教育话语体系中的工具理性明显越位，而其价值理性却日渐式微。

第二，话语方式在思想政治教育话语体系中出现错位。话语方式上的"控制性"和"预设性"是传统的思想政治教育话语体系的突出特征。正如罗兰·巴尔特所说，各个方面都有"有权威的"声音，它被授权发出各种权势的话语。①传统的思想政治教育话语体系中充斥着一种"控制性"的话语霸权,以权威性与预设性为前提条件形成的话语体系,导致思想政治教育过程中教育者与受教育者在主体地位上不平等,因而造成了主体性之间的话语交流根本没有平等性可言。在思想政治教育主客体关系中,受教育者沦为了消极和被动的客体和对象,从而在与教育者的交往和沟通中集体失语了。比如当前的思想政治理论课堂教学中,由于受教学班级规模大、教学压力大等客观因素的限制,仍然存在某些教师照本宣科、采用单向灌输式的教学方式、忽视甚至根本没有与受教育者的对话、沟通与交流的现象,某些教师一味地为了单纯完成教学任务,一定程度上成了"上课机器",无力关注受教育者的话语表达与他们对教学内容的接受性和接受度。这也导致了思想政治教育话语体系中话语方式的错位,而思想政治教育话语体系中应有的对话式、互动式话语功能日趋式微。

第三,思想政治教育话语体系中话语主体性的缺位。马克思主义理论告诉我们,社会存在决定社会意识。因此作为带有一种意识形态属性的教育活动,思想政治教育必须植根于社会发展的现实境遇。我国思想政治教育的发展也必然不能离开我国经济社会发展的社会现实存在。在相当长时间内,思想政治教育活动一直是作为我国政治发展的衍生物而存在的,从而使得它被赋予了更多的"政治责任"。但是正是由于我国传统的思想政治教育承受了太多的"政治包袱",因此它不可避免地显现出一些鲜明的政治活动特征,造成思想政治教育活动过程中充斥了大量的权力性话语和政治性话语,而作为思想政治教育活动核心的"人"(包含思想政治教育者与受教育者)本身却被忽视了,没有充分考虑到教育者与受教育者应有的主体性的话语表达。比如

---

① 参见[法]罗兰·巴尔特:《符号学原理》,李幼蒸译,中国人民大学出版社,2008年。

我们的思想政治理论教材中仍然存在着某些纯粹的"政治性""意识形态性""宣传性"话语；在我们的思想政治理论课教学过程中，仍然存在着"纲目甚至标题不能动"等硬性要求和所谓精彩课程的评价标准（曾有国家教学名师坦言，"思想政治理论课国家级精品课程教学视频是谁都不愿意看的"）。我们的某些思想政治理论课教师仍然习惯于运用"权威性""教训性""政治性"话语来开展思想政治理论课教学活动。这导致了思想政治教育话语主体性的缺位，这种权力性话语和政治性话语成了思想政治教育者使用的普遍性和主导性话语形式。

那么到底是什么原因导致了当前思想政治教育话语体系的功能日趋弱化呢？具体来看，主要有以下原因：

第一，思想政治教育价值性话语式微由工具性话语的泛滥造成。为了适应现代教育发展，思想政治教育将话语理性与其内在性相融合。理性具有工具性与价值性功能，其工具性主要体现为理性为人们进行价值与事实评判提供了十足的依据，理性的价值性功能主要体现为对事物的理解与自觉。在思想政治理论课课堂教学过程中，某些教师一味地为了追求思想政治理论课课堂中受教育者的"抬头率"，往往把思想政治理论课变成了思想政治理论"表演课"，整个课堂笑声不断，一味迎合学生的一些需要，甚至庸俗性需求，违背了思想政治理论课的宗旨。实际上，除了要求具有工具理性的功能以外，思想政治教育话语更强调的是其价值理性的功能。由于一味强调思想政治教育的社会本位的价值目标，使得在思想政治教育的现有话语系统中，存在着"用政治性语言代替思想政治教育语言，用文件性语言取代思想政治教育语言，以教材语言取代教学语言，甚至是用教师的语言取代学生语言"等现象。在思想政治理论课教学过程中，某些教育者使用的话语往往只是侧重于对受教育者的知识传授，而忽视他们情感的培养与德性的养成；重视社会规则和规范的讲授和受教育者的无条件服从，而忽视受教育者的接受度和接受性；着力关注受教育者对于思想政治教育基本理论知识的获取和掌握，相反，对于思想政治教育的价值传承和意义世界的建构却存在严重不足。因此这些话语给人的感觉是冷冰冰的，是缺乏人情味的，仅仅把思想政治教育话语作为实现思想政治教育目标的一种手段和工具而已。价值理性的诉求贯穿于思想政治教育话语体系内，但从思想政治教育发展的现状来看，工具理性话语占主导地位，因此造成教育者在内在情感方面缺乏良好的体验与认同，受教育者独立的人格品质与内在情感需要得不到满足，进而使思想政治教育话语体系变得越来越冷漠和平淡，受教育者也很难认同和接受思想政治教育内容，致使思想政治教育活动难以唤起受教育者的情感共鸣和价值认同。因此，工具性话语的泛滥造成了思想政治教育话语体系的价值理性日趋式微，导致了思想政治教育的价值取向难以彰显和实效性低下。

第二，控制性话语的偏好带来了思想政治教育话语的失衡性。受传统的思想政治教育控制，灌输性的教育方式使得控制性的话语霸权表现得最为突出。灌输式教育中的话语本质就是控制性，灌输式教育往往将受教育者置于被动和消极地位，一味强调在教育活动中要以教育者为核心，仅仅重视对受教育者的单向灌输，而忽视受教育者的话语表达。受这种教育模式的影响，在思想政治教育活动中，教育者往往有普遍使用控制性、威权性话语开展教育的偏好，因为这样可以保证其"正确无误性"。在开展思想政治教育活动之前，教育者往往进行了某些固有的价值规范预设，选择某些特定的社会道德价值规范，并把它们内化为受教育者的"德性智慧"，从而使整个思想政治教育活动充满了强制性和控制性色彩，具有明显的控制性和预先规定性。在一定的价值预设规范条件下，诉诸权力及命令的思想政治教育话语体系，使得教育者与受教育者之间形成了控制和被控制的关系。传统的思想政治教育活动在一定程度上偏离了"立德树人"的根本宗旨,其教育目的往往是仅仅为了维护学习秩序和"管住"学生,最终使受教育者做个"好人",越来越"听话"。由于在思想政治教育活动中存在控制性话语的偏好,使得受教育者普遍对思想政治教育活动产生了抵触性情绪和逆反性心理。比如当前的思想政治理论课教学过程中教学效果不佳,一定程度上就与这种控制性话语偏好有关系。

第三,公共性话语的滥觞导致了思想政治教育主体失语。这里所讲的公共性话语,主要是指那些所谓"放之四海而皆准"的、永远正确的、说了等于没说的话语(或废话)。因无法跟上时代发展和社会进步,传统的思想政治教育话语体系没有根据现实的教育语境及时更新和重构,使得整个话语体系充斥着浓厚的教条主义色彩,对思想政治教育实践的指导性也日渐式微;与此同时,随着社会转型和经济社会的迅速发展,教育领域的热点问题日益凸显,导致教育领域产生了大量新鲜活泼的话语形态。但是受传统的思想价值观念和教育目标设定的影响,思想政治教育的话语体系却始终未能得到及时更新,使得既有话语体系中"永远不会错"的话语大量盛行,各种大话、空话、套话泛滥,言之无物,脱离情境,形成了一些固定的模式和规则,常常是不分时空,不分对象,一味套用"上面的话语",没有实现有效的转化,话语形式刻板而乏味。这已经不能适应现代思想政治教育发展的现实需要,造成了思想政治教育活动中的主体与客体,尤其是受教育者的失语甚至无语现象,从而导致思想政治教育本身背离了"人"这一核心要素,其有效性低下也就不可避免了。

(二)对思想政治教育话语体系的内容、形式和环境进行重建

随着社会的发展,创新的价值逐步获得了广泛的重视,关于创新江泽民

曾指出:"创新是一个民族进步的灵魂,是一个兴旺发达的不竭动力,也是一个政党永葆生机的源泉。"①思想政治教育话语体系的完善与发展,要保障思想政治教育能够与时俱进都离不开创新。思想政治教育话语体系创新是思想政治教育发展的必然要求,同时也是思想政治教育话语体系自主建构的需要,这种建构反过来又能更好地满足思想政治教育的现实要求。从当前思想政治教育话语体系存在的主要问题来看,思想政治教育的话语体系创新主要是重构思想政治教育的话语体系,使其适应现代思想政治教育与时俱进的现实要求,具体来说,这种话语体系的重构包括思想政治教育话语内容重构、话语形式重构、话语环境重构。

第一,要对思想政治教育话语内容进行重构。思想政治教育话语体系重构就要以话语内容重构为核心。从逻辑上来看,思想政治教育内容与思想政治教育话语内容呈现出一种同一性。要实现思想政治教育话语内容的重构,就要对传统理论下的思想政治教育话语内容进行筛选,要果断对不适应时代需要的思想政治教育话语内容进行消除,以创新理念为指导推动思想政治教育话语的更新,从结构上对思想政治教育话语内容进行优化。对思想政治教育话语内容进行重构要做好以下几点:首先,要做好传统的思想政治教育话语的现代性转换。也就是要把传统的思想政治教育话语内容重新进行整理和提炼,不断拓展其内涵,充分体现"三贴近"原则,赋予其时代内涵与特征。随着时代的发展和社会进步,优秀的传统思想政治教育话语内容必须得到传承和弘扬。尤其是在长期革命斗争实践中,逐渐形成了具有很强感染力的话语内容,诸如马克思主义信仰、爱国主义、群众路线等仍具有很强的吸引力和生命力。但我们却不能生搬硬套,而是要赋予其时代性和创造性,使之符合

---

① 这是 2000 年 6 月 20 日,江泽民在兰州主持召开西北地区党建工作和西部开发座谈会时讲话《不断根据实践的要求进行创新》的一部分。

当代中国思想政治教育话语内容的需要。这就要求我们对传统的思想政治教育话语内容重新梳理和提炼,挖掘其中的生命力、感染力和吸引力,从而创造出传统特色与时代特色相结合的思想政治教育话语内容。其次,要积极从国外相关领域借鉴比较成功的经验。国外的思想政治话语在内容方面较为丰富,尤其是意识形态话语、公民教育话语等,应该成为我国思想政治教育话语体系的构成要素。为此,我们可以在批判反思的基础上引入国外思想政治教育话语的某些内容,甚至可以直接引入并赋予其民族特色,使之符合我国思想政治教育话语发展的现实要求。要积极从世界话语体系中借鉴经验,将反映人类社会进步的普适性话语范畴学科化、具体化,促进思想政治教育学科话语与人类社会进步的普适性话语无缝对接,从内容上拓宽丰富思想政治教育话语内容。最后,重构思想政治教育话语内容的内核部分。主要指对思想政治教育宣传性话语、灌输性话语进行重构等。对灌输性话语进行重构是思想政治教育话语内容内核重构的最基本内容之一。随着时代发展和社会转型,思想政治教育灌输性话语必须体现时代性、多样性特征。思想政治教育灌输性话语重构,就是要实现思想政治教育灌输性话语的重大转向。具体来说,就是要实现灌输性话语从显性转向隐性,从单向式转向交互式。

第二,思想政治教育话语形式的重构。文本话语重构与实践话语重构是思想政治教育话语重构的两种形式。文本话语重构从理论方面为实践话语重构提供了支撑,实践话语重构则是文本话语重构的基础。文本是话语存在的重要形式之一,文本具有历史性和时代性特征,是话语研究的重要资源依据。思想政治教育话语形式重构离不开文本研究,要在文本研究的基础上进行新的话语形式提炼。重构思想政治教育的文本话语,主要从两个方面展开:首先,要立足思想政治教育教材话语的建设,来展开思想政治教育的文本话语的重构。从一定意义上来看,思想政治教育话语的前提与基础就体现为思想政治教育教材话语的建设。重构思想政治教育教材话语的重构不能忽视历史传统。历史传统中的话语素材,成为思想政治教育教材话语发展的重要源泉,有必要汲取历史传统中思想政治教育话语的营养,挖掘传统的思想政治教育文本话语中的精髓,提炼出新的话语思想内容。对于在党的思想政治教育过程中形成的一系列教材话语,尤其是具有鲜明意识形态性的话语,同样需要梳理和提炼,取其精华去其糟粕,不断推陈出新、革故鼎新。同样教育者和受教育者之间的相互关系也是重构思想政治教育教材话语中的关键环节,必须予以高度重视。教育者在思想政治教育教材话语的构建过程中处于创造者和诠释者的地位,从本质上来看,思想政治教育教材话语是由教育者构造的。因此重构当代思想政治教育教材话语,主要是通过教育者的话语重构来实现。教材是否具有实效性主要是依据受教育者对思想政治教育教材话语的掌握和理解程度为基本标尺,从思想政治教育实际发展来看,重构思想政治教育教材话语的主要动力来自受教育者对这种教材话语的信息反馈。一般而言,教育者与受教育者相互沟通、对话、理解的重要载体和中介就是思想政治教育教材话语,重构这一载体和中介必须要汲取他们之间的沟通话语。其次,要着眼于思想政治教育学科理论话语的建设与发展来对思想政治教育的文本话语进行积极的重构。从重构思想政治教育话语体系与思想政治教育学科理论话语建设的相互关系来看,后者是前者得以建构的根基。思想政治教育实践话语的历史经验总结对于思想政治教育学科理论话语的重构具有重要作用。要立足于此,站在理论的高度构建思想政治教育话语理论话语内容。并且不断从概念的推理中创造新话语,从而适应思想政治教育跨越式发展的要求。

实践话语重构包含宏观实践领域和微观实践领域的话语重构两个方

面。前者主要包括日常生活话语重构、社会舆论话语重构等;后者主要包括网络空间话语重构、心灵空间话语重构等。日常生活话语重构是思想政治教育话语形式重构的源泉所在。日常生活话语重构离不开人民群众的现实生活世界,日常生活话语的产生主要来源于人民群众的创造,思想政治教育话语的构建要立足日常生活话语,努力从中提炼新的话语内容与话语形式,如此就会提升思想政治教育话语的实效性。而社会舆论话语是思想政治教育话语重构的不竭动力,社会舆论话语重构主要包括传媒话语的重构和民间话语的重构等。但值得注意的是,社会舆论话语具有两面性,社会舆论是思想政治教育话语重构过程中不可忽视的力量,社会舆论存在可能会为思想政治教育话语重构设置某些障碍,因此重构社会舆论话语必须把握一定的度。伴随着思想政治教育向微观实践领域的拓展,使得网络空间话语、心灵空间话语日益成为思想政治教育活动的重要话语内容,关于这些话语的建构都要以思想政治教育实践发展实际状况为立足点,以便适应微观领域思想政治教育及其主客体关系发展的客观需要。

第三,重视重构思想政治教育话语的语言环境。语言作为人们思维的物质表现和人与人之间主要的交际工具之一,在主体间性视域的思想政治教育主客体关系建构中扮演着十分重要的角色,主体间的交往实践离不开语言这一基本工具。在思想政治教育实践活动中,良好的思想政治教育话语环境能够确保主体间沟通和交流的顺利展开。思想政治教育话语应用必须重视话语环境建设,思想政治教育话语间的交往要想取得实际效果必须在一定的语言环境内进行,语言环境决定了思想政治教育话语的意义和效果,它在思想政治教育主客体关系发展中扮演着极为重要的角色。

语言环境与语言的组织结构之间存在着一定的关系。语言是思想政治教育主体间交往的重要工具,语言从结构上来说具有内部组织结构与外部组织结构。语言运用按照正确性、可理解性、真理性等原则进行言说活动,所达到的效果就是内部组织结构,亦即思想政治教育话语只有符合这些基本原则,其运用才更富于有效性。而语言的内部组织结构是否完善直接受其外部组织结构的影响,一旦内部组织结构出现问题,必然会破坏思想政治教育主体间话语功能实现的基础,从而导致思想政治教育主客体关系发生异化。而话语的外部组织结构是指思想政治教育主体间的讨论"在时空上的先后顺序"①。因此要真正实现话语在思想政治教育主体交往的重要功能,就必须重构思想政治教育的话语环境,尤其是要减轻其外部组织结构的功能负载,优化思想政治教育的话语环境。而良好的思想政治教育话语环境必须满足三个条件:其一,一切话语者都处于平等的地位,可以对话语进行论证解释,发表自己的观点。其二,提出质疑和批评。所有的话语参与者都必须有同等的权利表达他们的愿望、情绪和情感。其三,话语的所有潜在参与者也都有同等权利参与话语合理性的论证和辩护。②"在这种话语环境中,参与者以发言者、受言者和在场者角色,从'我—你'关系中实现相互理解。"③只有在良好的思想政治教育话语环境中,主体间才能相互理解,形成积极的互动作用。

重构思想政治教育主客体关系的话语环境,主要从内外两方面来进行:要确立教育主体的主体地位,要在话语权力方面加强受教育者平等地位的建设,使教育主体可以真正借助话语表达自己的观点等。重构思想政治教育的话语环境就要建构真正的话语主体。在重构思想政治教育的话语环境过程中,人格独立是思想政治教育主体间实现理解和对话的前提。除了依赖于自

① [英]威廉姆·奥斯维特:《哈贝马斯》,沈亚生译,黑龙江人民出版社,1999年,第46页。

② 参见章国锋:《关于一个公正世界的"乌托邦"构想》,山东人民出版社,2001年,第152页。

③ [德]哈贝马斯:《道德意识和交往行动》,转引自薛华:《哈贝马斯的商谈伦理学》,辽宁教育出版社,1988年,第34页。

身努力之外,个体独立人格的确立还有赖于平等、民主的主体间关系的建构。因为只能在平等、民主的主体间关系中,思想政治教育主体间的认同和共识才能最终实现。倘若共识"是依靠权力手段建立起来时则是虚假的。而当它通过民主程序建立起来时才是真实的"①。要想保障思想政治教育取得预期的效果,促进受教育者形成良好的人格,建立思想政治教育主体间的平等性是必不可少的条件。受教育者独立人格的形成有利于发挥其本身的自主性,促进其成为思想政治教育主体间交往的真正参与者。

从外部来看,教育者在思想政治教育话语环境建构的过程中要具有一定的开放性,要能从受教育者的角度思考问题,开展教育活动。要对传统的思想政治教育过程中教育者的权威主义进行转变,要尊重受教育者的话语权。要在思想政治教育的过程中充分发挥教育主体间的相互理解与沟通互动,要实现受教育者与教育者之间的双向化信息传输,要将说与听摆在同等重要的位置,在某些条件下更要强调听的作用。唯有如此才会促进思想政治教育主体间的有效交流与沟通,实现平等民主的教育环境构建,从而提升整个思想政治教育的效果,推动思想政治教育目标的顺利实现。

在思想政治理论教学过程中,改善教学组织形式是重构思想政治教育话语环境的另一个要求。比如可以从授课班级类型上来作调整,可以根据具体的受教育者情况灵活应用小班授课或是大班授课的形式,努力实现个体化教育,为教育者与受教育者的个体化接触创设更多的条件,现在的思想政治理论课教学中,教育部要求班级学生数以不超过 100 人为宜,就是对思想政治理论教学组织形式做出的一项重要改变。另外,在思想政治理论课教学过程中要丰富教学方法,努力为教育者与受教育组合创设话语表达的条件,这些措施对于加强他们之间真诚的对话与交流具有积极的作用。

---

① 章国锋:《哈贝马斯访谈录》,《外国文学评论》,2000 年第 1 期。

(三)思想政治教育话语体系重构的着力点

现阶段的思想政治教育话语体系存在着许多问题，因此思想政治教育话语体系的重构需要着力抓住三点：

第一，关注教育者与受教育者之间的话语差异性，强化他们彼此间的话语沟通，避免"话语鸿沟"现象的出现。由于受教育者与教育者之间的年龄、知识结构、生活阅历和价值观念等存在一定的差异性，以及思想政治教育的教育目标和受教育者的实际需要之间存在差异性，这就导致了受教育者与教育者之间不可避免地存在话语差异性。思想政治教育需要灌输性话语、沟通性话语的重要依据就是教育者与受教育者话语之间存在差异性。但是正因为教育者与受教育者之间存在差异性，因此实现双方的有效沟通成为必然要求。思想政治教育的具体展开要立足教育者和受教育者之间的话语差异性，教育者要掌握受教育者的话语表达方式及相应的心理结构。在尊重教育者与受教育者之间话语差异性的基础上，教育者必须不断更新自我的话语系统，逐渐采用受教育者易于接受而且也愿意接受的话语表达方式，不断加强与受教育者的话语沟通与协调，从而避免教育者与受教育者之间"话语鸿沟"现象的出现。

第二，平衡受教育者和教育者的话语权。思想政治教育话语体系重构一定要切实将话语权问题提升到一个重要的位置。具体而言公共话语权、教育者的话语权、受教育者的话语权都属于思想政治教育话语权的内容。受教育者和教育者之间的话语权在传统的教育实践过程中往往是不平等、不平衡的，出现了受教育者话语权缺失和教育者的话语霸权等异化现象。在思想政治理论课堂教学过程中，教师的话语往往左右甚至统摄着学生话语的表达，教师的话语霸权也就由此产生。在教育者"控制性"和"权威性"话语生态下，受教育者的话语表达空间受到了严重挤压,教育者的独白代替了教育者和受教育者双方的话语交流。所以思想政治教育话语体系的重构必须对受教育者的话语权进行重新确立,对教育者的话语霸权现象进行消除,实现思想政治教育过程中教育主体在话语权上处于平衡地位。这就是教育者与受教育者之间话语权的分流机制,具体包含教育者与受教育者之间的平等对话机制、话语尊重机制和教育者的话语引领机制等。但是消解教育者的话语霸权,并不等于否定教育者话语的引领作用,更不是要形成受教育者的话语霸权。现阶段,"以人为本"的价值理念已经贯穿于思想政治教育的整个过程中,因此提升受教育者的主体地位成为一种必然。但是在一些高校设立学生评教制度,部分学生和部分管理人员对职责认识不足,因此对相关教育者的教育行为不买账,进而会在年终教师绩效考核评价中给教师打分十分低,严重影响了教师的实际考核分数,而许多学校则把这一项评价与教师的各种待遇相挂钩,最终导致了许多教师遭遇到不公平待遇[有的小学甚至将学生当作唯一的教育主体(相对教师而言)]。在此影响下,教师不敢管、也不愿意管学生,一味地以学生的意愿为出发点。《中小学班主任工作规定》是教育部于2009年出台的,这项规定对班主任的权利进行了明确的阐述:"教育教学过程中,班主任具有对学生进行日常教育教学管理的权利,可以依据学生的具体情况对学生采取相应的批评与教育。"①这项规定规范了教师的话语权,同时也对现实中存在的学生话语霸权进行了某种程度上的"矫正"。在思想政治教育过程中,我们强调教育者与受教育者之间的话语平等,内在地包含着教育者话语的引领性。离开了教育者话语的引领性,教育者与受教育者之间的话语交往秩序也难以实现。所以防止"受教育者话语霸权"代替"教育者话

---

① 《教育部关于印发〈中小学班主任工作规定〉的通知》(教基一〔2009〕12号)。

语霸权"的极端现象出现,是思想政治教育过程中必须高度重视的严肃问题。

　　第三,形成主体间话语和谐的机制。作为话语系统中的一个分支,思想政治教育话语体系与其他话语形式有着密切的联系。思想政治教育话语体系重构要实现诸多话语间的协调发展。这些协调发展主要表现为思想政治教育话语与其他学科话语间的协调,思想政治教育话语体系内部的协调,以及话语的即时性与历时性的协调, 高校思想政治教育话语同思想政治教育话语协调等,这些都是思想政治教育话语体系实现重构的必由之路。此外,在建构思想政治教育话语和谐机制时, 要充分考虑思想政治教育话语的多元化与主导性特性,要实现这两种特性的良好互动,要确立思想政治教育话语的主导性地位。总之,思想政治教育话语体系重构要从机制上入手,思想政治教育话语体系重构一定要将创新性置于话语运行机制的制高点, 完善的话语运行机制是保障思想政治教育话语体系重构的重要条件。

第四节　强化思想政治理论课教学互动

　　互动, 既体现着教育者与受教育者在思想政治教育主客体关系中的生存状态, 也构成了主体间性视域的思想政治教育主客体关系得以建构的基本方法。主体间性视域的思想政治教育主客体关系建构过程中要把"互动"性贯穿于整个过程的始终。从受教育者的角度而言,良好的互动能够有效调动受教育者本身的能动性,使受教育者的主体性地位获得充分的尊重,有利于提升思想政治教育实施的效果;从教育者的角度而言, 良好的互动有利于实现教学相长, 促进教育者参照受教育者的实际发展情况对自身水平进行反思,能够促进受教育者不断自觉提升个人的专业水平与素质水平,同样也会极大地提升思想政治教育的实际效果。

一、思想政治教育层面上的"互动"内涵

互动不仅是教育者与受教育者在思想政治教育主客体关系中的生存状态,它还是主体间性视域的思想政治教育主客体关系得以生成的基本方法。互动原本是属于社会学领域的术语,是关于人与人之间的互动,现代西方社会学认为它体现为人和人之间的一种心理感应活动。这种心理感应活动包括感官互动、情绪互动以及理智互动。第一,大脑在受外界环境信息的刺激下呈现出的行为反应就是感官互动。第二,受别人情感作用,产生的情绪反映,就是情绪互动。第三,借助语言或知识为载体,进行判断、概念或推理等活动就是智力互动。互动的具体表现形式为人与人之间的合作、人与人之间的争论、人与环境的协调发展,以及不同群体的人表现出的融合性等。韦氏词典将"interaction"(互动)解释为:have the same feelings one for the other; Mutual or reciprocal action or influence。可见,促进动作行为或情绪情感之间相互作用,并形成一种对称性是"互动"强调的内容。《中国大百科全书·社会学》对"互动"的概念是这样阐述的:自我互动和人际互动及社会互动是互动发展呈现出的三个阶段,从本质上来看就是主客体之间的交往实践过程。美国社会心理学家凯利认为,互动是人际关系的本质所在,每个人成功实现自己的行动目标的概率在很大程度上取决于他人的影响或行动。可见互动并非个人的行为,而是一种个体与他人交往实践过程中发生的一种相互影响作用。周晓虹认为互动就是社会个体将行动指向他人并且和他人产生的关系,就产生了互动。我们通常所说的互动即社会互动,是从狭义上来理解的,

也就是主体间通过信息交流而发生的一种交往实践活动。

　　教育学意义上的互动,是指教育者与受教育者之间发生的信息与思想感情上双向交流活动。其中比较权威的界定是著名教育家顾明远的说法,认为所谓互动其实就是"发生在人和人或群体和群体之间的交往实践,同时这个互动也涵盖个体和自我的互动过程"①。思想政治教育意义上的互动是一种特殊的交往实践活动,也就是发生在教育者与受教育者之间的以知识共享、价值共识、意义共生为主题的交互作用。这种交互作用一方面体现为教育者对受教育者的知识传授、情感沟通等;另一方面体现为受教育者之间学习态度的互相影响与渗透。因此思想政治教育意义上的互动是在教育实践活动中围绕特定教育目标而展开的一种人生价值与意义世界建构的过程。主体间性视域的思想政治教育主客体关系是一个双向互动的过程,这个双向互动就是教育者和受教育者共同参与互动的过程,互动的过程其实就是受教育者与教育者交流沟通的过程, 也是教育者与受教育者之间相互教育和自我教育、德性共生的过程。它不像其他学科知识教育那样直接的传授,而是必须经过受教育者"知、情、意、行"的复杂心理过程才能达到思想政治教育所具有的某种终极价值。倘若从主体间性的视域来看,我们就会发现,在思想政治教育主客体关系中, 教育者与受教育者之间的互动体现的是一种主体间性关系,是思想政治教育过程中教育主体之间的平等、民主关系的互动交往实践。应该是教育者与受教育者之间以民主平等的方式,使双方的知识储备、智慧观念、思想道德、价值取向表现出一个理性、自由的探讨性空间,使他们在双向互动交流中生成一个开放的、动态的思想道德价值的教育场域,从而使得教育者与受教育者在学习和接纳对方中不断提升与完善自我,共同缔造彼此

---

　　① 顾明远:《教育大辞典》,上海教育出版社,1992 年,第 442 页。

的精神价值与意义世界。

从主体间性意义上来看,互动最基本的含义是指人与人之间双向式的相互影响、相互作用。思想政治教育主客体间的互动具有以下特点:一是主体性,即在思想政治教育主客体关系互动过程中要充分尊重受教育者的主体性地位,观照受教育者的内在心理需求和道德需要。主体性的实现在很大程度上依赖于教育者与受教育者之间的交往实践活动。"现代思想政治教育应充分发挥受教育者的主体性,引导受教育者自我成长、自主建构,使他们成为自由全面发展的主人。"①在思想政治教育主客体关系的互动中,教育者要充分尊重并善于启发和建构受教育者的主体性,关心受教育者个体的自由全面发展,引导和帮助受教育者形成主体性意识和主体性理想道德人格,把他们培养成自主性的社会实践主体。作为思想政治教育实践活动中的参与者,他们具有生成性和建构性,而这种生成性和建构性只有通过教育者与受教育者之间的深层互动才能最终实现。二是交互性,即在思想政治教育主客体关系互动过程中信息的发送与接收,不只是教育者向受教育者实施教育的单向性作用,思想政治教育过程中教育主体间是一种互动型的关系。教育者与受教育者之间不仅进行着知识交流,而且实现着情感智慧和价值意义的交流与沟通。叶澜在思想政治教育课堂中的互动作用主要表现为学生与学生之间的互动,学生与老师之间的互动。教育者与受教育者之间的互动可以促进思想政治教育过程中参与者之间的信息交流、观念共识、智慧共融和经验共享,使学习者之间相互了解信息,掌握分析和解决现实问题的不同思路,促使他们通过交互活动提高认知与活动能力。主体间性意义上的思想政治教育主客体间的互动,既是主体与客体之间,也是主体与主体、客体与客体之间的多维互

---

① 詹万生:《整体构建德育体系引论》,教育科学出版社,2001年,第15~16页。

动关系,这种互动使思想政治教育主客体之间形成了动态的有机系统,对于提升思想政治教育的实效性有积极作用。

二、教学互动:主体间性视域的思想政治教育主客体关系建构的突破口

建构主义理论认为,教学过程实质上就是教与学之间交往互动的过程。而教学互动主要是指在教学活动过程中,受教育者与教育者围绕课堂教学目标、课堂教学任务,双方之间展开的有关教学内容方面的沟通与交流。建基于主体间性理论基础上的思想政治理论课教学,强调教学实践活动中多向度的教育者与受教育者之间的互动,它打破了既有的在思想政治理论课教学过程中一直存在的对教学实践活动的某些局限性的认识。相反,它把教学实践活动作为思想政治教育主体与客体间的交往互动性实践。互动的本质就在于教育者要以受教育者为立足点与出发点,不仅要尊重受教育者,更要充分调动受教育者的主体性,进而实现教育者和受教育者之间生命相互交融、智慧共同生成和精神相互觉醒,在自由、愉快的教学情境中实现"教"与"学"的共振与协调,促进教育者与受教育者的共同成长和道德境界提升。课堂教学中的互动能激发受教育者的主体性和创造性,使受教育者获得主动展示自我才华与个性的机会,课堂教学中也就充满了受教育者的主体性风采。同时通过课堂教学互动,使教育者与受教育者之间实现了彼此信任和相互理解,从而使教学活动成为在教育者主导下的受教育者的自主建构过程。在教学互动中,教育者和受教育者呈现出一种共享共识、共在共生的关系,教学互动是促进受教育者全面发展的有效途径,同时还是教育者与受教育者个体生命实践活动不断展开的过程。教育者与受教育者之间的多维互动

过程是彼此之间的话语系统交流、生命意义提升与和谐关系的自主建构过程。

思想政治理论课的教学过程就是通过师生之间和生生之间的多维互动,在教育者的主动引导或指导下,不断促进受教育者主体性理想道德人格的自主建构。通过多维互动形式,受教育者在教学互动过程中不断彰显和创造着生命的意义和价值,表征着自我生命的存在意义与价值,并不断使自我的生命价值得以丰富、发展和完善。他们的自主建构是以主体间性为基础,通过自我评价、自主选择和调控等方式来实现。主体间性视域的教学互动包含着两种基本的类型:

一是师生互动,即教师与学生之间以平等的、自由的沟通和对话为基础,以谋求共同提升和发展为根本目的的自主建构过程。在思想政治理论课教学过程中,师生共存于同一的教学实践关系中,彼此之间并无严格的主客体之分。在教学过程中,既非教育者与受教育者之间的线性作用,也非教育者与受教育者的单向度发展,而是他们之间的相互作用、相互沟通和共同提升。在师生之间的互动中,教师是课堂教学活动的组织者、实施者和引领者。教师在整个教育活动中对教育者具有重要的引领作用,教师的思想观念、行为认知等都会对学生产生潜移默化的影响。因此教师要通过与学生的积极对话和沟通,将课堂教学内容与学生的现实生活经验相联系,要建立良好的课堂互动进而能够引领学生掌握知识与生成德性,提升学生个体自主性的道德人格境界。为此,要求教师必须具有高尚的职业道德和科学先进的教育教学理念,认识到思想政治教育教学中主体性和创造性对于个体德性生成和生命价值的重要意义。教师必须对教学内容进行科学加工和处理,努力打开学生的认知视野和生活思维空间,充分激发学生的想象力和创造力。《学会生存》是联合国教科文组织发布的教育报告,这项报告对教师的职责进行了阐述:向学生传授知识固然是教师的基本职责,同时要有效调动学生思维的主动性也是教师义不容辞的责任。教师应该花更多的时间与学生沟通和交流,深入学生的日常生活世界之中,从而建立起受教育者之间良性的互动形式,激发受教育者踊跃参与思想政治理论课课堂教学互动,积极主动地提出问题、参与讨论问题和回答问题。在教学互动过程中,受教育者也就成了另一种意义上的教学活动的主体,即指受教育者是课堂教学活动的能动参与者和认识与实践活动的特殊"主体"之一。虽然师生之间互动以形成学生的自主性理想道德人格为目的,但学生的德性与人格并非自发生成的,而是深受教师的积极影响和主动引领。"主体意识成立于主体交往实践的基础上,它不可能孤立产生,唯有主体和主体之间实现彼此尊重与认可才可能不断生成和发展。"①显然,受教育者理想道德人格的自主建构过程离不开与教育者的积极互动。

二是生生互动,即在思想政治理论课教学特定情景创设下,学生与学生之间在课堂教学活动过程中的相互作用和相互影响。在传统的思想政治理论教学课堂中,人们往往把师生间的关系视为教学互动中唯一重要的关系,在思想政治理论课课堂教学过程中人们普遍关注提倡师生之间的教学互动形式,关于学生之间的互动没有获得足够的重视,更有观点认为学生之间的互动会给课堂教学带来负面影响,从而不利于教师"控制"课堂教学,影响课堂教学秩序的稳定。因此在课堂教学过程中"每个学生独立去完成学习任务。学生之间缺乏分工合作,无必然的依存关系"②。从而使生生互动变成了一种制度化的交往互动,认为师生互动在课堂教学中占据主导性地位,它规范和引导着生生互动。生生互动的内容和成效都可以在师生互动中得以确证,这

---

① 郭湛:《论主体间性或交互主体性》,《中国人民大学学报》,2001 年第 3 期。
② 王策三:《教学论稿》,人民教育出版社,1985 年,第 279 页。

使得主动而有效的生生互动在教学过程中难以有效开展。事实上生生互动具有整体性的教育意义,因为通过生生互动可以弥补教与学的互动不足,使得学生与学生之间的对话与沟通,真正实现思想政治理论课的教学目标。而且学生与学生之间的互动更加有助于学生主体性的发挥与个性的发展,能使学生满足自我归属感的需要。生生互动对学生在认知、情感、意志等方面都具有教育意义。同时生生互动对师生互动也起着激励和规范作用,其互动的方式和内容反过来也影响着师生互动的质量和范围。因此主体间性视域下的思想政治理论课教学更应注重生生互动这一互动形式的开展。

三、思想政治理论课教学存在的主要问题与对策

以往思想政治理论课教学实效性不理想的原因有很多,但从主体间性的视角来看,主要原因在于教学过程中教育者与受教育者实践互动的缺失。而主体间性视域的思想政治教育主客体关系的提出为思想政治理论课的教学改革提供了一种全新视角。因此引入主体间性教育价值理念,围绕主体间性教育原则,不断对思想政治理论课教学进行创新,发挥良好的互动效应,对于促进思想政治理论课教学效果的提升,实现主体间性视域的思想政治教育主客体关系建构具有重要意义。

(一)思想政治理论课教学存在的主要问题

总体而言,传统的思想政治教育呈现出的是一种单向度的、灌输式的主客体关系,教育者被认为是权威性真理的绝对化身,是教育教学互动的实施者、控制者与主宰者,受教育者则成了知识和记忆的被动接受者。教育者关注的往往只是教育教学的进度和知识传授,而忽视了教育者与受教育者之

间的心灵交流,把受教育者视为"美德之袋",从而使思想政治教育中缺失了人和人的精神价值与意义世界。在教育者权威的影响下,受教育者在情感和心灵上往往处于被压抑、被控制的状态。教育者与受教育者之间缺乏真实的情感互动以及精神价值与意义世界的追寻。

从 20 世纪 80 年代开始,我国教育教学领域开始关注互动式教学,但却始终未能形成完整的互动教学机制。结合上述调查分析,以及对思想政治理论课及其互动状况的相关研究,笔者认为在思想政治理论课教学过程中,尤其是教学互动方面仍然存在以下层面的突出问题:

一是思想政治理论课教学互动呈现出一种主体的垄断性,互动大多体现为教育者对受教育者的"单向度"影响,教育教学互动主要是以教育者为权威和中心而展开的。教育者是整个教育教学互动过程的实施者与控制者,受教育者则相对处于被动的地位,这就导致了在思想政治教育教学中,受教育者的主动性和积极性没有得到充分发挥,不仅如此,从一定程度上来看,他们的创造性思维的发展也受到了比较严重的束缚。比如在当前的思想政治理论课课堂教学上,即便是教师越来越重视教学互动的方式,但从整个现状来看,仍然存在某些互动只是学生简单回答教师提出的问题,而很少从学生自己提出问题的角度出发来展开互动教学。整个课堂教学互动的形式、互动的频率、互动的内容及整个互动教学的实施过程,主要是由教师设计和规划实现的,受教育者的学习主体性被压抑。总体而言,现阶段思想政治理论课教学班级规模过大,思想政治理论课教师承担的教学任务过于繁重,也造成了教师与学生开展互动教学的客观困难。特别是在思想政治理论课课堂教学互动中,如果只强调教育者来控制和主宰课堂教学的一切,课堂也就成了教育者单向影响受教育者的垄断化平台。因此叶澜认为,思想政治教育课堂上的活力是师生共同创造的,同时教学过程本身也具有活力性。

二是教学互动方式的形式化倾向。传统的思想政治教育往往只有教学互动的形式而缺乏互动的实质性内容,这表现在传统的思想政治教育互动形式比较单一,教学互动基本来说都是教育者和受教育者之间的互动,而受教育者与受教育者相互间的互动却严重缺乏。比如良好的课堂提问是实现思想政治课堂教学的主要途径,现实教学实践过程中存在某些教师的提问方式不够科学化、合理化,因而成为制约课堂互动发展的根源所在;某些教师在教学过程中,生硬地设置规划教学互动环节,即便是提问问题也往往是为了提问而提问。为了凸显思想政治理论课教学中对受教育者的尊重,贯彻以受教育者为本的新的教育教学理念,有效调动教育过程中受教育者的能动性,教师往往在课堂教学中设计提问这一互动教学环节。但教师的提问中却往往是封闭性问题多而开放性问题少。所以这种封闭性的互动式提问并不能启发学生的创造性思维,从而使得教学互动形式化,而"真正的对话式教学中的互动,只能发生在双方精神上真正的相互回应与碰撞中"[1]。

三是教学互动类型的单一化倾向。传统的思想政治教育互动的类型比较单一化,往往是教育者与受教育者之间的互动较多,受教育者彼此之间的互动则不够多。比如现阶段思想政治理论课堂教学的互动基本局限于教师和学生之间的互动,而学生与学生间的互动却严重缺乏。即便是有生生互动,也存在形式化的倾向,整个教学互动质量不高。存在着只有生生互动的形式而无实质的教育教学内容,只是单纯为了教学互动而互动,使得整个思想政治理论课堂变得杂乱无章,教学秩序混乱。这就在一定程度上使学生创造性和积极性的发挥受到了限制,从而影响了思想政治理论课课堂教学的教学效果。事实上,许多国外学者普遍认为受教育者之间的互动更应该是教育教学

---

[1]　夏正江:《对话人生与教育》,《华东师范大学学报》(教育科学版),1997年第4期。

活动获得成功不可或缺的要素。

(二)采取多种形式,强化思想政治理论课教学互动

在主体间性视域的思想政治教育主客体关系建构过程中,要求以强化教学互动为突破口,来促进受教育者德性的生成与发展,以全面培养和提升个体的主体意识和主体性理想道德人格为主旨。因此结合当前思想政治理论教学的实际状况,以及受教育者的不同特点和思想观念实际,有必要采用灵活多样的思想政治理论课教学互动形式:

一是课堂讨论式,即教师要围绕课堂教学内容及学生的思想实际情况开展思想政治理论课教学,向学生提供课堂讨论问题的背景材料,然后由学生独立地查询、收集资料。适时地将学生所关注的理论问题和社会热点问题拿到课堂上来启发学生做深层次的思考,通过课堂讨论拓宽视野、启发思路、达成共识、共同提高。结合思想政治理论课大班教学的实际,可以以学习小组为单位组织讨论,先是学生自由发言,教师最后做总结性发言,对学生的各种观点进行合理引导。课堂讨论式让学生自由地参与到教学活动中来,并主动发表意见,阐明自己的观点。在讨论中师生之间共同研究,相互启发,提出解决理论和实践问题的思路和建议。课堂讨论式教学方法,注重启发学生的主体意识,培养学生独立分析问题、解决问题的能力,在这一教学模式下,每位学生都可以提出自己的见解,接受其他师生的评论,同时聆听他人的观点,坦诚发表意见。课堂讨论式教学能够有效促进学生的思维发展,充分调动学生学习的积极性,有利于提升学生解决问题、分析问题的能力;而且课堂讨论式教学有利于增进教学双方在信息与情感方面的沟通,达到教学相长的效果,能够促进受教育者的德性生成、发展与完善。

二是问题探讨式,即在思想政治理论课课堂教学过程中,师生共同创设

教学情境,提出道德问题,让学生以学习小组为单位或以个人形式共同探讨新的道德规范。通过多维度探究道德问题和道德困境,使学生形成正确的道德价值取向和善良德性。

三是专题演讲式。即教师要立足思想政治理论课教学的具体内容,根据教学进度对社会热点问题进行分析,进而确定若干专题,教师通过采取专题演讲的方式展开课堂教育教学。专题演讲能够充分调动受教育者在教育过程中的能动性,能够提高学生的语言运用水平,不断提高思维能力和水平,让学生主动参与到教学活动中来。专题演讲可以采用教师直接把教学内容以演讲方式传授给学生和学生演讲、教师点评两种基本方式。

四是合作学习式,即学生以学习小组为单位,充分利用各种教学资源之间的互动来学习,教学双方共同参与对问题的研究,实现思想政治教育的教学目标。

总之,互动教学对于提升思想政治教育教学的实效性有重要作用。思想政治理论课教学应该就是教与学双方的互动,而绝非教师单方面的灌输。互动教学有利于建构良好的师生互动,促进师生关系和谐发展。互动教学方式充分调动了思想政治理论课教学过程中主体间的互动性,促进了教育者与受教育之间的情感交流与沟通,使得师生关系变得更加和谐融洽,提高思想政治理论课教学的实效性,从而促进师生之间德性的共同生成和完善。

结　语

　　主体间性视域的思想政治教育主客体关系是建立在关系性思维方式基础上的一种思想政治教育价值理念和教育范式,体现了对传统的思想政治教育主客体关系的修正和超越,实现了思想政治教育主客体关系从对象性向共生性的转向。从而预示着传统单一的主体性思想政治教育实现了突破,主体间性的思想政治教育开始起步。主体间性视域的思想政治教育主客体关系建构,巩固了受教育者这一客体的主体性地位。它在主客体关系上倡导和谐共处,为受教育者获得认同自身主体性创造了条件,进而使受教育者的主体性地位获得充分的发展。主体间性视域的思想政治教育主客体关系充分尊重受教育者的主体地位,在教育者与受教育者之间建立起了一种民主、平等的教学关系,为教育过程中主体间的对话与沟通创造了条件,促进了思想政治教育过程中主客体关系中的主体性与主体间性的融合发展,有利于实现对思想政治教育主客体关系的完整性把握。

　　本书的价值旨归在于促使思想政治教育中牢牢树立"人"的主体地位,高扬"人"的旗帜，观照大写的"人"，尤其是要更加重视曾经一度作为"客体"和"物"来看待的受教育者的主体性地位，使得我国思想政治教育焕发勃勃生机与活力。书中提出主体间性视域的思想政治教育主客体关系，不是一味否定以往的思想政治教育主客体关系理论与实践，而是在对以往的思想政治教育主客体关系进行批判反思的基础上，站在新的视域对思想政治教育主客体进行审视，对现阶段思想政治教育主客体关系存在的现实弊端进行全面的修正与超越。大大促进了思想政治教育的进一步发展和改革，有利于提升思想政治教育的实效性与针对性。

主体间性理论和交往实践理论启示我们，思想政治教育必须根植于主体间的和谐共生的交往实践关系之中，根植于教育者与受教育者的日常生活世界之中，唯此，思想政治教育才会有更加美好的未来。这些都是主体间性视域的思想政治教育主客体关系建构时我们所应用的依据。复杂性是交往实践和思想政治教育主客体关系、主体间性和思想政治教育主客体关系相关问题的主要特征，上述探索是初步的和肤浅的，关于这一问题需要我们做进一步的思考和深入探讨。

参考文献

一、经典著作和中文著作

1.《马克思恩格斯选集》(第一——四卷),人民出版社,1995年。

2.《马克思恩格斯全集》(第1、42、46卷),人民出版社,1995年。

3.《马克思恩格斯全集》(第2卷),人民出版社,1979年。

4.《马克思恩格斯全集》(第3卷),人民出版社,1960年。

5.《毛泽东选集》(第三卷),人民出版社,1991年。

6.《邓小平文选》(第一——三卷),人民出版社,1994年、1994年、1993年。

7.江泽民:《论党的建设》,中央文献出版社,2001年。

8.江泽民:《论"三个代表"》,人民出版社,2001年。

9.班华:《现代德育论》,安徽人民出版社,2001年。

10.毕红梅:《全球化视野中的思想政治教育》,中国社会科学出版社,

2006 年。

11.陈秉公:《思想政治教育学原理》,辽宁人民出版社,2001 年。

12.陈根法:《德性论》,上海人民出版社,2004。

13.陈桂生:《教育原理》,华东师范大学出版社,1993 年。

14.陈立思主编:《当代世界思想政治教育》,中国人民大学出版社,1999 年。

15.程建平、谢延平等:《主体性人格培育论》,北京大学出版社,2004 年。

16.褚洪启:《杜威教育思想引论》,湖南教育出版社,1998 年。

17.樊浩:《中国伦理精神的历史建构》,江苏人民出版社,1992 年。

18.范树成:《德育过程论》,中国社会科学出版社,2004 年。

19.冯建军:《当代主体教育论——走向类主体的教育》,江苏教育出版社,2004 年。

20.冯增俊:《教育人类学》,江苏教育出版社,2001 年。

21.高德胜:《生活德育论》,人民出版社,2005 年。

22.高德胜:《知性德育及其超越——现代德育困境研究》,教育科学出版社,2003 年。

23.高国希:《道德哲学》,复旦大学出版社,2005 年。

24.高清海:《高清海哲学文存》(第 1 卷),吉林人民出版社,1997 年。

25.龚群:《道德乌托邦的重构:哈贝马斯交往伦理思想研究》,商务印书馆,2003 年。

26.郭元祥:《生活与教育——回归生活世界的基础教育论纲》,华中师范大学出版社,2002 年。

27.郭湛:《主体性哲学——人的存在及其意义》,云南人民出版社,2001 年。

28.韩庆祥:《马克思主义人学思想发微》,中国社会科学出版社,1992 年。

29.金生鈜:《德性与教化》,湖南大学出版社,2003 年。

30.金生铉:《理解与教育——走向哲学解释学的教育哲学导论》,教育科学出版社,1997年。

31.靳诺、郑永廷、张澍军等:《新时期高校思想政治教育理论与实践》,高等教育出版社,2004年。

32.瞿葆奎主编:《教育学文集·德育》,人民教育出版社,1989年。

33.瞿葆奎主编:《教育学文集》(第2卷),人民教育出版社,1989年。

34.李辉:《现代思想政治教育环境研究》,广东人民出版社,2005年。

35.李其龙:《德国教学论流派》,陕西人民出版社,1993年。

36.李文阁:《回归现实生活世界》,中国社会科学文献出版社,2002年。

37.厉以贤:《马克思主义教育思想》,北京师范大学出版社,1992年。

38.刘智峰主编:《道德中国》,中国社会科学出版社,1999年。

39.刘卓红等:《开放德育论:大学生思想政治教育继承借鉴与批判创新研究》,人民出版社,2008年。

40.龙柏林:《个人交往主体性研究》,广东人民出版社,2005年。

41.鲁洁:《道德教育的当代论域》,人民出版社,2005年。

42.鲁洁:《德育社会学》,福建教育出版社,1998年。

43.鲁洁、王逢贤:《德育新论》,江苏教育出版社,2000年。

44.陆剑杰主编:《思想政治教育多学科透视》,东南大学出版社,1992年。

45.罗国杰主编:《马克思主义思想政治教育理论基础》,高等教育出版社,2002年。

46.罗洪铁等主编:《思想政治教育原理与方法基础理论研究》,人民出版社,2005年。

47.孟宪承选编:《中国古代教育文选》(第三版),人民教育出版社,2003年。

48.聂月岩等:《邓小平思想政治教育理论与实践研究》,首都师范大学出版社,2000年。

49.彭未名:《交往德育论》,山西教育出版社,2005年。

50.戚万学:《冲突与整合——20世纪西方道德教育论》,山东教育出版社,1995年。

51.戚万学:《活动道德教育论》,南开大学出版社,1994年。

52.邱伟光、张耀灿主编:《思想政治教育学原理》,高等教育出版社,1999年。

53.任平:《广义认识论原理》,江苏人民出版社,1992年。

54.任平:《交往实践与主体际》,苏州大学出版社,1999年。

55.沈壮海:《思想政治教育的文化视野》,人民出版社,2005年。

56.沈壮海:《思想政治教育有效性研究》,武汉大学出版社,2001年。

57.石书臣:《现代思想政治教育主导性研究》,学林出版社,2004年。

58.滕守尧:《文化的边缘》,作家出版社,1997年。

59.万光侠等:《思想政治教育的人学基础》,人民出版社,2006年。

60.王川:《西方教育经典学说:从苏格拉底到蒙台梭利》,四川人民出版社,2000年。

61.王东莉:《德育人文关怀论》,中国社会科学出版社,2005年。

62.王坤庆:《精神与教育:一种教育哲学视角的当代教育反思与建构》,上海教育出版社,2002年。

63.王鹏令:《论中介》,四川人民出版社,1983年。

64.王平:《生的抉择——克尔凯郭尔哲学思想研究》,商务印书馆,2000年。

65.王瑞荪主编:《比较思想政治教育学》,高等教育出版社,2001年。

66.王武召:《社会交往论》,北京大学出版社,2002年。

67.王秀阁:《新世纪初思想政治工作研究》,红旗出版社,2002年。

68.韦吉锋:《网络思想政治教育研究》,新华出版社,2005年。

69.魏贤超:《现代德育理论与实践》,杭州大学出版社,1994 年。

70.魏贤超:《现代德育原理》,浙江大学出版社,1993 年。

71.武天林:《马克思主义人学导论》,中国社会科学出版社,2006 年。

72.夏正江:《教育理论哲学基础的反思》,上海教育出版社,2002 年。

73.项久雨:《思想政治教育价值论》,中国社会科学出版社,2003 年。

74.项贤明:《泛教育论——广义教育学的初步探索》,山西教育出版社,2000 年。

75.肖川:《主体性道德人格教育》,北京师范大学出版社,2002 年。

76.肖前等主编:《实践唯物主义研究》,中国人民大学出版社,1996 年。

77.许启贤主编:《中国共产党思想政治教育史》,中国人民大学出版社,2004 年。

78.杨超:《现代德育人本论》,广东人民出版社,2005 年。

79.杨超:《现代思想政治教育人本论》,广东人民出版社,2005 年。

80.杨国荣:《伦理与存在——道德哲学研究》,上海人民出版社,2002 年。

81.姚新中:《道德活动论》,中国人民大学出版社,1990 年。

82.叶澜:《教育概论》,人民教育出版社,1991 年。

83.叶澜:《教育理论与学校实践》,高等教育出版社,2000 年。

84.叶澜:《教育研究方法论初探》,上海教育出版社,1999 年。

85.叶澜主编:《"新基础教育"探索性研究报告集》,上海三联书店,1999 年。

86.衣俊卿:《回归生活世界的文化哲学》,黑龙江人民出版社,2000 年。

87.袁本新等:《人本德育论:大学生思想政治教育的人文关怀与人才资源开发研究》,人民出版社,2008 年。

88.袁本新、王丽荣等:《人本德育论》,人民出版社,2007 年。

89.袁桂林:《当代西方道德教育理论》,福建教育出版社,1994 年。

90.曾盛聪:《伦理变迁与道德教育》,广东人民出版社,2006 年。

91.詹万生:《整体建构德育体系总论》,教育科学出版,2001 年。

92.张开盛:《开放人格——巴赫金》,长江文艺出版社,2000 年。

93.张天宝:《主体性教育》,教育科学出版社,1999 年。

94.张天宝:《走向交往实践的主体性教育》,教育科学出版社,2005 年。

95.张彦:《思想政治教育主体性研究》,广东人民出版社,2006 年。

96.张耀灿等:《思想政治教育学前沿》,人民出版社,2006 年。

97.张耀灿、徐志远:《现代思想政治教育学科论》,湖北人民出版社,2003 年。

98.张耀灿、郑永廷等:《现代思想政治教育学》,人民出版社,2006 年。

99.赵汀阳:《论可能生活》,生活·读书·新知三联书店,1994 年。

100.郑永廷等:《社会主义意识形态研究》,中山大学出版社,1999 年。

101.郑永廷等:《主导德育论:大学生思想政治教育一元主导与多样发展研究》,人民出版社,2008 年。

102.郑永廷主编:《毛泽东思想政治教育理论与实践》,武汉大学出版社,1993 年。

103.郑永廷主编:《思想政治教育方法论》,高等教育出版社,1999 年。

104.钟启泉编译:《现代教学论发展》,教育科学出版社,1992 年。

105.周辅成:《西方伦理学名著选辑》(下卷),商务印书馆,1987 年。

106.朱小蔓:《德育论丛》,南京师范大学出版社,2000 年。

107.朱小蔓:《教育的问题与挑战——思想的回应》,南京师范大学出版社,2000 年。

108.邹进:《现代德国文化教育学》,山西教育出版社,1992 年。

109.邹进:《现代法国文化教育学》,上海社会科学出版社,1997 年。

110.祖嘉合:《思想政治教育方法教程》,北京大学出版社,2004 年。

二、外文译著

1.[匈]阿格妮丝·赫勒:《日常生活》,衣俊卿译,重庆出版社,1990年。

2.[苏联]阿·尼·列昂捷夫:《活动·意识·个性》,李沂等译,上海译文出版社,1980年。

3.[美]埃里希·弗罗姆:《占有还是生存——一个新社会的精神基础》,关山译,生活·读书·新知三联书店,1988年。

4.[英]安东尼·吉登斯:《现代性与自我认同》,赵旭东、方文译,生活·读书·新知三联书店,1988年。

5.[苏联]彼得罗夫斯基:《普通心理学》,龚浩然译,人民教育出版社,1991年。

6.[德]O.F.博尔诺夫:《教育人类学》,李其龙等译,华东师范大学出版社,2002年。

7.[加]查尔斯·泰勒:《自我的根源:现代认同的形成》,韩震等译,译林出版社,2001年。

8.[加]大卫·杰弗里史密斯:《全球化与后现代教育学》,郭洋生译,教育科学出版社,2000年。

9.[德]恩斯特·卡西尔:《人论》,甘阳译,上海译文出版社,1998年。

10.[巴西]弗莱雷:《被压迫者教育学》,顾建新等译,华东师范大学出版社,2001年。

11.[德]哈贝马斯:《交往行动理论》(第1、2卷),洪佩郁等译,重庆出版社,1994年。

12.[德]哈贝马斯:《交往与社会进化》,张博树译,重庆出版社,1989年。

13.[德]海德格尔:《存在与时间》,陈嘉映、王庆节译,生活·读书·新知三联书店,1987年。

14.[德]黑格尔:《精神现象学》(上卷),贺麟等译,商务印书馆,1979年。

15.[日]横山宁夫:《社会学概论》,毛良鸿等译,上海译文出版社,1983年。

16.[德]胡塞尔:《欧洲科学危机和超验现象学》,张庆熊译,上海译文出版社,1998年。

17.[德]胡塞尔:《生活世界现象学》,倪梁康、张廷国译,上海译文出版社,2002年。

18.[苏联]苏霍姆林斯基:《给教师的建议》,杜殿坤编译,教育科学出版社,1984年。

19.[德]康德:《道德形而上学原理》,苗力田译,上海人民出版社,2002年。

20.[德]克劳斯·德纳:《享用道德——对价值的自然渴望》,朱小安译,北京出版社,2002年。

21.[加]克里夫·贝克:《学会过美好生活——人的价值世界》,詹万生等译,中央编译出版社,1997年。

22.[美]库利:《人类本性与社会秩序》,包凡一等译,华夏出版社,2003年。

23.[美]拉瑞·纳希:《道德领域中的教育》,刘春琼、解光夫译,黑龙江人民出版社,2003年。

24.[美]莱斯大利·P.斯特弗等编:《教育中的建构主义》,高文等译,华东师范大学出版社,2002年。

24.[德]路德维希·费尔巴哈:《费尔巴哈哲学著作选集》(上卷),荣震化等译,生活·读书·新知三联书店,1962年。

26.[德]路德维希·费尔巴哈:《费尔巴哈哲学著作选集》(下卷),荣震化等译,生活·读书·新知三联书店,1962年。

27.[英]洛克:《人类理解论》,关文运译,商务印书馆,1981年。

28.[德]马丁·布伯:《我与你》,陈维纲译,生活·读书·新知三联书店,1986年。

29.[美]加涅等:《教学设计原理》,陈正昌等译,五南出版公司,1996年。

30.[美]威廉·K.弗兰克纳:《善的求索——道德哲学导论》,黄伟合等译,辽宁人民出版社,1987年。

31.[苏联]维果茨基:《维果茨基教育论著选》,余震球译,人民出版社,1994年。

32.[美]小威廉姆·E.多尔:《后现代课程观》,王红宇译,教育科学出版社,2000年。

33.[英]休谟:《人性论》,关文运译,商务印书馆,1981年。

34.[德]雅斯贝尔斯:《什么是教育》,邹进译,生活·读书·新知三联书店,1991年。

35.[美]约翰·杜威:《杜威教育论著选》,赵祥麟、王承绪译,华东师范大学出版社,1981年。

36.[美]约翰·杜威:《民主主义与教育》,王承绪译,人民教育出版社,2001年。

37.[美]约翰·杜威:《新旧个人主义——杜威文选》,孙有中等译,上海社会科学院出版社,1997年。

38.[日]佐藤学:《学习的快乐——走向对话》,钟启泉译,教育科学出版社,2004年。

三、报刊论文

1.白玉国：《胡塞尔"生活世界"内涵探析》，《江汉论坛》，2005年第7期。

2.班建武：《道德灌输的本体论意义及当代危机》，《思想教育研究》，2006年第9期。

3.毕红梅：《生活世界：道德教育的生成之域》，《教育评论》，2007第4期。

4.陈秉公、刘英莲：《论思想品德课教学的特殊"双主体结构"与教学规律》，《教学研究》，1998年第1期。

5.陈秉公：《论思想政治教育学科基本理论的再系统化》，《思想理论教育导刊》，2008年第9期。

6.陈锡喜：《关于社会主义意识形态的整合与建构的思考》，《思想理论教育》，2008年第5期。

7.陈锡喜：《建设和谐文化需要重构马克思主义的话语体系》，《探索与争鸣》，2007年第5期。

8.陈锡喜：《有必要重构马克思主义话语体系》，《社会科学报》，2008年1月24日。

9.陈新汉：《哲学审视中的我》，《湖南社会科学》，2007年第6期。

10.丁大同：《儒家道德中的交往理论》，《天津社会科学》，1997年第1期。

11.丁立群：《交往、实践与人的发展》，《哲学研究》，1992年第7期。

12.丁立群：《生活世界：一个非经典认识论领域》，《天津社会科学》，1997年第4期。

13.丁晓东：《儒墨关于交往的道德思想研究》，《教育评论》，2007年第1期。

14.丁晓东：《走向交往实践的道德教育》，《教育探索》，2005第5期。

15.冯建军:《主体道德教育与生活》,《教育研究》,2002 年第 5 期。

16.冯建军:《主体间性与教育交往》,《高等教育研究》,2001 年第 6 期。

17.付宗国、张爱玲:《米德的符号互动自我理论初探》,《山东师大学报》,1995 年第 2 期。

18.高秉江:《生活世界与生存主体》,《华中科技大学学报》(社会科学版),2001 年第 4 期。

19.高德胜:《学校德育的范式转换》,《教育研究与实验》,2004 年第 2 期。

20.高国希:《理性分析的主体性哲学方法论》,《文史哲》,1988 年第 3 期。

21.高国希:《论思想政治教育的目标与途径》,《思想理论教育》,2008 年第 11 期。

22.高青梅、周宁:《高校德育课多维互动教学模式的探索》,《教育探索》,2004 年第 8 期。

23.郭湛:《论主体间性或交互主体性》,《中国人民大学学报》,2001 年第 3 期。

24.胡克英:《"人"在呼唤》,《教育研究》教育研究,1989 年第 3 期。

25.胡淑珍:《对教与学的关系及其研究的思考》,《教育研究》,1990 年第 2 期。

26.黄启兵:《教育理想:必要的乌托邦与危险的乌托邦》,《教育理论与实践》,2006 年第 8 期。

27.金生鈜:《个人自主性与公民的德性教育》,《教育研究与实践》,2001年第 1 期。

28.匡亚明:《略论师生关系》,《红旗》,1961 年第 17 期。

29.李广平:《建构主义理论对教师教育的启示》,《外国教育研究》,2004年第 5 期。

30.李红美:《论合作学习中教师的角色转变》,《继续教育研究》,2004 年第 4 期。

31.刘芳:《论主体间性教育中的师生关系》,《高等教育研究》,2007 年第1 期。

32.刘焕:《漫谈师生关系》,《湖南教育》,1959 年第 8 期。

33.刘慧:《交往:师生关系的新概念——当代教育转型中师生关系的理论探讨》,《山西大学师范学院学报》,2001 年第 4 期。

34.刘惊铎:《体验:道德教育的本体》,《教育研究》,2003 年第 2 期。

35.刘铁芳:《试论对话性道德教育模式的构建》,《高等师范教育研究》,2003 年第 5 期。

36.鲁洁:《关系中的人:当代道德教育的一种人学探寻》,《教育研究》,2002 年第 1 期。

37.鲁洁:《教育:人之自主建构的一种人学探寻》,《教育研究》,1998 年第 9 期。

38.鲁洁:《走向世界历史的人——论人的转型与教育》,《教育研究》,1999 年第 11 期。

39.欧力同:《交往理论的演变:从近代到当代》,《上海社会科学院学术季刊》,1995 年第 4 期。

40.裴新宁:《"学习者共同体"的教学设计与研究》,《国际教育展望》,2001 年第 3 期。

41.彭未名:《科技时代的自我物化与德育的理性转移》,《现代大学教育》,2007 年第 1 期。

42.邱柏生:《从政治沟通角度看思想政治教育的有效性》,《思想教育研究》,2006 年第 4 期。

43.邱柏生:《改革开放以来高校思想政治教育创新的特征》,《思想理论教育导刊》,2008 年第 10 期。

44.邱柏生:《话语内涵要实现时代性切换》,《理论探讨》,2005 年第 1 期。

45.邱柏生:《试论思想政治教育工作的历史转型》,《理论探讨》,2009 年第 3 期。

46.邱柏生:《思想政治教育贴近大学生现实生活的若干问题辨析》,《思想理论教育》,2007 年第 6 期。

47.邱柏生、张怡:《思想政治教育新解》,《思想教育研究》,2002 年第 9 期。

48.任平:《交往实践观研究:对话历程与未来走向》,《求是学刊》,2000年第 5 期。

49.石美萍:《从交往理论视阈看道德教育的有效性问题》,《北京大学教育评论》,2004 年第 3 期。

50.石中英:《试论现代教育的"深度"》,《教育理论与实践》,1998 年第 3 期。

51.宋进:《略论"马克思主义理论"学科研究的方法论》,《思想政治教育研究》,2009 年第 2 期。

52.苏静:《走向主体间性的道德教育》,《河南大学学报》,2004 年第 5 期。

53.王冬桦:《教学的双主体问题的探讨》,《教育研究》,1990 年第 8 期。

54.王萍霞:《交往——架起德育回归生活世界的桥梁》,《高教发展与评估》,2005 年第 2 期。

55.王紫馨:《建构主义视角下的师生身份确认与角色转换》,《西南交通大学学报》(社会科学版),2004 年第 3 期。

56.文艺文:《论大学德育生活化模式》,《道德与文明》,2004 年第 5 期。

57.夏正江:《对话与人生》,《华东师范大学学报》(教育科学版),1997 年第 4 期。

58.肖川:《论教学与交往》,《教育研究》,1999 年第 2 期。

59.肖川:《主体性道德人格教育与学生的生活世界》,《现代教育论丛》,1999 年第 1 期。

60.衣俊卿:《日常交往与非日常交往》,《哲学研究》,1992 年第 10 期。

61.印小青:《论师生互动的发展价值和教育价值》,《山东师大学报》(人文社科版),2002 年第 4 期。

62.余玉花等:《改革开放 30 年来道德教育发展特点概述》,《道德与文明》,2009 年第 1 期。

63.余玉花等:《科学发展观与人的发展目的——兼论思想政治教育的目的》,《合肥工业大学学报(社会科学版)》,2006 年第 4 期。

64.余玉花:《解析道德教育的时代困境》,《伦理学研究》,2008 年第 7 期。

65.袁贵仁、韩震:《论人性、人的本质和人的主体性的相互关系》,《求索》,1988 年第 4 期。

66.张焕庭:《师生关系与提高教学质量》,《中学教师》,1959 年第 4 期。

67.张捷:《教学与交往之间——历史的看与现实的听》,《教育评论》,2007 年第 1 期。

68.张启航:《试论教与学的关系——再谈"教师是主导学生是主体"》,《教育理论与实践》,1989 年第 5 期。

69.张天宝:《关于理解与教育的理论思考》,《教育研究与实验》,2000 年第 5 期。

70.张天宝:《交往实践观与主体性教育理论研究范式的转换》,《教育研究》,2001 年第 10 期。

71.张应强:《教育过程的主客体及其关系新论》,《教育理论与实践》,2001 年第 11 期。

72.张增田、靳玉乐:《论对话教学的课堂实践形式》,《中国教育学刊》,2004 年第 8 期。

73.赵蒙成:《建构主义教学的条件》,《高等教育研究》,2002 年第 3 期。

74.郑召利:《哈贝马斯和马克思交往范畴的意义域及相互关联》,《教学研究》,2000 年第 8 期。

75.郑召利:《20 世纪 90 年代以来我国交往理论研究综述》,《哲学动态》,1999 年第 4 期。

76.朱佩荣编译:《季亚琴科论教学的本质》(上、下),《外国教育资料》,1993 第 5、6 期。

77.邹进:《主客体同一性与教育主体性的建立》,《教育研究》,1988 年第 2 期。

四、学位论文

1.鲍聪:《共生性师生关系——对师生关系的一种阐释》,浙江师范大学博士学位论文,2004 年。

2.甘剑梅:《德育现代性的哲学论辩——兼论中国德育的现代性问题》,南京师范大学博士学位论文,2004 年。

3.韩红:《交往的合理化与现代性的重建——哈贝马斯交往行动理论的深层解读》,黑龙江大学博士学位论文,2004 年。

4.何欢:《互动德育模式研究》,武汉大学博士学位论文,2005 年。

5.康伟:《师生主体间性理论与实践研究》,陕西师范大学博士学位论文,2007 年。

6.李轶芳:《交往教学理论探讨——从本体论视界出发》,华中科技大学博士学位论文,2004 年。

　　7.谭自慧:《试论高校交往德育模式的实现机制》,西南大学博士学位论文,2008 年。

　　8.吴琼:《"文本"到"人本"——高校思想政治教育范式转换研究》,复旦大学博士学位论文,2007 年。

　　9.闫艳:《交往视域中的思想政治教育研究》,天津师范大学博士学位论文,2008 年。

　　10.张奎明:《建构主义视野下的教师素质及其培养研究》,华东师范大学博士学位论文,2005 年。

　　11.张增田:《对话教学研究》,西南师范大学博士学位论文,2005 年。

后　记

　　思想政治教育主客体关系是思想政治教育实践活动中最重要的关系之一。思想政治教育主客体关系研究也是思想政治教育研究中的理论困境和难点之一。尽管近年来学界对思想政治教育主客体关系问题进行了一系列深入的探讨，但学界对思想政治教育主客体关系的认识仍存在不少争议，目前尚未就此问题达成共识。现有的研究中对思想政治教育主客体关系的理解所存在的"单主体说""双主体说""多主体说""主体间说"等诸范式仍存在一定的理论困境，需进一步深化研究。

　　思想政治教育的本质决定了我们必须站在马克思主义实践观点之上，才能科学认识和深刻把握思想政治教育的主客体关系，而不是仅仅从一般抽象的哲学理论去认识和把握。思想政治教育本质上是一种实践活动，而非抽象的认识活动，因此实践论是分析和把握思想政治教育主客体关系的起点和基点。本书坚持以马克思主义基本原理为指导，立足马克思主义实践理论，针对当前思想政治教育实践活动中存在的困境和问题，对思想政治教育的主客体关系进行系统研究，尝试构建主体间性视域下的思想政治教育主客体关系。将思想政治教育主客体关系问题纳入哲学视域中去观照，以主体间性理论与思想政治教育主客体关系的有机结合为切入点，深入研究主体间性与思想政治教育主客体关系的逻辑关联和深度互动，探索主体间性视域的思想政治教育主客体关系创新、发展和建构的可能性路径，建构主体间性视域的思想政治教育主体客体关系的理论体系，试图为思想政治教育主客体关系理论研究提供一种全新的视角和思路。

本书是在我的博士论文的基础上修改完善而成的，在研究过程中对学界已有的相关研究成果进行了充分的吸收和借鉴，并在书中进行了标注，在此表示感谢！本书的出版得到上海师范大学马克思主义理论学科建设经费的资助！感谢天津人民出版社武建臣编辑的严格、认真、细致和辛苦的付出！

当然，由于学术能力和水平所限，研究还存在许多不足，希望专家学者不吝批评指正。

苏令银

2021 年 7 月于学思湖畔